高等学校"十三五"教师教育专业规划教材

现代教育技术应用

主　编　顾富民　袁从领
副主编　李文宏　李红美　顾　洁
参编人员（以拼音为序）
　　　　封昌权　胡晓源　康　翠
　　　　罗冬梅　王　斌　王周秀
　　　　张海萍

微信扫码

快速导航本书学习要点
加入学习圈参与互动

南京大学出版社

图书在版编目(CIP)数据

现代教育技术应用 / 顾富民,袁从领主编. — 南京:南京大学出版社,2017.12(2022.7重印)
高等学校"十三五"教师教育专业规划教材
ISBN 978-7-305-19532-7

Ⅰ. ①现… Ⅱ. ①顾… ②袁… Ⅲ. ①教育技术学-高等学校-教材 Ⅳ. ①G40-057

中国版本图书馆 CIP 数据核字(2017)第 256793 号

出版发行　南京大学出版社
社　　址　南京市汉口路 22 号　　邮　编　210093
出 版 人　金鑫荣

丛 书 名　高等学校"十三五"教师教育专业规划教材
书　　名　现代教育技术应用
主　　编　顾富民　袁从领
责任编辑　钱梦菊　　　　　　编辑热线　025-83592146
照　　排　南京南琳图文制作有限公司
印　　刷　南京京新印刷有限公司
开　　本　787×960　1/16　印张 18.75　字数 350 千
版　　次　2022 年 7 月第 1 版第 4 次印刷
ISBN 978-7-305-19532-7
定　　价　43.00 元

网址:http://www.njupco.com
官方微博:http://weibo.com/njupco
微信服务号: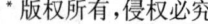NJUyuexue
销售咨询热线:(025)83594756

教师服务入口
✓课件申请
✓教学资源

* 版权所有,侵权必究
* 凡购买南大版图书,如有印装质量问题,请与所购
　图书销售部门联系调换

前　言

在教育部颁布的《教育信息化十年发展规划（2011—2020年）》（以下简称《规划》）中，提出要"通过优质数字教育资源共建共享、信息技术与教育全面深度融合，促进教育教学和管理创新，助力破解教育改革和发展的难点问题，促进教育公平、提高教育质量、建设学习型社会"。

毋庸置疑，实现教育信息化的最终目的还是要"促进教育公平、提高教育质量"，而这有赖于充分发挥信息技术独特优势，克服传统教育的短板，实现教学模式的创新。

任何一种教学模式都是与具体的课程和特定的学习环境融为一体的。信息技术对传统教育的革新，就是利用信息化的教学工具和学习工具来构建全新的信息化学习环境，进而与具体的课程相融合，从而实现教学模式的创新，处于这一环境中的学生和教师则必须具备基本的信息素养，最终实现改进教师教学，促进学生学习的理念与目标。

在过往的信息化的学与教的环境建设方面，不仅重"硬"轻"软"，而且重"教"轻"学"。以往主要着力于教师教学工具的信息化建设，学生的学习工具则依然停留在传统的纸笔阶段。因此当前的主要任务是"建设智能化教学环境"，同时"倡导网络校际协作学习"，大力创设有利于学生学习与交互的信息化环境。

在信息技术与课程融合方面，在以学生为主体的信息化学习环境建设取得初步成效的背景下，将信息化的学习工具融入到课程体系中，成为学生学习的助手应是教育信息化的发展趋势，因此，《规划》指出要"提供优质数字教育资源和软件工具，利用信息技术开展启发式、探究式、讨论式、参与式教学，鼓励发展性评价，探索建立以学习者为中心的教学新模式"，并给出了"建设20 000门优质网络课程及其资源，遴选和开发500个学科工具、应用平台"的具体目标。

唯如是，方能真正实现"促进教育公平、提高教育质量"，而提升教师和师范生在教育教学过程中应用信息技术的理念、能力和水平当是重中之重。有鉴于此，我们组织了江苏省有关师范类高校的一些专家、学者和老师，编写了《现代教育技术应用》一书。

本书的撰写作者为：江苏大学的康翠，王斌，李文宏；南通大学的李红美，王周秀；淮阴师范学院的封昌权，罗冬梅；常熟理工学院的胡晓源；南京晓庄学院的袁从领，顾洁，张海萍，顾富民。袁从领，顾富民等审改并定稿。

本书在撰写过程中，参阅了大量文献，这些文献对本书的写作提供了许多有益启示，在此谨表感谢！但由于篇幅限制等原因，其中的许多文献未能在文中一一注明，敬请谅解！

这里还要特别感谢编辑钱梦菊，她为本书的统稿、校对和付梓贡献了大量的时间和精力。

在本书撰写过程中，尽管我们对本书的写作提纲进行了讨论，各位作者也进行了多次修改，但其中仍有不尽人意，甚至错误之处，欢迎专家、学者批评指正，以便在今后的修订中不断予以完善。

编　者

2017 年 9 月

目 录

本书配套资源概览

第一编　关于教育的技术

第一章　教育技术概述 ··· 1
　第一节　教育技术的概念 ·· 1
　第二节　教育技术的基础理论 ··· 8
第二章　教育技术能力与素养 ··· 17
　第一节　中小学教师教育技术能力标准 ····························· 17
　第二节　教育技术素养 ·· 22

第二编　改进教学的技术

第三章　教学媒体及环境 ·· 24
　第一节　教学媒体概述 ·· 24
　第二节　数字化教学媒体 ··· 27
　第三节　数字化教学环境 ··· 34
　第四节　教育新技术 ·· 40
第四章　数字素材获取及编辑 ··· 45
　第一节　文本素材的获取与编辑 ····································· 45
　第二节　数字图像的获取与加工 ····································· 48
　第三节　音频素材的获取与加工 ····································· 56
　第四节　动画资源的设计与制作 ····································· 64
　第五节　视频素材的获取与加工 ····································· 74
第五章　数字化教学资源的集成开发 ································· 86
　第一节　多媒体课件的设计与开发 ·································· 86
　第二节　网络课程开发 ··· 107
　第三节　流媒体课件开发 ·· 114

第三编 促进学习的技术

第六章 网络信息资源检索 ⋯⋯⋯⋯⋯⋯⋯⋯⋯⋯⋯⋯⋯⋯⋯ 120
 第一节 网络信息资源概述 ⋯⋯⋯⋯⋯⋯⋯⋯⋯⋯⋯⋯⋯ 120
 第二节 网络资源检索的基本工具 ⋯⋯⋯⋯⋯⋯⋯⋯⋯⋯ 125
 第三节 搜索引擎 ⋯⋯⋯⋯⋯⋯⋯⋯⋯⋯⋯⋯⋯⋯⋯⋯⋯ 126

第七章 协作学习工具 ⋯⋯⋯⋯⋯⋯⋯⋯⋯⋯⋯⋯⋯⋯⋯⋯⋯ 134
 第一节 即时通信 ⋯⋯⋯⋯⋯⋯⋯⋯⋯⋯⋯⋯⋯⋯⋯⋯⋯ 134
 第二节 电子邮件 ⋯⋯⋯⋯⋯⋯⋯⋯⋯⋯⋯⋯⋯⋯⋯⋯⋯ 141
 第三节 论　坛 ⋯⋯⋯⋯⋯⋯⋯⋯⋯⋯⋯⋯⋯⋯⋯⋯⋯⋯ 144
 第四节 聊天室 ⋯⋯⋯⋯⋯⋯⋯⋯⋯⋯⋯⋯⋯⋯⋯⋯⋯⋯ 149

第八章 知识管理工具 ⋯⋯⋯⋯⋯⋯⋯⋯⋯⋯⋯⋯⋯⋯⋯⋯⋯ 153
 第一节 知识管理概述 ⋯⋯⋯⋯⋯⋯⋯⋯⋯⋯⋯⋯⋯⋯⋯ 153
 第二节 博客与维基 ⋯⋯⋯⋯⋯⋯⋯⋯⋯⋯⋯⋯⋯⋯⋯⋯ 158
 第三节 概念图与思维导图 ⋯⋯⋯⋯⋯⋯⋯⋯⋯⋯⋯⋯⋯ 166

第九章 常用学科工具 ⋯⋯⋯⋯⋯⋯⋯⋯⋯⋯⋯⋯⋯⋯⋯⋯⋯ 186
 第一节 数学学科软件 ⋯⋯⋯⋯⋯⋯⋯⋯⋯⋯⋯⋯⋯⋯⋯ 186
 第二节 语文学科软件 ⋯⋯⋯⋯⋯⋯⋯⋯⋯⋯⋯⋯⋯⋯⋯ 192
 第三节 英语学科软件 ⋯⋯⋯⋯⋯⋯⋯⋯⋯⋯⋯⋯⋯⋯⋯ 195
 第四节 科学学科软件 ⋯⋯⋯⋯⋯⋯⋯⋯⋯⋯⋯⋯⋯⋯⋯ 200

第四编 整合课程的技术

第十章 信息技术与课程整合概述 ⋯⋯⋯⋯⋯⋯⋯⋯⋯⋯⋯⋯ 205
 第一节 信息技术与课程整合概况 ⋯⋯⋯⋯⋯⋯⋯⋯⋯⋯ 206
 第二节 信息技术与课程整合内涵 ⋯⋯⋯⋯⋯⋯⋯⋯⋯⋯ 220
 第三节 信息技术与课程整合的原则与方法 ⋯⋯⋯⋯⋯⋯ 225

第十一章 信息技术与课程整合的实施 ⋯⋯⋯⋯⋯⋯⋯⋯⋯⋯ 234
 第一节 信息化教学设计流程 ⋯⋯⋯⋯⋯⋯⋯⋯⋯⋯⋯⋯ 234
 第二节 信息技术与课程整合的教学模式 ⋯⋯⋯⋯⋯⋯⋯ 251

第十二章 信息技术与课程整合的评价 ⋯⋯⋯⋯⋯⋯⋯⋯⋯⋯ 275
 第一节 教学评价概述 ⋯⋯⋯⋯⋯⋯⋯⋯⋯⋯⋯⋯⋯⋯⋯ 275
 第二节 教学评价技术及实施 ⋯⋯⋯⋯⋯⋯⋯⋯⋯⋯⋯⋯ 279
 第三节 信息化教学评价技术 ⋯⋯⋯⋯⋯⋯⋯⋯⋯⋯⋯⋯ 286

第一编　关于教育的技术

"互联网+"与教育技术

第一章　教育技术概述

第一节　教育技术的概念

人类为了满足社会需要,一直在创造和使用一系列的技术。从广义上讲,这类技术是指依靠自然规律和自然界的物质、能量与信息来创造、控制、应用和改进人工自然系统的手段和方法。它既包括有形的物质方面,也包含着无形的精神活动及方法方面。如果把这些技术运用到教育领域,就产生了教育技术。

一、教育技术的一般性定义

简要地说,教育技术即人类在教育教学活动过程中所运用的一切物质工具、方法技能和知识经验的综合体。与技术的含义相应,它不仅包括人类在教育活动中所采用的一切有形的物化形态的技术,如黑板、粉笔、书本、投影仪、幻灯机、视频展示台、多媒体计算机、交互电子白板等有形的物体(如图1-1所示);还包括无形的智能形态的技术,它们以功能形式作用于教育实践,如系统方法、教学设计理论、教学设计过程模式等。

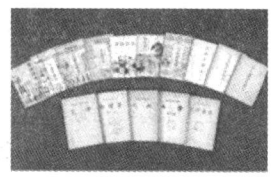  

图 1-1 物化形态的技术

二、教育技术的演变过程

教育技术的发展与科学技术的发展密切相关。从教育技术是"人类在教育教学活动过程中所运用的一切物质工具、方法技能和知识经验的综合体"的定义来理解,教育技术与教育同时出现。而且每一个发展阶段都有与教育相关的具有代表性的技术手段,如表 1-1 所示。

表 1-1 教育技术发展的"2×3"模型

技术特征 \ 发展阶段	传统教育技术（手工技术时代）	视听媒体教育技术（机电技术时代）	信息化教育技术（信息技术时代）
物化形态的技术	竹简、粉笔、黑板、印刷材料、实物、模型等	幻灯、投影、广播、电影、教学机器、电视、录像、卫星电视等	多媒体计算机、人工智能技术、校园网、互联网、虚拟现实等以数字化为标志的技术
观念形态的技术	口耳相传、诡辩术、讲演术、孔子的启发式教学、苏格拉底的产婆术、直观教学法等	经验之塔理论、教育目标分类学、标准参照评价、程序教学、教学系统设计、系统方法等	网络课程开发理论、基于认知理论的教学设计、基于建构主义的以"学"为主的教学设计、绩效技术、知识管理技术等

（一）美国教育技术的产生与发展

美国教育技术的思想渊源可以追溯到捷克教育家夸美纽斯的直观教育思想,开始于 20 世纪初的以媒体为核心的视听教育,经过视听传播阶段的演变,又向以教学系统方法为核心的教学设计和重视学生学习的个别化教学两个方向发展,最后媒体技术、系统方法和个别化教学三个领域逐渐融合为一体,发展成为整体的教育技术。如图 1-2 所示。

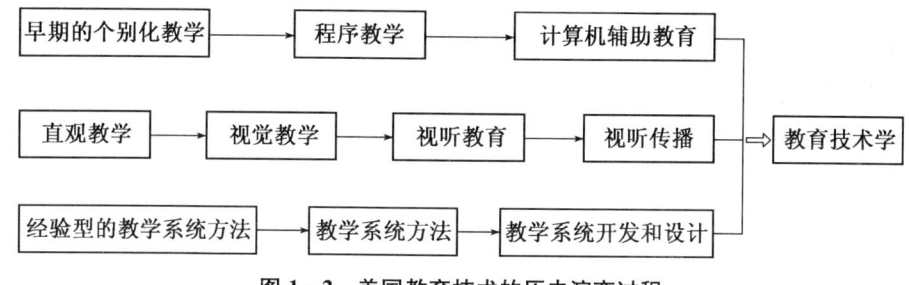

图 1-2 美国教育技术的历史演变过程

1. 直观教学

夸美纽斯从感觉论哲学出发论证了直观教学,他把感觉经验作为认识和教学的基础,声称"只要有可能就应当用感觉去接受一切东西:能看得见的东西用视觉;能听得见的东西用听觉;有气味的东西用嗅觉;能感触到的东西用触觉。如果某种东西能同时用几种感觉去接受,那就应当同时用好几种感觉去接受它"。他从三个方面阐述了直观教学的必要性:第一,直观是一切知识的起点;第二,直观是提供知识真实性与准确性的可靠证明;第三,直观可以增强知识的巩固性。[1] 他提出,除了具体事物之外,还可以将图片、实物、模型等直观教具呈现在学生的面前,用来辅助教学。

19 世纪初,夸美纽斯的直观教学思想在瑞士教育家裴斯泰洛齐、德国教育家福禄培尔和第斯多惠等人的大力倡导下,直观教学的方法开始在欧洲流行,并迅速传到美洲大陆,对美国的视听教育产生了深刻的影响。

2. 视觉教学

20 世纪后,随着科学技术的长足进步,出现了许多机械的、电动的信息传播媒体。最早使用视觉教育术语的是美国宾夕法尼亚州的一家出版公司,1906年,它出版了一本介绍如何拍摄照片、如何制作和利用幻灯片的书,书名就是《视觉教育》。视觉教育倡导者强调的是利用视觉教材作为辅助,以使学习活动更为具体化,主张在学校课程中组合运用各种视觉教材,将抽象的概念作具体化的呈现。

3. 视听教育

20 世纪 30 年代后半叶,无线电广播、有声电影、录音机先后在教育中获得运用,人们感到"视觉教育"名称已经概括不了已有的实践,并开始在文章中使用"视听教育"的术语。1947 年,美国教育协会的视觉教育分会改名为视听教学分会。

---

[1] 张立新,范文彪主编.现代教育技术的理论与实践[M].石家庄:河北人民出版社,2004:19.

著名的"经验之塔"理论就是在这一时期被美国视听教育专家戴尔(E. Dale)于1946年在所著的《教学中的视听方法》一文中提出的,"经验之塔"理论是视听教育理论的基本框架,如图1-3所示。

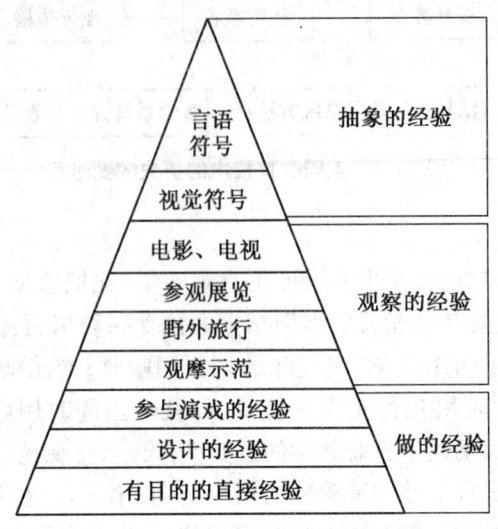

图1-3 戴尔的"经验之塔"

4. 视听传播

20世纪40年代到50年代,传播学在美国得到迅速发展。由于传播学的研究内容比较注重传播过程、传播方法和传播效果,在研究的方法上采用了系统论的方法;再加上媒体技术的发展和理论观念的更新,国际教育界深感原有"视听教育"的名称不能代表该领域的实践和研究范畴。1970年6月25日,美国视听教育协会改名为教育传播和技术协会(Association for Educational Communication and Technology,简称AECT)。

5. 教育技术(教学技术)

到了20世纪70年代,随着系统方法的引入,视听传播理论和技术很快演变为教学设计的系统理论和方法,使得教育技术的核心真正转变为注重对学生学习过程的设计,不仅在名称上注重"教育技术",而且在概念上确定了技术的观念,而不仅仅是以媒体设计为主了。

1994年,美国教育传播与技术协会对教育技术的概念进行了定义:

Instructional Technology is the theory and practice of design, development, utilization, management, and evaluation of processes and resources for learning.

即教学(教育)技术是关于学习过程和学习资源的设计、开发、运用、管理和评价的理论与实践。

该定义确立了教育技术研究的两个对象和五个范畴。两个对象分别为:学习过程和学习资源;五个范畴分别为:设计、开发、运用、管理和评价。

(二)国内教育技术的发展(从"电化教育"到"教育技术")

1919年,我国开始有人尝试利用电影、幻灯等媒体作为教学工具来为当时的国民教育运动服务,这是我国电化教育起步的标志。

1936年,旧中国教育部在南京成立了电影教育委员会和播音教育委员会。这是我国最早的电教机构。同年,教育界人士在讨论给电影教育和播音教育定名时,正式确定了"电化教育"的名称。

1945年,苏州国立教育学院建立了电化教育系。1947年,北京师范大学在教育系开设了电化教育选修课。

1979年,教育部成立电化教育局和中央电教馆。现在,中央和各省市都建立了电化教育馆。各级各类学校建立了专业性的教育技术机构。

20世纪80年代,我国电化教育领域出现了名称的争议,引发了一场全国范围的辩论。经过全面讨论,到2000年,为了有效地开展研究和国际交流,在学术界采用"教育技术"的名称;为了保持我国教育技术的实践传统,在实践领域仍然采用"电化教育"名称。

目前,我国的教育技术工作者包括教育技术(电化教育)理论研究者;全国电教系统的专业人员,包括中央及省、市、自治区的电教馆人员以及各学校的电教人员;从事信息技术教育研究、应用的相关人员,以及相关学科的教师。

三、教育技术与教师专业发展

(一)教师的一般知识结构

舒尔曼受"专家—新手"比较研究的启发,对教师教学行为的研究进行了认识论和方法论上的批判,提出了教师需要七类知识的支撑才能够更好地从事教育教学:学科知识(content knowledge,简称 CK)、一般教学法知识(general pedagogical knowledge)、学科教学知识(pedagogical content knowledge,简称 PCK)、学生知识(knowledge of learners)、教育环境的知识(knowledge of educational context)、有关教育宗旨、目的等知识(knowledge of educational ends,etc.)。[①] 在舒尔曼的教师专业知识分类中,与课程内容(content)直接相关的知识有两类:一类是学科知识,即内容知识(CK),另一类是学科教学法知识

---

① Shulman, L. S. Knowledge and Teaching: Foundations of the New Reform. Harvard Educational Review, 1987, 57(1):1-22.

(PCK)。

学科知识是指某学科中的概念、原理和具体的技巧方法。一般来说,这些重要的原理、概念和技巧方法是确定的,它们是课程建构的框架。而学科教学知识(PCK)是指教师在面对特定的学科主题或问题时,如何针对学生的不同兴趣与能力,将学科知识组织、调整与呈现,以进行有效教学的知识。这是一种使得教师与学科专家有所区别的专门知识,主要由教师对学科知识的表征和教师对学生特定的学习困难与概念的理解两个相互交织在一起构成。

(二) 信息社会教师的知识结构

社会信息化、信息网络化、经济全球化、教育终身化、学习社会化成为21世纪信息时代的基本特征,它对教师的知识结构提出了很大的挑战。教师必须学会在现代教育技术环境下从事教育教学活动,并且能够充分利用信息化教学手段改善自己的教育教学效果,从而促进学生的发展,为信息社会培养所需要的人才。由此,教师的知识结构已经不能仅仅局限于上述的七类知识,需要增加一部分关于技术的知识。如图1-4所示。

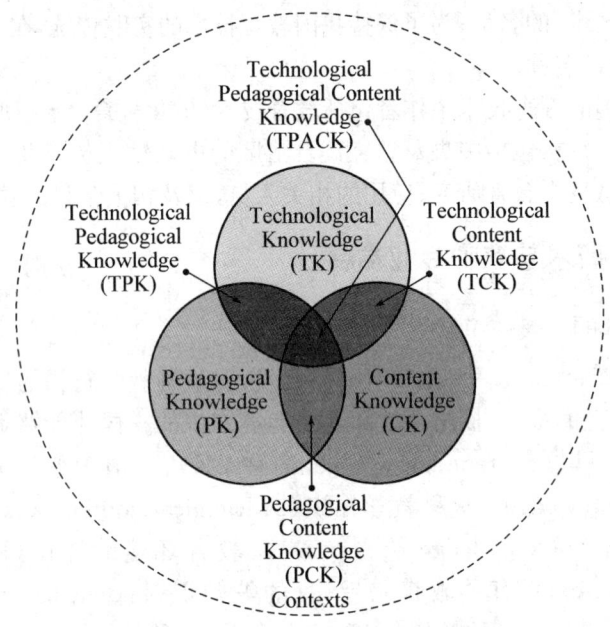

图1-4 信息社会教师的知识构成[①]

---

① Mishra, P. & Koehler, M. J.. Technological pedagogical content knowledge: A framework for integrating technology in teachers' knowledge. *Teachers College Record*, 2006(6), 1017-1054.

由图1-4所示,每两种知识结构的交叉部分组成新的知识,一共有教学法—内容知识;技术—内容知识;技术—教学法知识;处于核心位置的为技术—教学法—内容知识。

1. 教学法—内容知识(PCK)

教学法—内容知识又称为学科教学知识,主要包括:学科内容知识;一般教学法知识;课程知识;学习者及其特点的知识;教育情境脉络知识;关于教育的目标、价值及其哲学和历史背景的知识。

2. 技术—内容知识(TCK)

技术—内容知识是关于技术与学科内容如何相互作用的知识。先进的技术意味着能够支持更多变、更灵活地表征和呈现学科内容的方式,教师应该了解新技术给学科内容的组织和呈现所带来的种种变化。这类知识即教学资源的知识。

3. 技术—教学法知识(TPK)

技术—教学法知识指关于技术在教学和学习情境中的存在形式、使用要素和作用效力的知识。它包括了解可完成某一特定教学任务的种种技术手段、选择最恰当的且当前可用的技术手段、技术手段可支持的教学策略等知识。这类知识即教学设计知识。

4. 技术—教学法—内容知识(TPACK)

TPACK=学科教学知识+教学设计知识+教学资源知识=学科教学知识+教育技术知识=信息技术与课程整合知识。它包括如何利用种种技术手段尤其是信息技术手段,针对具体教学内容采用合适的教学策略进行教学的知识。这类知识即信息技术与课程整合的知识。

(三) 信息社会教师的能力结构

知识和技能在解决问题的过程中会转化为能力。从能力的角度来看,信息社会教师的能力包括:教学设计能力、教学资源应用能力、学科教学能力、信息技术与课程整合的能力。与技术相关的教师的能力构成主要是教学设计能力、教学资源应用能力以及信息技术与课程整合的能力,如图1-5所示。

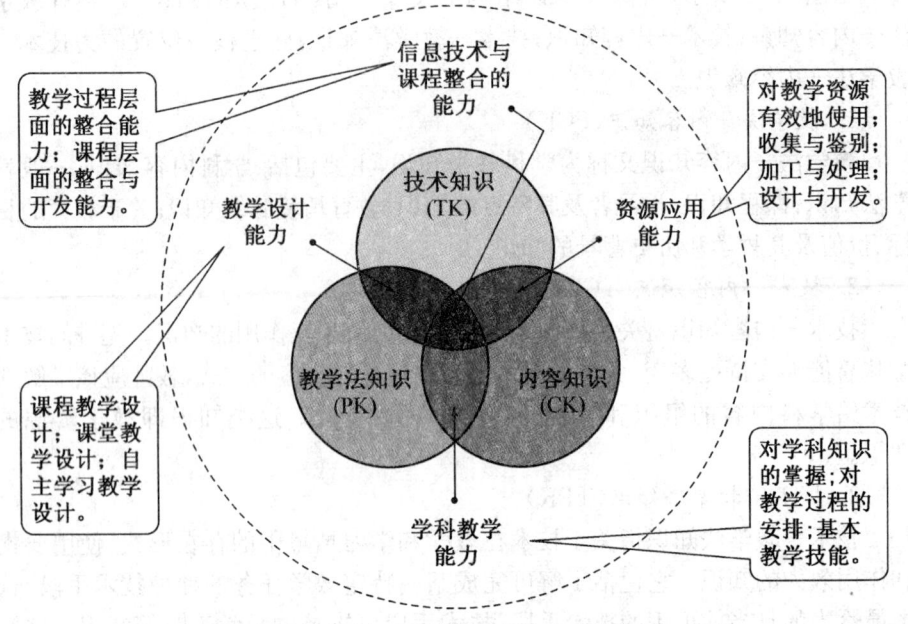

图1-5　21世纪教师的能力结构①

　　21世纪教师的能力构成要求教师必须具备教学设计能力、教学资源应用能力、信息技术与课程整合的能力。因此，从信息社会教师必须具备的与教育技术相关的能力来看，教育技术的主要内容应该包括：改进教学的技术、促进学习的技术与整合课程的技术。

第二节　教育技术的基础理论

　　教育技术是教育学领域、技术学层次、方法论性质的综合性学科，它受到很多学科相关理论的影响，尤其是学习理论和教学理论。这些学科相关理论的发展变化都会引起教育技术相应的发展演变。学习理论有行为主义学习理论、认知主义学习理论、建构主义学习理论和人本主义学习理论；教学理论有斯金纳的程序教学理论，布卢姆的教育目标分类理论、"掌握学习"教学理论，布鲁纳的"学

---

① 李龙.21世纪教师的专业发展[C].北京：教育技术国际论坛，2010.

科结构论",以及奥苏贝尔的"有意义学习"教学理论;等等。

由于篇幅的关系,这里选择几种与后续章节内容直接相关、能够提供操作性指导作用的教育技术基础理论进行介绍。

一、教育目标分类理论

布卢姆教育目标分类理论是当前教育目标研究中最为成熟的理论之一,可以为教学目标分析以及多媒体课件功能性教学目标分析提供依据。该理论指出,学习者通过学习应在认知领域、动作技能领域和情感领域等三个方面得到发展。

1. 认知领域

布卢姆等人在1956年对认知领域的目标进行的分类得到了广泛的认同和应用。他将认知领域的教育目标按智力水平由低级到高级划分为六个级别:

(1)"知道"指对先前学习过的知识的回忆和再认,包括具体事实、方法、过程、理论等知识的回忆。"知道"是认知领域中最低水平的认知学习结果,它所要求的心理过程主要是记忆。这个层次相当于后面要讲的加涅学习结果分类中的言语信息。

(2)"领会"指把握知识材料意义的能力。可以借助以下几种形式来表明对知识材料的领会:一是转换,即用自己的话或用与原先不同的方式来表达所学的内容。比如,看图说话、用图形表达知识结构。二是解释,即对一项信息(如图表、数据等)加以说明或概述。比如,对统计数据进行说明、解释。三是推断,即预测发展的趋势。比如,给出"1,2,4,8,( )"可以预测出括号内应填"32",根据知识由实验操作和过程预测出实验结果。四是举例,举出符合特征的相应例子,以说明对某概念等的理解。五是分类,将知识或信息进一步分类,等等。"领会"超越了单纯的"记忆",代表最低水平的理解。

(3)"运用"指把学到的知识应用于新的、特定的、具体的情境。它包括概念、原理、方法和理论的应用。"运用"的能力以"知道"和"领会"为基础,是较高水平的理解。

(4)"分析"指把复杂的知识整体材料分解为组成部分并理解各部分之间联系的能力。它包括对部分的鉴别,分析部分之间的关系和认识其中的组织原理。例如,语文教学中的分段、历史教学中的事件发展过程。"分析"代表了比"运用"更高的智力水平,因为它既要理解知识材料的内容,又要理解其构成结构。

(5)"综合"指将所学知识的各部分重新组合,形成一个新的或更清楚的知识整体(模式、形式、结构)。例如,发表一篇内容独特的演说或文章,或总结文章的中心思想。它所强调的是创造能力,形成新的模式或结构的能力。

(6)"评价"指对材料(如论文、小说、诗歌、研究报告等)做价值判断的能力。它包括按材料内在标准或外在标准进行价值判断。例如,根据外在标准对某多媒体课件的水平或质量做等级判断。这是最高水平的认知学习结果,因为它要求超越原先的学习内容,并需要基于明确标准进行价值判断。

在上述布卢姆的分类系统中,认知领域的第一个层级是"知道",只要求对信息做简单的记忆,不需要对原输入的信息做多大改组或加工。而往上五级均属智力技能,与"知道"的不同之处在于它们是加工知识的方式,需要学习者在心理上对知识进行组织与重新组织。

2001年,布卢姆研究团队在原有研究的基础上进行了改版,对两个地方进行了修改。其一,在能力层次上,把"评价"换到原先的"综合"的位置,而"综合"变成"创造"放到了第六级。一方面是为了强调"综合"的创造性,另一方面是认为,"创造"较"评价"而言难度更大。其二,原先的布卢姆认知领域目标分类中只是有"能力维度",即"认知过程维度",再版的分类加上了"内容维度",即"知识维度",这样使新的分类形成了二维教育目标分类体系,更加全面。如表1-2所示。

表1-2 布卢姆认知领域目标分类(2001)①

知识维度	认知过程维度					
	记忆 Remember	理解 Understand	应用 Apply	分析 Analyze	评价 Evaluate	创造 Create
事实性知识 Factual Knowledge						
概念性知识 Conceptual Knowledge						
程序性知识 Procedural Knowledge						
元认知知识 Meta-Cognitive Knowledge						

2. 动作技能领域

动作技能涉及骨骼和肌肉的使用、发展和协调。在实验课、体育课、职业教育、医学、军事训练科目中,这常是主要的教学目标,如绘图、实验、乐器演奏、电

---

① Lorin W. Anderson 等. 布卢姆教育目标分类学(修订版)——分类学视野下的学与教及其测评[M]. 蒋小平,等,译. 北京:外语教学与研究出版社,2009:21-22.

脑打字、打球、开车等。与认知和情感领域的教育目标分类相比,对动作技能领域的教育目标分类进行的研究较晚,形成了几种不同的分类方式。目前应用比较广泛的是辛普森(E. J. Simpson)等人于1972年创立的分类体系,由低到高分成七级:

(1)"知觉"指运用感官觉察客体或关系等的信息以指导动作,主要了解某动作技能的有关知识、性质、动作等。

(2)"定向"为某种特定行动或经验而做出预备性调整或准备状态,包括心理定向、生理定向和情绪准备。"知觉"是其先决条件,我国有人把"知觉"和"定向"阶段统称为动作技能学习的认知阶段。

(3)"有指导的反应"指复杂动作技能学习的早期阶段,在教师或自我评价标准指导下表现出来的外显行为,包括模仿和尝试错误。

(4)"机械动作"指学生的反应已成习惯,能以某种熟练和自信水平完成动作。这一阶段的学习结果涉及各种形式的操作技能,但动作模式并不复杂。

(5)"复杂的外显反应"指包含复杂动作模式的熟练动作操作。操作的熟练性以精确、迅速、连贯协调和轻松稳定为指标,逐步清除不确定性,形成自动化的操作。

(6)"适应"指技能的高度发展水平,学习者能修正自己的动作模式以适应特殊的装置或满足具体情境的需要。

(7)"创新"指创造新的动作模式以适合具体情境,强调以高度发展的技能为基础进行创造。

3. 情感领域

情感是人们对客观事物的态度的反映,个体对外界刺激的肯定或否定等心理反应影响其做出行为的选择。情感学习与形成或改变态度、提高鉴赏能力、更新价值观念、培养感情等有关,是教育的一个非常重要的方面。克拉斯伍(D. R. Krathwohl)等制定的情感领域教育目标分类于1964年发表,其分类依据是价值内化的程度。该领域的目标共分五级:

(1)"接受或注意"指学习者感受到某些现象(某件事、某个活动)和刺激的存在,愿意接受或注意这些现象和刺激。首先是觉察,即注意到某种情境、现象、客体或事态,比如形成对建筑物、艺术品等事物中的美感因素的意识;其次是愿意接受,即对刺激的一种中立态度或保留批判,比如上课时静听老师的讲解;之后进行有控制的或有选择的注意,比如在聆听音乐时辨别其风格和意义,并识别各种音素和乐器对整个效果的作用等。接受或注意是低级的价值内化水平。

(2)"反应"指学习者积极地注意,并以某种方式做出响应。第一种是默认的反应,即被动的顺从行为,比如遵守游戏规则;第二种是愿意的反应,即主动的自愿行为,比如自愿阅读规定范围外的材料;第三种是满意的反应,即伴随着愉悦和兴奋的冲动行为,比如在技艺方面的自我表现中获得享受,并以此作为个人充实的一种手段。这类目标与教师通常所说的"兴趣"类似,强调对特定活动的选择与满足。

(3)"价值判断"指受个人对指导行为的基本价值信奉所驱动,在各种适当情境中表现出始终如一的稳定行为。一是价值的接受,即把价值归于某种现象、行为、客体等,比如有人认为诚实很重要,有人认为成功很重要;二是对某一价值的偏好,即对某种价值的信奉已达到追求、寻找、要求得到它的地步,比如在任何时候都追求诚实,在任何时候都追求成功;三是信奉,即对信念具有高度的确定性,用某种方式促进有价值的事情,比如为某种理想和信念不惜牺牲自己的一切。这一阶段的学习结果所涉及的行为表现出一致性和稳定性,与通常所说的"态度"和"欣赏"类似。

(4)"组织"指学习者在连续地将价值加以内化时,把各种价值组成一个系统,对每一种价值观进行判断并加以比较,确定它们的相互关系及它们的相对重要性,接受自己认为重要的价值观,形成个人的价值观体系。例如,先处理集体的事,然后考虑个人的事;形成一种与自身能力、兴趣、信仰等协调的生活方式等。值得重视的是,个人已建立的价值观体系会因为新观念的介入而改变。

(5)"个性化"指始终根据内化了的价值来行事,采取某种行为,而且始终如一,形成个性特征和世界观;指学生通过对价值观体系的组织,逐渐形成个人的品性。各种价值被置于一个内在和谐的构架之中,它们的层级关系已确定。个人言行受其所确定的价值观体系支配。观念、信仰和态度等融为一体,最终的表现是个人世界观的形成。这一阶段的行为是一致的和可以预测的。例如,无论什么情况下都表现出谦逊的性格、诚实的品质等。

二、教学系统设计理论

教学系统设计是为了更快更好地达到预期的、促进学习者个体发展的教学目标,对解决教学问题的方案进行设计、原型开发、原型试行、评价和修改的过程。根据所设计的教学系统的大小,把教学系统设计分成三个层次,即以系统为中心的教学设计、以课堂为中心的教学设计和以产品为中心的教学设计。

(一)以系统为中心的教学设计

以系统为中心的教学设计是指对相对比较大、比较综合和复杂的教学系统,(比如一个学校的教学计划或一个专业的课程计划、一门课程、比较大的学习系统、培训方案等)进行的教学设计。对于学校学科教师而言,对课程进行的设计属于这个层次。

以系统为中心的教学系统设计因为面临的问题比较复杂,所以设计的工作量和难度都比较大,需要首先明确问题,详细分析问题的性质,并在此基础上选择并设计解决问题的方案。在这个过程中涉及的知识面比较广泛,往往需要由教育教学专家、教学设计人员、学科课程专家、学科教师、学习心理学专家、社会学家、技术人员,甚至包括有关用户(比如学习者)等组成的设计小组共同完成。

(二)以课堂为中心的教学设计

教师是课堂教学的主要设计者,课堂教学设计也是学科教师的主要职责和任务。教师在教学之前,需要针对单元进行教学设计,分析单元的教学内容,确定学习者的起始能力和学生的一般特征与学习风格,明确学习目标,并在此基础上充分利用现有的设施,制定合适的教学策略(包括确定教学顺序、安排教学活动、选择并编辑教学材料、确定教学组织形式等)来高效地完成目标,提高教学效果与效率,等等。这就是以课堂为中心的教学设计。

(三)以产品为中心的教学设计

这个层次的教学设计,主要包括设计可以被广泛使用的产品,如各种形式的媒体材料,包括音频材料、视频材料、多媒体课件、网络课程等。如果开发的产品比较复杂,涉及的面比较广,往往需要一个团队来开发,包括学科专家、学科教师、教学设计人员、媒体技术人员与美工、学习者用户,等等。产品开发还有一个特点,就是特别重视在开发过程中的不断修改、维护与服务,以不断满足用户的需求,同时特别注重包装,以投入市场,得到推广。

三、认知负荷理论

认知心理学的标准记忆模型认为:人类的认知结构是由工作记忆和长时记忆组成的,信息处理主要是通过工作记忆,工作记忆的容量是有限的,而长时记忆的容量则是无限的。① "认知负荷理论"(Cognitive Load Theory,简称 CLT)是由澳大利亚新南威尔士大学的心理学家约翰·斯威勒(John Sweller)基于标准记忆模型和双通道编码理论于 1988 年正式提出来的。认知负荷理论十分关注学习过程中的工作记忆的作用,其基本观点可概括为:

(1) 工作记忆的容量是极其有限的(一次只能存储 5~9 条基本信息或信息块),长时记忆的容量在本质上是无限的;所有的信息在进入长时记忆之前,必须在工作记忆中进行信息加工。

---

① 祁玉娟,熊才平.认知负荷理论在多媒体软件设计中的应用分析[J].远程教育杂志,2009(3):51-53.

(2) 学习过程要求将工作记忆积极地用于理解和处理材料并对即将习得的信息进行编码以储存在长时记忆中。长时记忆中的内容主要以"图式"的形态储存,"图式"除了在长时记忆中具有储存及组织信息的功能外,也可降低工作记忆区的负荷。教学的目的是为了在人类长时记忆中建立知识。

(3) 如果学习者所要加工的信息容量超出了学习者的工作记忆所能加工的信息容量,就会引起资源分配不足,产生认知负荷,从而影响个体学习或问题解决的效率。

斯威勒等人将认知负荷的来源分为三类:内在认知负荷、外在认知负荷和关联认知负荷。内在认知负荷是由材料本身的固有特性(如难度和复杂度)和学习者原有的知识水平及其这两者的交互作用决定的。一般认为内在认知负荷是相对固定的,教学设计不会对它产生直接的影响。外在认知负荷是超越内在认知负荷的额外负荷,它主要是由设计不当的教学引起的,能通过教学内容的重新组织和设计进行调整。关联认知负荷指学习者在图式建构和自动化过程中意欲投入的认知资源的数量,它与学习者的认知努力有关。[①] 外部认知负荷和关联认知负荷都直接受控于教学设计者。为了促进有效学习的发生,在教学过程中应尽可能减少外部认知负荷,增加关联认知负荷,并且使总的认知负荷不超出学习者个体能承受的认知负荷。

四、多媒体学习理论

美国加州大学圣巴巴拉分校(UCSB)教授理查德·E. 梅耶(Richard E. Mayer,又译为迈耶)坚持以学习者为中心的多媒体设计取向,强调利用多媒体技术来促进人类学习,而不仅是利用最新技术促进信息传播效率。同时,他也认为多媒体学习是知识建构的过程,学习者是主动的意义建构者,而不是简单的信息接收器。基于此,梅耶及其同事组成了由认知心理学家、教育技术专家和计算机科学家在内的多学科团队,在近20年来针对多媒体学习开展了大约100项实验研究,提出了多媒体学习的认知理论。

多媒体学习的认知理论有三个假设和五个步骤。三个假设指双通道假设(人们对视觉表征和听觉表征材料拥有单独的信息加工通道)、容量有限假设(人们在每个通道上一次加工的信息数量是有限的)和主动加工假设(人们为了对他们的经验建立起一致的心理表征会主动参与认知加工)。五个步骤是选择相关的文本、选择相关的图像、组织所选择的文本、组织所选择的图像以及整合基于

---

① 李志专.认知负荷理论的解读及启示[J].煤炭高等教育,2009(1):50-52.

文本和基于图像的表征。[①] 此外,梅耶在多媒体学习理论的基础上,总结出了七项具体的多媒体学习与教学原则:

1. 多媒体认知原则

多媒体认知原则是针对改进单一媒体观提出来的,它认为学习者通过文字和图片进行学习比仅仅通过文字学习效果好,应该用文本和相应的图像呈现教学材料而不是只用文本呈现教学材料。

2. 空间相邻原则

如果屏幕上出现相关的文本和画面,那么屏幕上相关的文本与画面临近呈现比隔开呈现更能促进有意义的学习。设计多媒体课件时,应尽量避免文字和图画二者分离带来的注意分散。如果可能,最好把描述图表的文字整合到图表之中,减少学习者因对图表意义进行不必要的猜测而带来的额外认知负荷。

3. 时间接近原则

时间接近原则是指如果语言材料和视觉材料在时间上同步呈现,更有利于促进学习者的学习。记忆的编码理论认为,当学习者能同时在视觉工作记忆中保持一个视觉表征而在语言工作记忆中保持对应的语言表征时,意义学习就得到强化。遵循这一原则,在设计视听说材料时,录音文本应尽量采取与画面同步的字幕方式显示。

4. 一致性原则

该原则是指如果排除无关的词语、画面、声音和功能按钮,学习效果更好。在多媒体课件中,呈现的材料种类、内容和性质保持一致,能激发学习者使用已有的认知资源去获取和加工学习材料,学习效果更好。相反,加入无关信息会阻碍这种意义构建的过程,引起认知资源分配不够集中,降低学习的效果,有时候也会显得过于花哨。

5. 通道原则

该原则是指在有视频和图像的前提下,通过听觉通道获取文本信息比通过视觉通道获取文本信息造成注意力分散的效应小。因为当文本出现在屏幕上时,视觉通道需要同时加工文字信息和图像信息。而每个通道的容量都是有限的,此时视觉通道就可能超载,当视觉通道超载时,有意义的学习所需的加工过程是无法完全进行的。

6. 冗余原则

冗余原则指的是所要呈现的语言信息量要适度,对信息的编排方式要适当。由于处理冗长文字和图表会给工作记忆增加认知负荷,整合包含多余或重复信

---

① 理查德·E.梅耶.多媒体学习[M].牛勇,等,译.北京:商务印书馆,2006.

息的学习材料并不可取。另外,当相同的信息多次或重复呈现时,学习者的学习效果会较差。例如,由动画加解说组成的呈现方式比由动画加解说再加关于操作全部过程构成的屏幕文本组成的呈现方式能使学习者学得更好。

7. 个体差异原则

该原则是指多媒体教学设计及界面设计应该充分考虑学习者的个体因素,包括学习策略和使用情况、学习者的智力、学习风格、自主学习能力、焦虑状况,甚至个性特点等个体差异都应适当考虑,因人而异。设计效果的好坏对知识水平低的学习者的影响要高于对知识水平高的学习者,对空间能力高的学习者的影响要弱于对空间能力低的学习者。也就是说,对知识水平和空间能力相对比较低的学习者,在课件设计上要进行更为精细的设计,从各个角度来提高学习者的学习效果。

参考文献

[1] 刘美凤,张志祯,吕巾娇. 教育技术基础[M]. 北京:中国铁道出版社,2011.

[2] 刘美凤,康翠. 多媒体课件教学设计[M]. 北京:高等教育出版社,2013.

[3] 何克抗,李文光. 教育技术学[M]. 北京:北京师范大学出版社,2002.

[4] 张剑平. 现代教育技术(第三版)[M]. 北京:高等教育出版社,2013.

第二章　教育技术能力与素养

现代信息技术的迅速发展,给人类社会带来了全面的变革,也深刻地改变着学校教育的面貌。信息技术对课堂教学的介入,不仅影响着教学内容的传播手段,也影响到教育观念和教学模式的更新。以互联网为代表的信息技术能够提供海量的学习资源,并能更好地支持师生、生生之间进行多种多样的交互,顺应了素质教育强调学生能力发展的要求,也为新课程改革提供了技术平台。

世纪之交以来,为适应全球信息技术教育应用的新趋势,我国政府在教育信息化方面投入了大量的资金支持,2001年为188亿元,2007年则达到了336.7亿元。各地中小学纷纷建设校园网,升级教育信息化设备、配备教育软件并开展相关人员的培训。为了进一步规范学校教育信息化建设、提高教师的信息技术教学应用能力、促进教师专业发展,教育部在参考国外相关标准的基础之上结合国情实际,制定并颁布了《中小学教师教育技术能力标准(试行)》。但是与美国等发达国家相比,我国在此方面仍有很大的差距,我国中小学教师的教育技术能力与素养仍亟待提升。

第一节　中小学教师教育技术能力标准

提高学校的教育信息化水平是一项系统工程,需要学生、教师、技术人员、管理人员和社会各界的通力配合,其中教师的教育技术能力无疑是核心因素之一。《中小学教师教育技术能力标准(试行)》(以下简称《标准》)的第一部分"教学人员教育技术能力标准"中,详细说明了中小学教师应该具备的教育技术能力。《标准》不仅是全面指导中小学教育信息化的纲领性文件,而且对广大师范生提高教育技术能力也具有很好的参考意义。

一、《标准》的体系结构

研究者根据中国的国情和对中小学的实际调研情况,借鉴美、英的经验,最终形成了具有我国特色的"414N"教育技术能力标准体系结构。"4"表示应用教育技术的意识与态度、教育技术的知识与技能、教育技术的应用与创新、应用教育技术的社会责任四个能力素质维度。"14"表示有 14 个一级指标。"N"表示有若干个概要绩效指标。教学人员的教育技术能力子标准,其体系结构与基本内容如表 2-1 所示:

表 2-1 教学人员的教育技术能力子标准

教学人员子标准	意识与态度	重要性的认识
		应用意识
		评价与反思
		终身学习
	知识与技能	基本知识
		基本技能
	应用与创新	教学设计与实施
		教学支持与管理
		科研与发展
		合作与交流
	社会责任	公平利用
		有效应用
		健康使用
		规范行为

在这个体系结构中,"意识与态度"是指对教育技术重要性的认识、在教学中应用教育技术的意识、对教学进行评价与反思的意识和终身学习的意识,它是教育技术能力标准的基础。"知识与技能"是指教育技术理论与方法的基本内容、信息检索和媒体选择等基本技能,它是教育技术实践运用的基本保障。"应用与创新"是指在掌握教育技术基本知识和技能的基础之上,熟练运用信息技术手段设计教学活动、进行教学管理、开展教学评价等,它是整个标准的核心与灵魂。"社会责任"主要涉及教育公平和信息道德等方面的内容。这四个方面既有一定的独立性,又互为补充,共同构成了一个完整的指标体系。

二、《标准》的主要内容

教育技术能力标准体系有"意识与态度"、"知识与技能"、"应用与创新"、"社会责任"四个维度,每个维度下面有若干个二级指标。这些维度和指标全面覆盖了对教学人员教育技术能力各方面的要求,它们也构成了《标准》的主要内容,下面将逐一介绍。

"意识与态度"包括对教育技术重要性的认识、在教学实践中应用教育技术的意识、不断对自身教学进行评价与反思的意识、终身学习的意识等(见表 2-2)。它是整个教育技术能力标准的基础,唯有意识到了教育技术在教学中能发挥强大的功能,才会在实际中去应用它。

表 2-2 意识与态度

意识与态度	(一)重要性的认识	(1)能够认识到教育技术的有效应用对于推进教育信息化、促进教育改革和实施国家课程标准的重要作用
		(2)能够认识到教育技术能力是教师专业素质的必要组成部分
		(3)能够认识到教育技术的有效应用对于优化教学过程、培养创新型人才的重要作用
	(二)应用意识	(1)具有在教学中应用教育技术的意识
		(2)具有在教学中开展信息技术与课程整合、进行教学改革研究的意识
		(3)具有运用教育技术不断丰富学习资源的意识
		(4)具有关注新技术发展并尝试将新技术应用于教学的意识
	(三)评价与反思	(1)具有对教学资源的利用进行评价与反思的意识
		(2)具有对教学过程进行评价与反思的意识
		(3)具有对教学效果与效率进行评价与反思的意识
	(四)终身学习	(1)具有不断学习新知识和新技术以完善自身素质结构的意识与态度
		(2)具有利用教育技术进行终身学习以实现专业发展与个人发展的意识与态度

值得注意的是,当前的学生成长在一个移动网络无处不在的时代,他们对信息技术非常熟悉,是数字时代的"原住民";教师经历了数字技术从无到有的过程,对信息技术手段存在一个学习、适应、磨合的过程,是数字时代的"移民"。由

此造成教师(尤其是年龄较大的教师)在信息意识方面往往落后于学生,所以教师不仅需要不断更新信息技能,更应该培养运用信息技术的意识。

"知识与技能"是指对教育技术理论与方法的了解、信息检索和媒体选择等方面的基本能力(见表2-3),它是教育技术实践运用的基本保障。一方面不同年龄阶段的教师对教育技术知识与技能的掌握程度存在差异,另一方面信息技术发展的速度很快、新的手段层出不穷,所以中小学教师应该进一步加强相关知识技能方面的培训。

表2-3 知识与技能

知识与技能	(一)基本知识	(1)了解教育技术的基本概念
		(2)理解教育技术的主要理论基础
		(3)掌握教育技术理论的基本内容
		(4)了解基本的教育技术研究方法
	(二)基本技能	(1)掌握信息检索、加工与利用的方法
		(2)掌握常见的教学媒体选择与开发的方法
		(3)掌握教学系统设计的一般方法
		(4)掌握教学资源管理、教学过程管理和项目管理的方法
		(5)掌握教学媒体、教学资源、教学过程与教学效果的评价方法

"应用与创新"是"知识与技能"的进一步升华,也是教师教育技术能力标准的核心部分。教师不仅应该掌握教育技术的基本知识和技能,更重要的是要运用信息技术手段设计教学活动、开展教学管理、促进自身专业化发展等(见表2-4)。教师如何在掌握信息技术基本技能的基础之上,开展信息技术与课程的深度整合,以促进教学效果的提升,这需要理论界的深入研究,更需要一线教师持续的实践和探索。

表2-4 应用与创新

应用与创新	(一)教学设计与实施	(1)能够正确地描述教学目标、分析教学内容,并能根据学生特点和教学条件设计有效的教学活动
		(2)积极开展信息技术与课程的整合,探索信息技术与课程整合的有效途径
		(3)能为学生提供各种运用技术进行实践的机会,并进行有针对性的指导
		(4)能应用技术开展对学生和教学过程的评价

(续表)

应用与创新	（二）教学支持与管理	（1）能够收集、甄别、整合、应用与学科相关的教学资源以优化教学环境
		（2）能在教学中对教学资源进行有效管理
		（3）能在教学中对学习活动进行有效管理
		（4）能在教学中对教学过程进行有效管理
	（三）科研与发展	（1）能结合学科教学进行教育技术应用的研究
		（2）能针对学科教学中教育技术应用的效果进行研究
		（3）能充分利用信息技术学习业务知识，发展自身的业务能力
	（四）合作与交流	（1）能利用技术与学生就学习进行交流
		（2）能利用技术与家长就学生情况进行交流
		（3）能利用技术与同事在教学和科研方面广泛开展合作与交流
		（4）能利用技术与教育管理人员就教育管理工作进行沟通
		（5）能利用技术与技术人员在教学资源的设计、选择与开发等方面进行合作与交流
		（6）能利用技术与学科专家、教育技术专家就教育技术的应用进行交流与合作

"社会责任"是教育技术能力的重要方面，涉及教育公平、信息道德等方面（见表2-5）。由于当前经济发展不均衡，学生在信息技术意识和技能方面存在着一定的差异，所以教师有责任保证不同背景的学生在信息技术运用方面享有均等的机会。另外，目前部分学生过度沉迷于网络，教师应该对有网瘾倾向的学生进行合理的引导；同时告诫学生，不能利用信息技术从事病毒传播、盗取他人密码等不法行为，严守法律与道德的底线。

表2-5 社会责任

社会责任	（一）公平利用	努力使不同性别、不同经济状况的学生在学习资源的利用上享有均等的机会
	（二）有效应用	努力使不同背景、不同性格和能力的学生均能利用学习资源得到良好发展
	（三）健康使用	促进学生正确地使用学习资源，以营造良好的学习环境
	（四）规范行为	能向学生示范并传授与技术利用有关的法律法规知识和伦理道德观念

三、教育技术水平考试简介

为了加快推进基础教育信息化进程,适应全面实施素质教育和基础教育课程改革的需要,教育部于2005年4月启动了"全国中小学教师教育技术能力建设计划"。作为该计划的重要组成部分,教育部委托教育部考试中心研发了全国中小学教师教育技术能力水平考试(简称NTET)。NTET是面向全国在职中小学教师的教育技术能力认证考试,它以《中小学教师教育技术能力标准(试行)》为依据,主要考查中小学教师的教育技术应用能力是否达到《标准》的最低要求。教学人员NTET考试分为初、中、高三个级别,目前已开考的是教学人员初级、中级两个级别的考试。

NTET基于任务式测验(task-based test)理念,采用工作分析法提炼出教师在信息化教学环境中的典型工作任务,编制成若干任务型试题,通过教师完成上述任务时的实际表现,达到评价教师教育技术应用能力的目的。NTET采用主客观相结合、情境化题目组的命题方式,充分吸收了标准化考试和表现性评价的优点;为了更好地贴近教师日常教学的真实环境,NTET采用网络化的机考平台。此外,由于教育技术能力的核心不是抽象的概念和知识,而是在具体情境下的教学应用,所以NTET考试注重基于真实教学任务命题,在综合性任务中进行能力考查;同时NTET借鉴职业教育中工作过程系统化的方法,对教师的工作进行分析,从典型工作过程中得出要考查的典型任务。

第二节　教育技术素养

摩尔定律告诉我们:当价格不变时,集成电路上可容纳的晶体管数目,约每隔18个月便会增加一倍,性能也将提升一倍。我们可以期待,计算机芯片的进步在未来很长一段时间内将延续。信息技术的历史才只有几十年时间,它的发展才刚刚开始,从移动终端互联、云计算和物联网的应用中,不难预期信息技术未来进步的无限可能性。而随着信息技术在教育中广泛深入的应用,未来的课堂对教师的教育技术能力也提出了越来越高的要求。

信息素养(information literacy)中的"literacy"一词有"识字、能读能写"的意思,意喻信息素养如同读书写字一样,是人们的基本能力。未来新的信息技术方式将层出不穷,未来的教师作为数字时代的"移民",如何引领作为数字时代

"土著"的学生,推进信息技术与课程的深度整合,这是值得每一位师范生思考的问题。在此我们提出几点看法:

(1) 以"中小学教师教育技术能力标准"为指导,构建以"信息意识+信息技能+应用能力+信息道德"为主要内容的教育技术能力体系。信息技术手段和教学理念的进步是非常迅猛的,但能力标准的总体框架是合理的、能够适应长期发展的。在能力体系中,"信息技能"是基础,"信息技术的教学应用能力"是关键与核心,"信息意识"和"信息道德"是重要方面。

(2) 以教育技术能力为经,以学科知识为纬,探究信息技术与课程的深度整合。"能力标准"是一般性的要求,而具体学科的运用存在着很大的区别。信息技术与课程的深度整合有课堂演示、操练与练习、辅助测验、情境模拟型、问题求解、教学游戏、网络探究等不同的形式,这些形式适用于不同的教学内容,所以师范生要把教育技术能力与具体的学科知识联系起来,不断探索适合特定教学内容的教学整合形式。

(3) 树立终身学习的意识。信息技术未来的发展不可限量,新的技术手段令人应接不暇;教育理念的进步也日新月异,新课改、有效课堂和建构主义等理论不断被引进教学。这客观上需要教师树立终身学习的意识,持续"充电",才能适应未来教学新的发展。

参考文献

[1] 王运武.教育信息化发展亟需转型[J].中国电化教育,2009(2):16-17.

[2] 何克抗.关于《中小学教师教育技术能力标准》[J].电化教育研究,2005(4):37-40.

[3] 汪存友.关于设定全国中小学教师教育技术水平考试合格标准的思考[J].中国远程教育,2013(3):49-53.

[4] 张均兵.全国中小学教师教育技术水平考试的命题特点及其创新[J].中国电化教育,2011(2):23-28.

[5] 刘志波.面向教师的美国国家教育技术标准2008版:128.

[6] 陶芬.中美教育技术标准比较研究[D].江苏大学学士学位论文,2013.

[7] 祝智庭.大型教师培训项目文化建设:英特尔未来教育的案例[J].教育发展研究,2006(4):13-17.

[8] 祝智庭,李宁.英特尔未来教育:面向信息化教育的教师培训模式[J].全球教育展望,2001(11):17-21.

[9] 李玉斌等.英特尔未来教育培训与行动研究之互融思考[J].电化教育研究,2004(4):68-71.

[10] 黎加厚.培养教育信息化的魔术师——中小学教师"英特尔未来教育"培训浅谈[J].中小学教师培训,2002(1):19-20.

第二编　改进教学的技术

数字素材编辑
微课教程

第三章　教学媒体及环境

教学中涉及大量的信息交流，对教学进行设计时，不仅要考虑教学的过程、教学的方法等方面，还要考虑如何有效使用信息交流的媒介，即教学媒体。本章首先介绍教学媒体的概念、作用、分类以及如何在教学过程中选择适当的教学媒体，然后具体介绍数字化教学媒体的数字化教学环境的构成和功能，最后介绍新媒体技术的发展。

第一节　教学媒体概述

一、教学媒体的含义

媒体是指承载、加工和传递信息的介质或工具。当某一媒体被用于教学目的时，作为承载教育信息的工具，则被称为教学媒体。教学媒体是教学内容的载体，是教学内容的表现形式，是师生之间传递信息的工具，如实物、口头语言、图表、图像以及动画等。教学媒体往往要通过一定的物质手段来实现，如书本、板书、投影仪、录像以及计算机等。

现代教学媒体是相对于传统教学媒体而言的，指利用现代技术承载和传递教学信息的工具。传统教学媒体一般指黑板、粉笔、教科书等。现代教学媒体主要指电子媒体，由两部分构成：硬件和软件。硬件指与传递教育信息相联系的各种教学机器，如幻灯机、投影仪、录音机、电影放映机、电视机、录像机、电子计算机等；软件指承载了教育信息的载体，如幻灯片、投影片、电影胶片、录音带、录像带、光盘等。

二、教学媒体的作用

随着信息技术的发展,教学媒体在教学中的作用日益明显和重要。

1. 使教学传递更加标准化

教学媒体的使用,改变了过去因教师或地域文化发展水平的不同而造成的信息传递质与量上的差异,使学生能够通过媒体获得相同的教学信息,为其进一步学习和发展打下相同或相似的基础。

2. 使教学更加生动有趣

教学媒体,特别是现代教学媒体主要是用声音、画面等直观地呈现教学信息、特技效果。艺术手法以及交互性的较好运用,提供了更加丰富的感知,新颖的学习形式不仅能激发学生的好奇心和求知欲,而且能增加感知深度,提高学习效果。

3. 使各种教学理论和学习理论得到有效的运用

教学媒体,特别是教学软件在内容的组织和呈现方式上都要经过精心设计的,这样可以反复推敲,认真研究,使已有的教学原则、认知规律、学与教的经验和理论最大限度地贯彻其中,讲究方式、方法,讲究效率和效果,从而使获得最佳的学与教成为可能。

4. 方式灵活,广泛适用

教学媒体的特性之一,就是它的灵活性和实用性。对学与教来说,无论是集体的、小组的,还是个人的,都可以打破时间、空间的限制,随时随地为学与教提供便利。

5. 使教师从繁重的劳动中解脱出来

当学生利用媒体进行学习时,教师的重复性体力劳动就会减少。教师一方面可以尽力来研究学生在学习过程中遇到的新情况、新问题,一方面又可以设计和开发新的教学产品来解决问题。同时,还可为教师的自我再提高、当好学生的咨询者和指导者等提供充分的时间和精力。

6. 满足个别学习需要

教学媒体和教学资源对满足那些因种种原因不能在指定的时间和地点学习的人(如因工作、家庭情况的限制或自身有某种生理障碍等)提供了更为有效的帮助。

我们都知道教学媒体有很多作用,但不等于说使用了多媒体就一定能实现教学的优化。选择恰当的教学媒体能够提高教学质量,使用教学媒体的意义并不在于教学媒体本身,而是体现在如何使用这些媒体上。恰当的应用可以发挥媒体的作用提高教学效果,而滥用不但不能收到良好的教学效果,有时还会产生反作用。因此,在选用教学媒体时就应充分考虑到媒体所能达到的效能和媒体所需的费用,不同的学习类型适合用不同的媒体,要根据教学的实际情况选用最优的教学媒体。

三、教学媒体的分类

1. 根据印刷与否分类,可分为印刷媒体和非印刷媒体

(1) 印刷媒体:指各种印刷资料,如教科书、图表、辞典、报纸、杂志等。

(2) 非印刷媒体:泛指各类非印刷的视听材料,如幻灯片、投影片、录音带、电影片、录像带、计算机磁盘等。非印刷媒体根据接受信息的感觉器官,又可分为:① 听觉型媒体,如广播、录音;② 视觉型媒体,如幻灯、投影;③ 视听型媒体,如电影、电视;④ 交互型媒体,如程序教学机、计算机辅助教学系统;⑤ 多媒体系统,如多媒体学习包、多媒体网络教室、语言教学室。

2. 根据传播过程中信息流动的方向分类,可以分为单向和双向传播媒体

(1) 单向传播媒体:如口授、广播、电影、电视、书刊等,信息都是由"教师"流向学生,没有相互性。

(2) 双向传播媒体:如讨论、角色扮演、语言实验室、程序教学机、计算机辅助教学系统等,借助它们信息可以在"教"与"学"的双方相互传递。

此外,根据教学媒体的制作技术分类,媒体分为基于视觉技术的媒体、基于视听技术的媒体、基于计算机技术的媒体和基于整合技术的媒体。

四、教学媒体的选择依据

1. 依据教学目标

每个单元、课题、项目都有一定的教学目标,即具体的教学要求,比如要使学生知道某个概念,或明白某种原理,或掌握某项技能等。为达到不同的教学目标,常需使用不同的媒体去传输教学信息。以外语教学为例,让学生知道各种语法规则与使学生能就某个题材进行会话是两种不同的教学目标。前者往往采用教师讲解,辅以板书或投影材料,使学生在井井有条的内容安排中形成清晰的语法概念;后者往往采用角色扮演并辅以幻灯或录像资料,使学生在情景交融的沟通条件下掌握正确的言语技能;但假如是为了纠正学生的外语发音,则最好采用录音媒体了。

2. 依据教学内容

各门学科的性质不同,适用的教学媒体会有所区别;同一学科内各章节内容不同,对教学媒体也有不同要求。如在语文学科中,讲读那些带有文艺性的记叙文,最好配合再造形象,所以应通过能提供某些情景的媒体,使学生有亲临其境

的感受,以唤起他们对课文中的人物、景象和情节的想象,使之加深理解和体会。又如数学、物理等学科的概念、法则和公式都比较抽象,要经过分析、比较、综合等一系列复杂的思维过程才能理解,所以应使媒体提供的教材富有变化,才能帮助学生理解。

3. 根据教学对象

不同年龄阶段的学生对事物的接受能力不一样,选用教学媒体必须顾及他们的年龄特征。比如,小学生的认知特点是直观形象的思维和记忆比逻辑抽象的思维和记忆发达,注意力不容易持久集中,对他们可以较多地使用幻灯、电影和录像。同时,幻灯片要生动形象,重点突出、色彩鲜艳,能活动的地方力求活动,每节课使用的片数不宜过多,解释要细致些;使用录像和电影也宜选用短片,动画镜头可以多一些。

随着年级的升高,学生的概括和抽象能力不断发展,感知的经验也逐渐丰富起来,注意力持续集中的时间延长,为他们选用的教学媒体就可以广泛一些;传递的内容则增多了分析、综合、抽象、概括,增加了理性认识的分量,重点应放在揭示事物的内在规律性上,同一种媒体连续使用的时间也可长些。另外,在两种效果接近的媒体中进行选择时也可适当考虑学生的习惯和爱好。

4. 依据教学条件

教学中能否选用某种媒体,还要看当时当地的具体条件,其中包括资源状况、经济能力、师生技能、使用环境、管理水平等因素。比如:录像教学具有视听结合、文理皆适的优点,但符合特定课题需要的录像片是不是随手可得呢?语言实验室是一种极其有效的外语教学媒体,但并非每个学校都有能力置备,因陋就简采用录音机代替也是可以的。使用计算机辅助教学前景被看好,但除了需要资金购买计算机,还得培训使用人员。再如:若教室不具备遮光设备,连"价廉物美"的投影、幻灯都用不上。有的单位管理混乱,结果使不少已经置备的现代化教学媒体也无法选用。

第二节 数字化教学媒体

数字化教学媒体,就是指直接介入教学活动过程,能用来传递和再现教育信息的数字式设备(硬件),以及记录、储存信息的载体(软件),如计算机与CAI课件。这些软、硬件按一定的功能组成各种各样的交互式教学系统,如多功能教室、语音实验室、CAI 辅助系统和现代远程教学系统等现代教育媒体的应用系统。

一、数码相机

数码相机是集光学、机械、电子一体化的产品。它集成了影像信息的转换、存储和传输等部件,具有数字化存取模式、与电脑交互处理和实时拍摄等特点。光线通过镜头或者镜头组进入相机,通过成像元件转化为数字信号,数字信号通过影像运算芯片储存在存储设备中(如图 3-1 所示)。数码相机的成像元件是 CCD(Charge Coupled Device,电荷耦合元件)或者 CMOS(Complementary Metal-Oxide Semiconductor,金属氧化物半导体元件),该成像元件的特点是光线通过时,能根据光线的不同转化为电子信号。

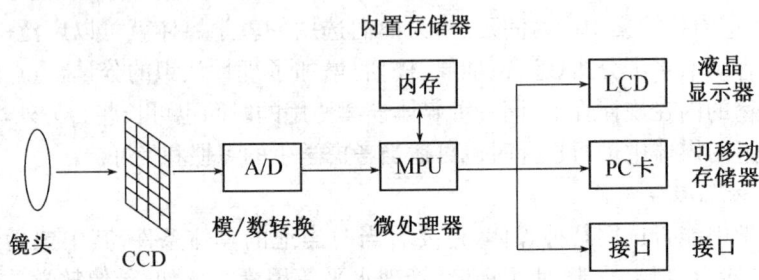

图 3-1 数码相机的工作流程及图像处理过程

数码相机的基本构成,包括镜头系统、感光芯片、存储器、液晶显示器、电源、模/数转换系统、取景机构、音频电路系统和接口等部分。

1. 镜头系统

镜头系统起成像作用,是将要拍摄的景物通过它成像在 CCD 或 CMOS 这些感光芯片表面所处的位置,主要包括镜头、光圈、快门、聚焦系统等。数码相机所用镜头分为定焦镜头和变焦镜头两大类。光圈和快门控制进光量,光圈利用其进光孔的大小来控制曝光时到达数码相机感光芯片上的光线照度强弱;快门用于选择拍摄时机、控制曝光量和调节移动目标的动感效果。光圈除了控制进光照度进而控制进光量之外,还可控制拍摄影像的景深。

2. 感光芯片

数码相机中的感光芯片将拍摄曝光时来自镜头的光信号转换为电信号,根据元件不同分为:① CCD 应用在摄影摄像方面的高端技术元件。② CMOS 应用于较低影像品质的产品中。

目前CCD元件的尺寸多为1/3英寸或者1/4英寸,在同分辨率下,元件尺寸大的较好。CCD的优点是灵敏度高,噪音小,信噪比大,但是生产工艺复杂,成本高,功耗高。CMOS集成度高、功耗低(不到CCD的1/3)、成本低,但是噪音比较大,灵敏度低,对光源要求高。在相同像素下,CCD成像的通透性、明锐度很好、色彩还原、曝光准确,而CMOS较差。

3. 存储器

数码相机所拍摄得到的数字文件,要通过数码相机中的驱动机构存储记录在各种存储媒体上(将数码相机与计算机相连拍摄除外)。数码相机所用的存储器可分为内置存储器和可移动存储器。

内置存储器安装在相机内部,用于临时存储图像,装满后要及时向计算机转移文件,否则无法继续装入图像。

可移动存储器分为PC卡、CF(Compact Flash)卡、SM(Smart Media)卡、软盘、MD光盘、Miniature卡等几类,装满后可取出更换,这些存储器可以删除和反复记录,使用方便、灵活。而且数码相机用的PC卡与笔记本电脑用的PC卡完全相同,因此,要将拍摄存储在PC卡中的影像文件传输给计算机,除了将数码相机与计算机相连传输外,还可以将PC卡插入笔记本电脑直接下载,或将它装进PC卡读卡器下载给普通计算机。

4. 模/数(A/D)转换系统

相机内的A/D转换器将CCD上产生的模拟信号转换成数字信号,变换成图像的像素值。A/D转换器又叫作ADC(Analog Digital Converter),即模拟数字转换器。它是将模拟电信号转换为数字电信号的器件。

A/D转换器的主要指标是转换速度和量化精度。转换速度是指将模拟信号转换为数字信号所用的时间,由于高分辨率图像的像素数量庞大,因此对转换速度要求很高,当然高速芯片的价格也相应较高。量化精度是指可以将模拟信号分成多少个等级。如果说CCD是将实际景物在X和Y的方向上量化为若干像素,那么A/D转换器则是将每一个像素的亮度或色彩值量化为若干个等级,这个等级在数码相机中叫作色彩深度。

5. 液晶显示器

LCD(Liquid Crystal Display)为液晶显示屏,数码相机使用的LCD与笔记本电脑的液晶显示屏工作原理相同,只是尺寸较小。数码相机中大都采用TFT-LCD。LCD的作用有三个:一为取景,二为显示,三为显示功能菜单。

二、扫描仪

扫描仪是一种图形输入设备,主要用于输入黑白或彩色图片资料、图形方式的文字资料等平面素材;配合适当的应用软件后,扫描仪还可以进行中英文文字的智能识别;扫描仪具有的"OCR"功能,可以把书写在纸上的文字经扫描后自动转成电脑里可编辑的文本文件,这样可以大大减轻打字时的文字录入量。

1. 扫描仪的工作原理

扫描仪扫描图像时,光线从物体上反射回来,通过透镜射进 CCD,它将光线转换成模拟电压信号,并且标出每个像素的灰度级,再由 ADC 将模拟电压信号转换为数字信号,每种颜色使用 8、10 或 12 位来表示,扫描后,通过 Twain 格式保存在电脑里。

2. 扫描仪的构成

扫描仪是光机电一体化的产品,主要由以下三个部分组成:光学成像部分、机械传动部分和转换电路部分。

(1) 光学成像部分。光学成像部分包括光源、光路和镜头。

(2) 机械传动部分。机械传动机构由步进电机、传动齿轮、传动皮带组成。扫描头由圆形支撑滑杆支撑,卡在传动皮带上,由传动皮带带动沿支撑滑杆移动。

(3) 转换电路。转换电路部分有 A/D 转换处理电路及控制机械部分运动的控制电路。模数(A/D)转换器接收感光元件 CCD 传来的模拟电信号,将它转换成为二进制数字信号(每一位二进制数即对应一个像素的数据)后,再送图像处理器处理。

三、视频展示台

视频展示台是通过 CCD 摄像机以光电转换技术为基础,将实物、文稿、图片、过程等信息转换为图像信号输出在投影机、监视器等显示设备上展示出来的一种演示设备(如图 3-2)。

视频展示台可以进行实物、照片、图书资料的投影,取代了传统的胶片投影仪和幻灯机的大部分功能。视频展示台不但能将胶片上的内容投到屏幕上,而且可以将各种实物,甚至可活动的图像投到屏幕上。但是视频展示台只是一种图像采集设备,它输出视频、数字信号,最终仍通过多媒体投影机的投影或电视机的显示将图像展示出来。

视频展示台的主要技术指标是 CCD(电荷耦合器件)分辨率,目前主流视频展示台的 CCD 分辨率为 40 多万像素,450 线左右,像素越高清晰度越高。其他指标包括:正负片反转,黑白彩色反转,辅助灯源的数量和质量,输入/输出口的数量,是否具有 RS-232C 口(串口),是否具有红外线遥控功能,等等。正负片反转功能使视频展示台直接呈现负片,RS-232 口或红外线遥控功能使展台更易融入中央控制系统。

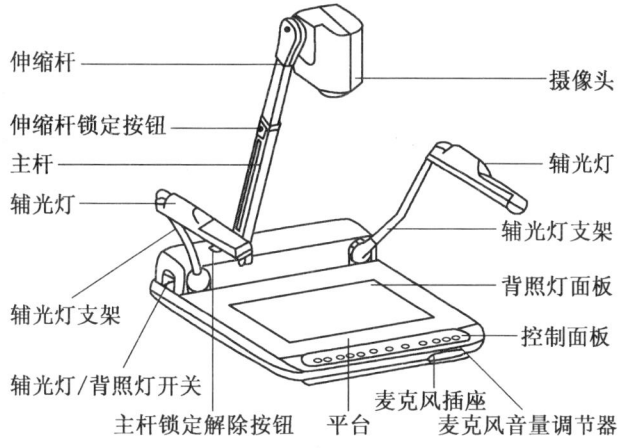

图 3-2 双侧灯台式视频展示台

视频展示台的使用如下：

（1）展开视频展示台的主杆、伸缩杆、辅光灯、摄像头等。注意不要用蛮力去扳动，扳不动时注意按下锁定按钮，扳到位后听到"咔嚓"声即可。

（2）按下展示台的电源开关按钮。

（3）将要演示的资料、实物或底片放在本机平台上，选择相应的菜单按钮，看着显示屏幕用变焦按钮调整图像大小，使画面大小适合。

（4）自动调焦或手动调焦，直到图像清晰为止。

（5）展示不透明资料时，打开照明灯光。

（6）展示透明资料（投影片、幻灯片）时，打开底箱电源开关。

（7）使用之后关电源，把它折叠好。

四、数码摄像机

数码摄像机进行工作的基本原理简单地说就是光—电—数字信号的转变与传输。即通过感光元件将光信号转变成电流，再将模拟电信号转变成数字信号，由专门的芯片进行处理和过滤后得到的信息还原出来就是我们看到的动态画面了。

数码摄像机（如图 3-3）的感光元件能把光线转变成电荷，通过模数转换器芯片转换成数字信号，主要有两种：一种是广泛使用的 CCD（电荷耦合）元件；另一种是 CMOS 器件。

图 3-3 数码摄像机

五、投影仪

多媒体投影仪是多媒体教室中计算机、视频展示台、VCD、录像机的视频显示设备,它连接着计算机系统、所有视频输出系统及数字视频展示台,把视频、数字信号输出显现在大屏幕上,多媒体投影仪的产品从技术角度上分为阴极射线管投影仪(CRT)、液晶显示投影仪(LCD)(如图3-4)和数字光路投影仪(DLP)。

图3-4 LCD投影仪

多媒体投影机的选择如下:

(1) 信号源接口类型:一般多媒体教室使用的投影仪应有 Video、S-Video、Audio 及 1~2 个计算机(VGA)接口。

(2) 分辨率:投影仪的分辨率标准主要有 SVGA(800×600)、XGA(1 024×768)、SXGA(1 280×1 024)和 UXGA(1 600×1 200)。一般选择 XGA 标准的就可以了,当需显示高分辨率图像信号时,可选择 SXGA 甚至 UXGA,同时应注意行频要在 60 KHz 以上。

(3) 安置方式:投影仪的安置方式分为桌式正投、吊灯正投、桌式背投、吊顶背投等几种。采用正投方式时,投影仪在观众的同一侧;采用背投方式时,投影仪与观众分别在屏幕两端(需背投幕)。如固定使用,可选择吊顶方式。如果有足够的空间,选择背投方式整体效果好。

(4) 亮度:亮度也是投影仪的重要指标,价格与之密切相关。一般情况下可以根据教室面积的大小来确定投影仪的亮度,可以参考表3-1的配置。

表3-1 投影仪使用环境与适用亮度匹配表

环境	适用亮度
50 m² 以下的小教室	1 000~1 200ANSI 流明
50~300 m² 的中型教室	1 200~1 300ANSI 流明
300 m² 以上的大型教室	1 300ANSI 流明以上

六、电子白板

电子白板又称互动白板或交互白板,交互式电子白板可以与电脑进行信息通讯,将电子白板连接到计算机,并利用投影仪将计算机上的内容投影到电子白板屏幕上,在专门的应用程序的支持下,可以构造一个大屏幕、交互式的协作会议或教学环境。利用特定的定位笔代替鼠标在白板上进行操作,可以运行任何应用程序,可以对文件进行编辑、注释、保存等在计算机上利用键盘及鼠标可以实现的任何操作。如图 3-5 所示。

图 3-5　电子白板

交互式电子白板具备并超越黑板的所有功能,包括随意书写、画图、批注重点,并且可以使用或编辑丰富多彩的电子课件,在教学中的应用,主要体现在以下几方面:

1. 无需粉笔或鼠标

教师和学生用外形像粉笔的白板笔甚至手指,就完全替代传统粉笔的功能,这样既可以避免粉笔产生的各种危害,又节省了资源,全面实现健康、环保、节能的教学模式。

2. 丰富多彩的多媒体资源

可以使用丰富多彩的多媒体资源,并且可以随时书写或标注。教学过程可以轻松保存成教学录像发给学生,学生无须再边听讲边做笔记,教师之间也可以相互交流和研究教学录像,提高教学水平。

3. 强大的计算机多媒体工具

扩展、丰富了传统计算机多媒体的工具功能,更加提高了视听效果。电子白板具有拖放、照相、隐藏、拉幕、涂色、匹配、即时反馈等功能模块,这些精彩的视觉及听觉效果,大大提高了学生的注意力和理解力,激发了学生的兴趣,调动学生积极参与到教学过程中来。

第三节　数字化教学环境

数字化教学环境是指能对教学信息进行数字化处理、传输、显示的硬件设施和相关软件构成的系统,主要包括多媒体教室、网络教室、数字图书馆、微格教学系统、校园网、视频会议系统等。现代教育技术应用环境的基础是多媒体计算机和网络化环境,这种教学环境,经过数字化信息的处理具有信息显示多媒体化、信息传输网络化、信息处理智能化和教学环境虚拟化等特征。

一、多媒体教室

多媒体教室是根据现代教学的需要将多种教学媒体设备集中在一个教室中而形成的综合教学系统。它能够清晰地显示计算机或其他多媒体设备(如录像机、DVD)传输的文字、图形、图像、动画、视频等多媒体信息,同时具有高质量的声音放大系统,能够满足多媒体组合教学的需要。

多媒体教室通常由计算机系统、视频图像系统、声音系统和控制系统四大部分组成。① 计算机系统是多媒体教室的核心,主要功能是运行多媒体教学课件,并作为网络连接设备来共享网络资源。相应的设备有台式多媒体计算机、校园网连接线、笔记本电脑接入线等。② 视频图像系统用于静态或动态视频图像的播放展示,组成设备有影碟机、录像机、视频展示台、投影仪或电动屏幕。③ 声音系统可以对各种设备产生的声音信号进行放大输出。通过音箱还原高保真的声音,主要设备有音箱、功放机、无线话筒、无线接收器和有线话筒。④ 控制系统用以对多媒体教室的各种设备、环境条件进行集中控制,设备包括多媒体中央控制系统和控制面板。这些系统和设备综合地集中在一起,就构成了多媒体教室系统。

二、网络教室

网络教室也称为多媒体网络教室(如图3-6所示),是集成了多媒体技术和网络技术的一种信息化教学环境。它既能呈现出形式多样的教学内容,又能提供各类丰富的学习资源,支持学生的自主、合作、探究性学习活动。

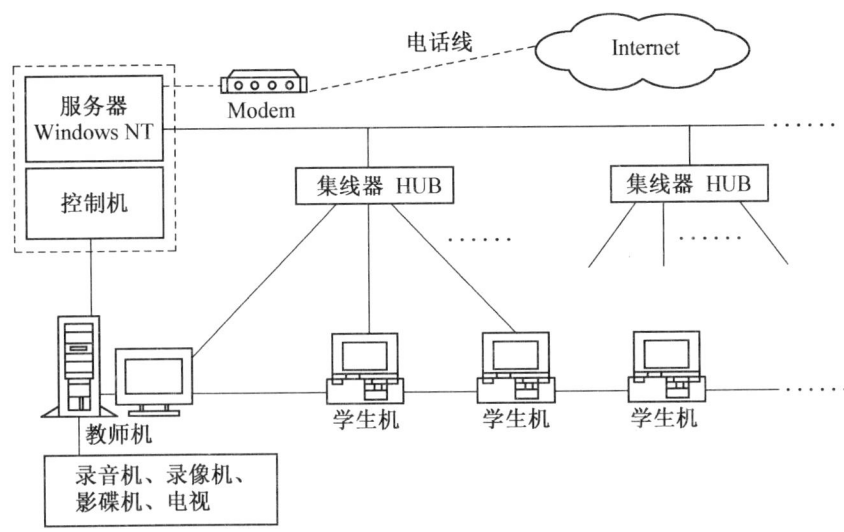

图 3-6 多媒体网络教室结构示意图

网络教室的主要功能和特点：

(1) 屏幕广播：采用国际完全领先的屏幕广播技术，实时流畅的广播动画、课件、视频等，学生机可以全屏或窗口的形式接收教师机广播出去的屏幕。

(2) 屏幕监视：可监视学生计算机的屏幕。

(3) 遥控辅导：支持教师同时遥控多台学生机，随时遥控操作学生计算机。

(4) 语音广播：通过麦克和耳机，教师和学生可自由进行语音交流（广播、对讲、讨论）。

(5) 动态标注：使用电子教鞭，随时对教学内容进行动态标注，辅助教学。

(6) 自由交互：教师与学生可通过白板、文字、语音实时动态交互学习。

(7) 网络影院：支持 mpeg1/mpeg2/mpeg4 等多种图像格式的视频文件广播。

(8) 文件收发：可任意选择文件、文件夹传输指定多个学生，或从学生机收取文件和作业。

(9) 集体讨论：教师和学生在一个讨论板中进行多种方式的交流，如文字、语音、电子白板等。

(10) 分组讨论：通过动态分派学生到不同分组中，允许不同组中的学生独立讨论，讨论内容互不干扰。

(11) 远程控制：远程锁定、解锁、复位、重启、关闭学生机。

(12) 录制回放：在屏幕广播时支持实时录制与回放，能同步广播带视频文

件的多媒体课件。

（13）定制界面：提供多种界面方案，支持及时"换肤"功能，不同的用户拥有不同的界面。

（14）窗口遥控：独特的窗口智能滚动遥控功能允许教师对多个学生机进行遥控辅导和监视。

（15）分组广播：支持一个教室内分组广播教学，即教师可指定学生 A、B 等同时向不同的学生分组广播教学。

三、数字图书馆

数字图书馆就是以数字形式贮存和处理信息的图书馆，是将计算机技术、通信技术、微电子技术等合一的信息服务系统。它针对有价值的图像、文本、语音、影视、软件和科学数据等多媒体信息进行收集、组织和规范加工，不再是传统图书馆以纸介质或其他非数字介质为存储载体。它利用现代先进的数字化技术，将图书馆馆藏文献数字化，通过国际互联网上网服务，供用户随时随地查询，使处在不同地理位置的用户能够方便地利用大量的、分散在不同处贮存的信息。只要在有网络存在的地方，就可以随时随地查询资料、获取信息。通俗地说，数字图书馆是因特网上的图书馆，是没有围墙的图书馆。主要优点如下：

（1）信息储存空间小，不易损坏。数字图书馆是把信息以数字化形式加以储存，一般储存在电脑光盘或硬盘里，与过去的纸质资料相比占地很小。而且，传统图书馆管理中的一大难题就是，资料多次查阅后就会磨损，一些原始的比较珍贵的资料，一般读者很难看到。数字图书馆就避免了这一问题。

（2）信息查阅检索方便。数字图书馆都配备电脑查阅系统，读者通过检索一些关键词，就可以获取大量的相关信息。而传统图书资料的查阅，都需要经过检索、找书库、按检索号寻找图书等多道工序，烦琐而不便。

（3）远程迅速传递信息。图书馆的建设是有限的。传统图书馆位置固定，读者往往要花费大量的时间在去图书馆的路上。数字图书馆则可以利用互联网迅速传递信息，读者只要登录网站，轻点鼠标，即使和图书馆所在地相隔千山万水，也可以在几秒钟内看到自己想要查阅的信息，这种便捷是传统图书馆所不能比拟的。

（4）同一信息可多人同时使用。众所周知，一本书一次只可以借给一个人使用。在数字图书馆则可以突破这一限制，一本"书"通过服务器可以同时借给多个人查阅，大大提高了信息的使用效率。

四、微格教学系统

微格教学是一个有控制的实践系统,它使师范生或在职教师有可能集中解决某一特定的教学行为,或在有控制的条件下进行学习。它是建立在教学理论、视听理论和技术基础之上,系统培训教师教学技能的方法。微格教学系统结构如图 3-7 所示。

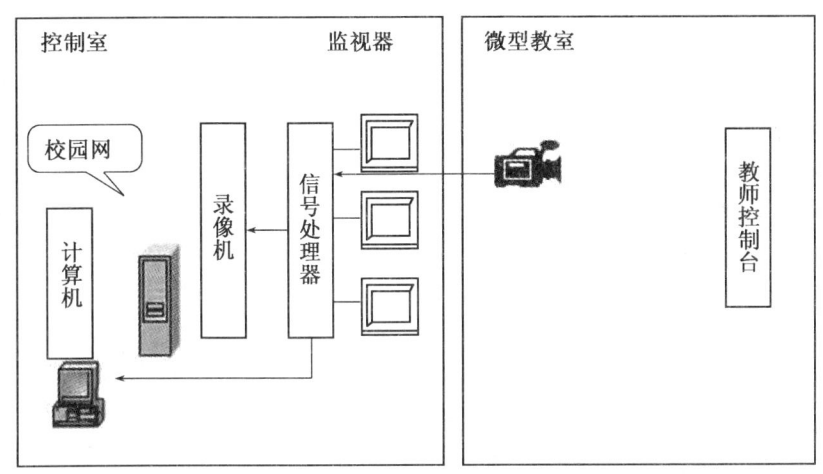

图 3-7 微格教学系统结构示意图

微格教学的实施包括学习相关知识、确定训练目标、观摩示范、分析与讨论、编写教案、角色扮演与微格实践、评价反馈、修改教案等步骤。

1. 学习相关知识

微格教学是在现代教育理论指导下对教师教学技能进行模拟训练的实践活动。在实施模拟教学之前应学习微格教学、教学目标、教学技能、教学设计等相关的内容。通过理论学习形成一定的认知结构,利于以后观察学习内容的同化与顺应,提高学习信息的可感受性及传输效率,以促进学习的迁移。

2. 确定训练目标

在进行微格教学之前,指导教师首先应该讲清楚本次教学技能训练的具体目标、要求,以及该教学技能的类型、作用、功能与典型事例运用的一般原则、使用方法及注意事项。

3. 观摩示范

为了增强学生对所培训的技能的形象感知,需提供生动、形象和规范的微格教学示范片或教师现场示范。在观摩微格教学片过程中,指导教师应根据实际情况给予必要的提示与指导。示范可以是优秀的典型,也可利用反面教材,但应以正面示范为主。如果可能,应配合声像资料提供相应的文字资料,以利于对教学技能有一个理性的把握。要注意培养学生勤于观察、善于观察的能力,吸收、消化他人的教学经验的能力。

4. 分析与讨论

在观摩示范片或教师的现场示范后,组织学生进行课堂讨论,分析示范教学的成功之处及存在的问题,并就"假使我来教,该如何应用此教学技能"展开讨论。通过相互交流、沟通,集思广益,酝酿在这一课题教学中应用该教学技能的最佳方案,为下一步编写教案做准备。

5. 编写教案

当被训练的教学技能和教学目标确定之后,学生就要根据教学目标、教学内容、教学对象、教学条件进行教学设计,选择合适的教学媒体,编写详细的教案。教案中首先说明该教学技能应用的构想,还要注明教师的教学行为、时间分配及可能出现的学生学习行为及对策。

6. 角色扮演与微格实践

角色扮演是微格教学中的重要环节,是训练教学技能的具体教学实践过程。即学生自己走上讲台讲演,扮演教师,因此被称作"角色扮演"。为营造出课堂气氛,由小组的其他成员充当学生。学生在执教之前,要对本次课做一简短说明,以明确教学技能目标,阐明自己的教学设计意图。讲课时间视教学技能的要求而定,一般5~10分钟,整个教学过程将由摄录系统全部记录下来。

7. 评价反馈

评价反馈是微格教学中最重要的一步。在教学结束后,必须及时组织学生重放教学实况录像或进行视频点播,由指导教师和学生共同观看。先由试讲人进行自我分析,检查实践过程是否达到了自己所设定的目标,是否掌握了所培训的教学技能,指出有待改进的地方,也就是"自我反馈"。然后指导教师和小组成员对其教学过程进行集体评议,找出不足之处,教师还可以对其需改进的问题进行示范,或再次观摩示范录像带(片),以利于学生进一步改进、提高。

8. 修改教案

评价反馈结束后,学生须修改、完善教案,再次实践。在单项教学技能训练告一阶段后,要有计划地开展综合教学技能训练,以实现各种教学技能的融会贯通。

五、校园网

校园网是为学校师生提供教学、科研和综合信息服务的宽带多媒体网络。首先,校园网应为学校教学、科研提供先进的信息化教学环境。校园网是一个具有交互功能和专业性很强的局域网络。多媒体教学软件开发平台、多媒体演示教室、教师备课系统、电子阅览室以及教学、考试资料库等，都可以在该网络上运行。如果一所学校包括多个专业学科（或多个系），也可以形成多个局域网络，并通过有线或无线方式连接起来。其次，校园网应具有教务、行政和总务管理功能。

校园网与校园群应具有为学校和学校之间的教育提供网络环境，实现资源共享、信息交流、协同工作等基本功能。具体如下：

（1）为及时、准确、可靠地收集、处理、存储和传输教育信息提供工具和网络环境。

（2）为学校行政管理和决策提供基础数据、手段和网络环境，实现办公自动化，提高工作效率、管理和决策水平。

（3）为备课、课件制作、授课、学习、练习、辅导、交流、考试和统计评价等各个教学环节提供网络平台和环境。

（4）为使用网络通信、视频点播和视频广播技术，提供符合素质教育要求的新型教育模式。

（5）为科学研究的资料检索、收集和分析，成果的交流与研讨，模拟实验等提供环境和手段。

六、视频会议系统

视频会议系统是通过网络通信技术来实现的虚拟会议，使在地理上分散的用户可以共聚一处，通过图形、声音等多种方式交流信息，支持人们远距离进行实时信息交流与共享、开展协同工作的应用系统。随着视频会议技术的日趋成熟，集音频、图形、图像、文字、数据共享、公文流转等为一体的视频会议，使越来越多的人开始享受到网上办公、远程医疗、远程通信、远程协作、远程培训等全新的工作模式。视频会议系统结构如图3-8所示。

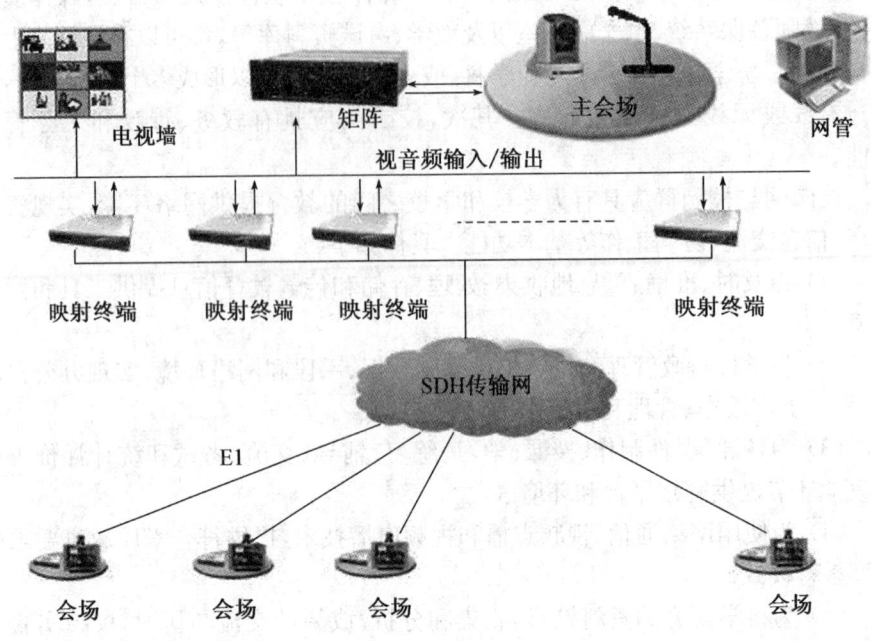

图3-8 视频会议系统结构示意图

第四节 教育新技术

目前,一些新技术、新工具开始进入教育技术研究者的视野,有些已经得到应用。如人工智能技术、移动学习技术、虚拟现实技术以及数字游戏技术等。这些技术的独特功能给教育技术带来了新鲜空气,激发了人们的变革热情。

一、人工智能

人工智能是研究使计算机来模拟人的某些思维过程和智能行为(如学习、推理、思考、规划等)的学科,目前,在教育中应用较为广泛与活跃的研究领域主要有专家系统、机器人学、机器学习和分布式人工智能,下面就这些领域进行阐述。

1. 专家系统

专家系统是一个具有大量专门知识与经验的程序系统,它使用人工智能技术,根据某个领域中一个或多个人类专家提供的知识和经验进行推理和判断,模拟人类专家的决策过程,以解决那些需要专家决定的复杂问题。

在教育中,专家系统的开发和应用更多集中于远程教育,为现代远程教育的智能化提供了有力的技术支撑。基于专家系统构造的智能化远程教育系统具有以下几个方面的功能:具备某学科或领域的专门知识,能生成自己的提问和应答;能够分析学生的特征,评价和记录学生的学习情况,诊断学生学习过程中的错误并进行补救教学;可以选择不同的教学方法实现以学生为主体的个别化教学。

2. 机器人学

机器人学是人工智能研究的一个分支,其主要内容包括机器人基础理论与方法、机器人设计理论与技术、机器人仿生学、机器人系统理论与技术、机器人操作和移动理论与技术、微机器人学等。

机器人在作为教学内容的同时,也为教育提供了有力的技术支撑,成为培养学习者创新精神和实践能力的新的载体与平台,大大丰富了教学资源。多年来,我国中小学信息技术教育的主要载体是计算机和网络,教学资源单一,缺乏前瞻性。教学机器人的引入,不仅激发了学生的学习兴趣,还为教学提供了丰富的、先进的教学资源。随着机器人技术的发展,教学机器人种类越来越多,目前在中小学较为常用的教学机器人有:能力风暴机器人、通用机器人、未来之星机器人、乐高机器人、纳英特机器人、中鸣机器人等。

3. 机器学习

机器学习是要使计算机能够模仿人的学习行为,自动通过学习来获取知识和技巧。

随着计算机技术的进步和机器学习研究的深入,机器学习系统的性能大大提高,各种学习算法的应用范围不断扩大,例如将连接学习用于图文识别,归纳学习、分析学习用于专家系统等,大大推动了在教育中的应用。例如在建构适应性教学系统中,用机器学习与朴素的贝叶斯分类器动态了解学生的学习偏好,有较高的准确率。基于案例的推理(Case-based Reasoning,CBR)是一种新兴的机器学习和推理方法,其核心思想是重用过去人们解决问题的经验解决新问题,在计算机辅助教育方面,已经出现了基于 CBR 的图形仿真教育系统,且针对个体特征的教育教学方法研究也有所突破。

4. 分布式人工智能

分布式人工智能是分布式计算与人工智能结合的结果,研究目标是要创建一种能够描述自然系统和社会系统的精确概念模型,主要研究问题是各 Agent(智能体)之间的合作与对话,包括分布式问题求解和多 Agent 系统两个领域。

分布式人工智能中的 Agent 和多 Agent 技术在教学中的应用逐渐受到关注。在教学中引入 Agent 可以有效地提高教学系统的智能性，创造良好的学习情境，并能激发学习者的学习兴趣，进行个性化教育。目前，Agent 和多 Agent 技术多用于远程智能教学系统，通过利用其分布性、自主性和社会性等特点，提高网络教学系统的智能性，使教学资源得到充分利用，并可实现对学习者的学习行为进行动态跟踪，为学习者的网络学习创造合作性的学习环境。

二、移动学习

移动学习(Mobile Learning)是一种在移动计算设备帮助下的能够在任何时间、任何地点发生的学习。移动学习所使用的移动计算设备必须能够有效地呈现学习内容并且提供教师与学习者之间的双向交流。

1. 远程学习阶段

M-learning 是 mobile learning 的简称，在国内，通常被翻译成移动学习。它是指在终身学习思想的指导下，利用现代通信终端，如手机、PDA 等设备（通常不包括具备无线上网功能的笔记本电脑）进行远程学习。远程学习分为三个阶段：

（1）D-learning(distance learning，远程学习)。特点是已经实现了教师与学生的时空分离，教与学的活动不再是同步的，为学生开发学习材料和提供学习支助服务的远程学习系统起到了举足轻重的作用。在技术上，主要是使用印刷材料、录音带、磁盘、实验箱等媒体技术。一般可以通过邮件、电话进行师生间的联系。

（2）E-learning(electronic learning，电子学习)。特点是实现了远程的面授教学(teaching face-to-face at a distance)，这补偿了远程学习的一些天生不足。主要使用卫星电视、视频会议系统、计算机网络等技术。E-learning 在世界上取得了令人瞩目的成就，英国的开放大学、中国的电视大学，在 20 世纪 80～90 年代，都采用了这些技术，并取得了很好的教学效果。

（3）M-learning(mobile learning，移动学习)。这是远程教育的新的发展阶段。特点是可以随时随地进行自由的学习。它采用的技术是移动通信装备、BlueTooth 和 IEEE802.11 等无线通信协议。

2. 移动学习的特点

移动学习在数字化学习的基础上通过有效结合移动计算技术带给学习者随时随地学习的全新感受。移动学习被认为是一种未来的学习模式，或者说是未来学习不可缺少的一种学习模式。移动学习的内涵有以下三个方面：

（1）移动学习是在数字化学习的基础上发展起来的，是数字化学习的扩展，它有别于一般学习。移动学习并不是什么新鲜事物,因为在传统学习中印刷课本同样能够很好地支持学习者随时随地进行学习,可以说课本在很早以前就已经成为支持移动学习的工具,而移动学习也一直就在我们的身边。

(2) 移动学习除具备了数字化学习的所有特征之外,还有其独一无二的特性,即学习者不再被限制在电脑桌前,可以自由自在、随时随地进行不同目的、不同方式的学习。学习环境是移动的,教师、研究人员、技术人员和学生都是移动的。

(3) 移动学习实现的技术基础是移动计算技术和互联网技术,即移动互联技术;实现的工具是小型化的移动计算设备。实现移动学习设备的特征有:可携带性(portability),即设备形状小、重量轻、便于随身携带;无线性(wireless),即设备无须连线;移动性(mobility),即使用者在移动中也可以很好地使用。

三、虚拟学习环境

1. 网络虚拟实验室

网络虚拟实验室是通过计算机网络系统,研究人员或学生将不受时空的限制,随时随地与同行协作,共享仪器设备,共享数据和计算资源,并得到教师的远程指导以及与同行相互研讨。由于通过网络虚拟实验室能够实现跨时空、跨学科的仪器设备远程共享,甚至远程控制,满足科研教学对分布式实验系统的要求,同时解决棘手的教学资源紧张问题。

2. 虚拟大学

虚拟大学是运用虚拟技术,创办在互联网络上的、不消耗现实教育资源和能量的,并且有现实大学特征和功能的一个办学实体。虚拟大学的显著特征有:

(1) 教学硬件的虚拟性。运用虚拟技术,在互联网络上模拟出实际上并不存在的、又和现实大学相似的校园、教室、实验室、图书馆、实习基地等教学环境。在虚拟大学内,就是以虚拟的培养人才的设施代替传统的校园实体,来实现人才培养功能的。它的教学硬件组成体系的虚拟性,是其最根本的特点。

(2) 教学过程的网络性。虚拟大学内,学生文化、科学、技术知识的获取和基本技能的培养都依赖于教学过程的网络化,学生只要通过联网的电脑,就可以攻读大学课程,进行实践环节和科学研究的训练,从而获取学士学位或研究生学位。日本不少人就是通过与全球互联网络系统连接的电脑,在家就读欧美的虚拟大学,实现不出家门的海外留学的。

(3) 教材的多媒体性。虚拟大学使用的是多媒体教材。它是由优秀教授们编制的,能适应不同类别、不同层次、不同水平需要的声、形、像俱全的,科学性和通俗性相结合的,仪器设备可以分解和组合的,内容可以迅速更新的光盘书籍,它取代了传统枯燥的单一的文字课本,使教材发生了根本性的变革。

（4）教学管理的遥控性。虚拟大学的教学管理是通过互联网络来进行的。它对学生入学资格的审查,学生学习计划的核定,学生实施学习计划中的出勤情况、学习情况、课程考试情况、学分的评定,以至学位证书或其他证书的颁发,都通过"网上"监控系统进行遥控和监督,以保证培养学生的质量。

（5）学生成才的个性化。虚拟大学培养学生是在教师的指导下、在多媒体交互式虚拟化的教学环境中进行的。每个学生根据自己制订的学习计划,随时随地都可以通过网络选择教学软件进行学习,在师生或同学之间进行交流,并及时得到教师的帮助。因此,虚拟大学培养人才完全是个性化的,完全可以在坚持全面发展的前提下充分发展自身的特长、兴趣和爱好。

四、教育游戏

教育游戏是严肃游戏的一种,是专门针对特定教育目的而开发的游戏,具有教育性和娱乐性并重的特点。教育游戏是以游戏作为教育的手段,以成熟的教育理论作为游戏设计的理论支撑,取得教育性和游戏性的平衡,从而通过游戏的方式来完成教育过程的产品实现。

除面向学科的教育,教育游戏在特殊教育领域、高级认知能力、社交技能发展、情感价值培养等方面都具有极大的潜质。随着信息网络技术的迅猛发展,传统的以学校教育为中心的时代已经终结,人类社会已步入实现人、教育、生活全方位整合的"后教育时代"。教育游戏就是试图将学习者的发展回归到人发展的自然形态,是尊重人发展的自然规律的。教育游戏中所创设的游戏情境,资源中内含的超越、平等精神以及在自由与限制之间保持适当张力的精神,不仅有利于革除当前教育存在的一些弊病,而且更容易使师生双方作为真实个体投入到教育过程中,进行积极的对话,各自敞开自我、相互倾听、相互理解、相互吸引,从而成为教师与学生共同进行的一场"游戏"。

参考文献

[1] 王海芳,李锋.人工智能应用于教育的新进展[J].现代教育技术,2008(13).

[2] 李克东.新编现代教育技术[M].上海:华东师范大学出版社,2002.

[3] 李树斌.现代教育技术(第二版)[M].北京:高等教育出版社,2011.

[4] 陈天云,张剑平.智能教学系统(ITS)的研究现状及其在中国的发展[J].中国电化教育,2007(2).

[5] 韩瑛,李斌.虚拟现实技术在网络教学中的研究与应用[J].现代教育技术,2006(1).

第四章　数字素材获取及编辑

数字素材的获取和编辑是信息化教学的一个十分重要的环节，特别是在制作多媒体教学课件方面。如果没有高质量的多媒体数字素材，再好的多媒体创作工具也难以创作出高质量的多媒体课件。数字素材包括文字、图像、图形、动画、声音和影像等。不同的素材，需要不同的采集方法和处理方法。因此对于多媒体课件的制作者来说，不仅要学会采集多种素材，更重要的是正确掌握如何通过软件对各种途径得到的素材进行处理和加工，使采集的多媒体素材获得更加优良的效果和表现力，从而满足课堂教学的需要。

第一节　文本素材的获取与编辑

文本是文字、字母、数字和各种功能符号的集合。在现实生活中，人们对事情的讲述、逻辑的推理、数学公式的表述等都主要用文字和数字来准确地表达。在多媒体作品中，虽然有图形、声音、视频影像等多种媒体形式，但是对于一些复杂而抽象的事件，文本表达却有它不可替代的独到之处。一些说明、介绍、作品中的文字资料都会用到文本，作为多媒体系统的组成元素，它和其他素材同样重要。文本素材处理包含文本的采集、录入、编辑等加工处理，本节将介绍文本素材处理的相关知识。

一、常见文本文件的格式

目前流行的文字处理软件种类繁多，不同的软件生成的文件格式各不相同。当使用不同的文本编辑软件编辑文本时，系统通常会采用默认的文本文件格式来保存文档。如文字处理软件 Microsoft Word 的默认文档格式为 DOC，当然该软件还支持另外一些流行的文本文件格式，如 TXT、RTF 等。下面是比较流

行的文本文件格式：

（1）TXT 格式：是纯 ASCII 码文本文件，纯文本文件除了换行和回车外，不包括任何格式化的信息，即文件里没有任何有关文字字体、大小、颜色、位置等格式化信息。Windows 系统的"记事本"就是支持 TXT 文本编辑和存储的文字工具程序。所有的文字编辑软件和多媒体集成工具软件均可直接使用 TXT 文本格式文件。

利用纯文本不含任何格式化信息的特点，我们可以比较方便地实现一些图形、表格、文字的转换，例如，从网页上下载的文字资料一般都包含格式控制，如果直接下载到 Word 等文字处理环境中，会带有一些不需要的格式符号，常含有表格形式，通过"记事本"等工具，将下载的文本资料转换为纯文本后再导入 Word 中，会使排版变得轻松快捷。

（2）WRI 格式：是 Windows 系统下的写字板应用程序所支持的文件格式。

（3）DOC 格式：是 Microsoft Word 文字处理软件所使用的默认文件格式，其中可以包含不同的字符格式和段落格式。

（4）RTF 格式：是 Rich Text Format 文件格式，是一种可以包含文字、图片和热字（超文本）等多种媒体的文档。在 Macromedia 公司的多媒体开发软件 Authorware 6.0/7.0 中就可以直接对 RTF 格式文档进行编辑，并且通过 RTF 知识对象对其使用。另外，在 Microsoft Word 文字处理软件中也能将文档保存为 RTF 文件格式。

（5）WPS 格式：是金山中文字处理软件的格式，其中包含特有的换行和排版信息，称为格式化文本，通常只在 WPS 编辑软件中使用。

二、文本素材的获取方法

文本素材的获取有直接获取与间接获取两种方式。直接获取是指通过多媒体教学制作工具软件的文字工具或在文字编辑处理软件中用键盘直接输入或复制，一般在文本内容不多的场合下使用该方式。间接获取是指用扫描仪或其他输入设备输入文本素材，常用于大量文本的获取。文本素材的获取方法主要有以下五种：

1. 键盘输入方法

键盘输入方法是文本输入的主要方法，使用计算机输入汉字，需要对汉字进行编码，根据汉字的某种规律将汉字用数字或英文字符编码，然后由计算机键盘输入。汉字有音、形、义三个要素，根据汉字读音的编码叫音码，根据汉字字形的编码叫形码，兼顾汉字读音和字形的编码叫音形码或形音码。在常用的多媒体教学制作软件中，都带有文字工具，在文本内容不多的情况下，可以直接输入文字,对输入的文字可进行直接编辑处理。

2. 手写输入方法

使用"输入笔"设备,在写字板上书写文字来完成文本输入。利用手写输入法获取文本的方式,类似于平时我们在纸上写字,但对在写字板上书写的文字要经选择。手写输入方法使用的输入笔有两种:一种是与写字板相连的有线笔,另一种是无线笔。无线笔携带和使用均很方便,是手写输入笔的发展方向。写字板也有两种,一种是电阻式,另一种是感应式。

3. 语音输入方法

将要输入的文字内容用规范的语音朗读出来,通过麦克风等输入设备传输到计算机中,计算机的语音识别系统对语音进行识别,将语音转换为相应的文字,完成文字的输入。语音输入方法目前已开始使用,但识别率还不是很高,对发音的准确性要求比较高。

4. 扫描仪输入法

将印刷品中的文字以图像的方式扫描到计算机中,再用光学识别器(OCR)软件将图像中的文字识别出来,并转换为文本格式的文件。目前,OCR的英文识别率可达90％以上,中文识别率可达85％以上。

5. 从互联网上获取文本

从互联网上可以搜索到许多有用的文本素材,在不侵犯版权的情况下,可以从互联网上获取有用的文字。从互联网的html页面上获取部分文本的方法是:首先拖动鼠标选取有用的文本,或单击鼠标右键,在弹出的快捷菜单中,选择"全选"命令,将整个页面上文字全部选中,然后选择"复制"命令,打开文字处理软件(如Word),选择"编辑"/"粘贴"命令,就可以将复制的文字在文字处理软件中进行编辑处理了。如果将互联网上其他格式的文本文件(如:".pdf"、".caj")格式的文件进行保存,然后使用部分有用文本,常用的方法是:选择"文件"菜单中的"另存为"命令,将文本文件进行保存,然后在打开的阅读器中,选择工具栏上的"文字选择工具"选取文字后,选择"复制"命令,然后在文字处理软件中选择"粘贴"命令。(注意:对有些".pdf"、".caj"格式的文件,基于版权的考虑,不允许选取复制)。

三、文本素材的编辑与制作

文本素材的编辑与制作方法通常有以下三种:

1. 利用文字处理软件进行编辑

通过文字处理软件(如Word、WPS)提供的编辑环境,对文字进行输入和编辑。文字录入后,在其编辑窗口中,可按字体、字号、颜色、形状(如加粗、斜体、底

纹、下划线、方框、上标、下标等）、中文版式以及设置字符间距等来对文字进行格式编排，以满足特定的外观需要。

2. 利用多媒体开发工具直接编辑与制作

一般的多媒体开发软件均有文字制作工具，利用它们提供的工具可直接制作文本。这些制作工具可进行文字的样式、大小、字体等多种属性的调整。在多媒体课件中，字的大小可根据需要进行选择，但一般情况下，中文字不能小于"小四"号或12点，成段文字的行距不应小于1.5倍。在选用其他字体时，要考虑通用性，若其他多媒体计算机没有同样的字库，则调用该多媒体课件时，就可能出现文字部分不能显示或显示错码等情况。

3. 利用图像处理软件编辑与制作

可以在图像处理软件（如 Photoshop CS）中输入文字后进行加工美化，并存储成图像文件，然后在多媒体开发工具中用输入图片的方法调用。用此种方法制作的文字比较美观，但修改麻烦，在制作时，要预先设计好文本区的形状与大小。

第二节 数字图像的获取与加工

数字图像在多媒体课件和教学网站中应用十分广泛，从界面、插图到背景，都会使用到数字图像。数字图像的色彩丰富、形象生动，可以真实地重现生活情境；其承载的信息量丰富，可以提供高质量的感知材料。数字图像是帮助学生分析理解概念或现象最常用的媒体形式之一。本节将阐述数字图像资源的获取、加工处理的方法。

一、常用数字图像文件的格式

不同文件格式的数字图像，其压缩方式、存储容量及色彩表现不同，在多媒体教学课件中的使用也有所差异，因而，我们首先必须了解一些常用数字图像文件的格式。

1. BMP 文件格式

BMP（bitmap-file）文件格式，又称为位图文件格式，是 Windows 中的标准图像文件格式，在 Windows 环境下运行的所有图像处理软件都支持这种格式。

BMP 格式图像文件的特点是不进行压缩处理，具有极其丰富的色彩，图像信息丰富，能逼真表现真实世界。因此，BMP 格式的图像文件的尺寸比其他格式的图像文件相对要大得多,不适宜在网络上传输。BMP格式的文件在多媒体课件中,主要用于教学情境创设、表达教学内容和提高课件的视觉效果等。

2. GIF 文件格式

图形交换格式(Graphics Interchange Format,GIF)是在各种平台的各种图形处理软件上均能够处理的、经过压缩的一种图像文件格式。

GIF 格式的图像文件的特点是压缩比高,磁盘空间占用较少,适宜网络传输,所以这种图像广泛应用在网络教学中。GIF 格式图像文件的不足是最多只能处理256种色彩,图像存在一定的失真,适合于对图像质量要求不高的多媒体课件中使用。

3. JPEG/JPG 文件格式

JPEG/JPG 格式是 JPEG 联合图像专家组(Joint Photographic Experts Group)标准的产物。由于其高效的压缩效率和标准化要求,目前已广泛用于彩色传真、静止图像、电话会议、印刷及新闻图片的传送上。

JPEG/JPG 格式图像的优点是有着非常高的压缩比率,适合在网络中传播;使用24位色彩深度使图像保持真彩;技术成熟,已经得到所有主流浏览器的支持。其缺点是压缩算法为有损压缩,会造成图像画面少量失真;不支持任何透明方式。这种格式的图像文件是多媒体课件和主题学习网站中最常用的一种数字图像文件。

4. PNG 文件格式

PNG(Portable Network Graphics)是一种新兴的网络图像格式,适用于色彩丰富复杂、图像画面要求高的情况,比如作品展示等。大部分绘图软件和浏览器都支持 PNG 图像浏览。

PNG 是目前保证最不失真的图像格式,它汲取了 GIF 和 JPG 二者的优点,存贮形式丰富,兼有 GIF 和 JPG 的色彩模式;其第二个特点是既能把图像文件压缩到极限以利于网络传输,又能保留所有与图像品质有关的信息;第三个特点是显示速度很快,只需下载1/64的图像信息就可以显示出低分辨率的预览图像;第四个特点是 PNG 同样支持透明图像的制作。PNG 的缺点是不支持动画应用效果。

5. PSD 文件格式

PSD(Photoshop Document)是著名的 Adobe 公司的图像处理软件 Photoshop 的专用格式。这种格式可以存储 Photoshop 中所有的图层、通道、参考线、注解和颜色模式等信息。在保存图像时,若图像中包含有层,则一般都用 Photoshop(PSD)格式保存。PSD 格式在保存时会将文件压缩,以减少占用磁盘空间,但 PSD 格式所包含图像数据信息较多(如图层、通道、剪辑路径、参考线等),因此比其他格式的图像文件要大得多。由于 PSD 文件保留所有原图像数据信息,因而修改起来较为方便。

二、数字图像资源的获取方法

教学中使用的数字图像,有两个主要获取途径:一是利用现有的数字图像,如购买数字图像库、网络下载等;二是要自己制作数字图像,如屏幕捕捉、数码照相机拍摄、扫描仪扫描等方法。

1. 网络下载数字图像资源

网络上的图像资源十分丰富,可以通过下载的方法获取,这也是目前教学中使用的图像资源的主要来源之一。网络下载数字图像是教学中常用的方法,可以大大提高教学课件和教学网站的制作效率。要想在网络上获得数字图像资源,首先要在网页中搜索到所需要的数字图像资源。搜索数字图像最常用的方法是利用搜索引擎,在搜索引擎中使用关键词检索。目前,可用于搜索数字图像的搜索引擎有很多,如百度(Baidu)、谷歌(Google)、雅虎(Yahoo)、搜狗(Sogou)、网易(Neteasy)等。下面以全球最大的中文搜索引擎——百度为例,介绍如何从网络下载数字图像资源。

在百度首页(http://www.baidu.cn)选择"图片"选项就可以进入百度图片搜索引擎(如图4-1所示),它从数十亿中文网页中提取各类图片,建立了世界第一的中文图片库。到目前为止,百度图片搜索引擎可检索图片已经近亿张。此外,百度新闻图片搜索可以从中文新闻网页中实时提取新闻图片,具有新闻性、实时性、更新快等特点。

图4-1 百度图片搜索引擎

例如我们要利用百度搜索"荷花"图片,先在"图片搜索框"中输入要搜索的关键词"荷花",再点击"百度一下"按钮,即可搜索出相关的全部图片。把鼠标移到需下载图像上,在图像上出现的快捷工具栏中,点击 按钮,打开"保存图片"对话框,选择一个保存位置,单击【保存】按钮,就可以将这幅图像保存在本地计算机上了。

2. 屏幕图像的捕捉

屏幕图像捕捉是指有选择地截取电脑屏幕上显示的画面。屏幕捕捉图像有多种方法,下面介绍常用的两种:一种是利用Windows系统命令;另一种是使用专门的截图软件。

（1）利用 Windows 系统命令获取屏幕图像。在没有专门的截图软件的情况下，可以直接利用 Windows 系统中的拷屏命令进行抓图。屏幕抓图方法：按 PrintScreen(PrtSc)键，将当前屏幕上的内容复制到剪贴板上，然后在图像处理软件或课件制作软件中采用粘贴的方法，将抓取的屏幕上的图像粘贴过来。

（2）使用截图软件获取屏幕图像。除了使用 Windows 提供的拷屏命令获取屏幕图像外，还可以使用各种截图软件，下面以 QQ 软件为例介绍利用截图软件获取屏幕图像的方法。打开任何一个和 QQ 好友的聊天窗口，在面板上找到"截图"工具按钮，如图 4-2 所示，选择【屏幕截图】，鼠标指针颜色变成彩色。按住鼠标左键不放从要截图的左上角往右下角方向拖动，划出一个方框，将鼠标指针移到方框中双击左键完成截图，这时截图就会呈现在聊天对话框中了。点击截图下方的【保存】按钮选择保存的盘符（如 D 盘或桌面），选择保存类型"jpg 格式"，点击【保存】，所需要的图片就成功保存在你的计算机上了。

图 4-2　利用 QQ 软件"截图"

3. 用数码相机获取数字图像

数码照相机（Digital Camera），简称数码相机，是一种能够进行拍摄，并通过内部数字图像处理电路把拍摄到的景物转换为数字图像格式存放的照相机。数码相机可以与计算机、电视机或者打印机直接相连，对拍摄的数字图像进行即时处理或输出。这种方法方便、快捷、操作简单，因此它是多媒体课件制作中图像素材获取的重要途径。此外，带有数码相机功能的手机等也可以用来拍摄数字图像。

4. 用扫描仪获取数字图像

在制作多媒体教学软件或教学网站时，如果需要的图像可以从教科书、图书杂志、挂图、照片或印刷品等传统的教学媒体资源中找到，可以用扫描仪（如图 4-3 所示）把它们转换成数字图像。

图 4-3　扫描仪外观

三、数字图像的处理与加工

用数码相机、扫描仪等软件获取的图片只是原始素材,往往不能直接使用,通常需要经过图像处理软件的加工处理才能使用。能够进行数字图像处理的软件很多,如 Photoshop、Illustrator 等。其中,Adobe Photoshop 是目前最常用的功能强大的图像处理和设计工具软件,它功能完善、性能稳定、使用方便,是加工多媒体教学中使用的图像素材最常用的工具。下面就以 Photoshop CS6 软件为例来介绍多媒体教学软件制作中数字图像资源的处理。

(一) Photoshop CS6 基础知识

Adobe 公司开发的图像处理软件 Photoshop,自推出之日起就受到了广大用户的青睐,其应用领域已深入到广告、影视娱乐、建筑、装饰装潢等各个行业。Photoshop CS 是 Photoshop 7.0 的后继产品,CS 的意思是 Creative Suit,与前面几代产品比较,Photoshop CS 更具有创造性,在实际设计过程中更能激发设计者的创新能力,更快地进行设计,提高图像质量。

1. 认识 Photoshop 软件界面

打开 Photoshop CS6 软件,其主界面如图 4-4 所示。单击菜单项"窗口",可打开或关闭工具箱面板及其他浮动面板。

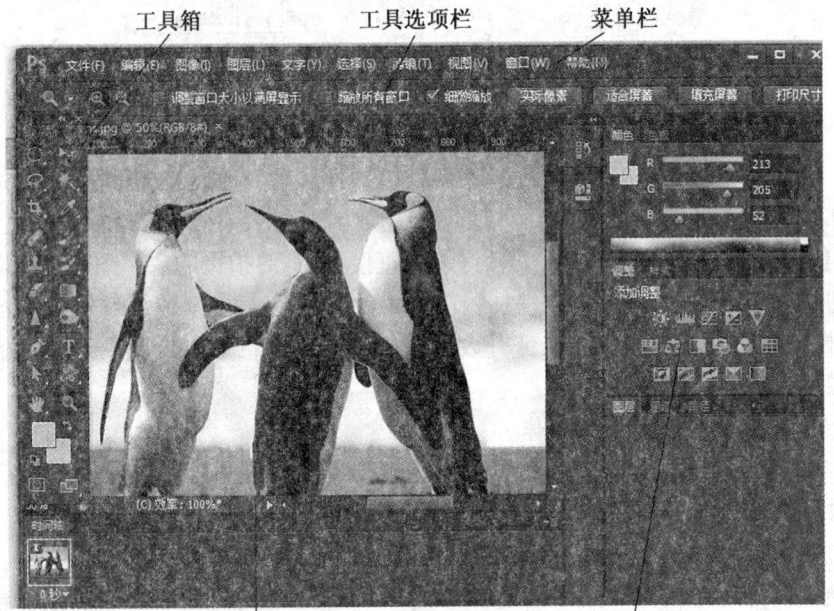

图 4-4 Photoshop 的主界面

2. 改变图像大小

这个操作可以帮助调整图像素材的大小。操作步骤如下：

第一步：单击"文件"/"打开"，打开需调整尺寸的原始图像。

第二步：单击"图像"/"图像大小"，弹出"图像大小"对话框，在宽度和高度输入框里输入相应的数字，单击"确定"。

3. 抠像技术

在制作多媒体教学软件或网站时，经常需要从现有的图像素材中抠取一部分使用，这就要用到抠像技术。在 Photoshop 中，抠取图像的方法有很多种，这里介绍利用选择工具抠像的方法。

Photoshop 的工具箱提供三种选择工具，如图 4-5 所示：

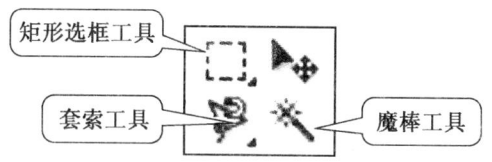

图 4-5 Photoshop 的选择工具

（1）矩形选框工具：主要用于选择矩形区域。若将鼠标放在该工具图标上，并按住鼠标不放，则会出现一个工具列表，这些工具可以建立矩形或椭圆形选区，甚至可以建立只有一个像素的水平或垂直选区。

（2）套索工具：可用于选取不规则形状的自由选区。另外两个与标准"套索"工具共享同一位置的套索工具为：多边形套索工具和磁性套索工具。多边形套索工具可以通过点击屏幕上的不同点来创建直线多边形选区。磁性套索工具能够自动地对齐到图像的边缘，常用于创建精确的复杂选区。

（3）魔棒工具：根据颜色的相似性来选择。它可以选择一个图像中与其他区域颜色不同的区域，此工具的作用很大。

灵活利用以上三种选择工具，可以从一幅图像中选出我们想要的区域进行拷贝、粘贴等操作。

4. 图层

图层是 Photoshop 中非常重要的一个概念，它是处理图像的关键。在处理图像的过程中，几乎每一幅图像都要用到图层。所以，学习者在正式开始学习使用 Photoshop CS 绘制和处理图像之前，首先应学会并掌握图层的使用方法。下面先来介绍图层的概念和常用图层的类型。

什么是图层呢？图层就相当于一张透明的纸。打个比方，如果在一张纸上绘画，当需要添加新的图案时，就在透明纸上绘制图形，并可通过移动纸张的位置在原来的纸上再铺一张透明纸,再调整这张来改变两层图案的相对位置,从而可以根据需要添加多层透明纸。

用 Photoshop 制作的作品往往是由多个图层合成的,层与层之间的上下关系可以通过拖动操作来改变。Photoshop 可以将图像的每一个部分置于不同的图层中,由这些图层叠放在一起形成完整的图像效果,用户可以独立地对每一个图层中的图像内容进行编辑、修改和效果处理等各种操作,而对其他层没有任何影响。图层概念的示意图如图 4-6 所示。

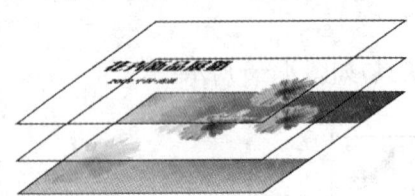

图 4-6 图层示意图

在图层控制面板中,每个图层左侧有一个显示/隐藏图标 ,用来控制当前图层是否显示或隐藏。在图层控制面板的上方还有一个不透明度调整对话框,用于方便地将当前图层设为半透明,从而使下一层图像半透明或完全显示出来。

对于不需要的图层,可以在图层控制面板中将它拖动到"删除图层"按钮 上快速地完成删除操作。当然有的时候也可以点击图层左侧的隐藏/显示开关 将其隐藏起来。

5. 文字的输入与编辑

(1) 文字输入。Photoshop 的工具箱提供了"文字工具" ,通过它可以输入文字。在选项栏中可以设置文字的属性,如图 4-7 所示。输入文字后可在图层面板上见到文字图层,双击文字图层可编辑文字及属性。

图 4-7 文字工具选项栏

(2) 文字样式的添加。Photoshop 可以给文字添加一定的样式,使文字更加美观。在图层面板上选择文字图层,单击菜单项"图层"/"图层样式"/"混合选项",为文字图层设置样式。例如:勾选"描边"前的复选框,则可为文字增加描边效果。

(二)实战演练——封面制作

步骤1:新建文档,分辨率1024﹡768,将"背景.jpg"移至新建文档中,如图4-8所示。

图4-8 背景

图4-9 新建白色图层

步骤2:新建白色图层,大小为1024﹡280,垂直方向居中对齐,如图4-9所示。

步骤3:选择花朵图层,利用魔术棒选择工具去除白色背景,如图4-10所示。

图4-10 花朵图层

图4-11 复制花朵图层

步骤4:复制花朵图层,分别改变图层位置,改变透明度,使其隐藏在彩色背景中,如图4-11所示。

步骤5:再次复制花朵图层,添加外发光样式,如图4-12所示。

步骤6:添加文本层"花卉新品展销",设置文字大小和字体,添加渐变色、描边和阴影样式,如图4-13所示。

图4-12 外发光样式

图 4-13　文本层"花卉新品展销"　　　图 4-14　文本层"2009 中国·南通"

步骤 7：添加文本"2009 中国·南通"，设置文字大小和字体，如图 4-14 所示。
步骤 8：仔细调整各图层位置和样式参数，保存退出。

第三节　音频素材的获取与加工

音频作为多媒体家族成员之一，在多媒体教学课件中占有重要地位。多媒体课件中的声音与直观的视觉是相辅相成的，合理地加入一些语音和音乐、音响效果，可以更好地表达教学内容，有利于学习者保持大脑的兴奋状态，使视觉思维得以维持。同时，动听的音乐和合适的效果声音还可吸引学生的注意力，调节课堂的紧张气氛，增加学生的学习兴趣，有利于学生更好地思考问题。一个声形并茂的多媒体课件，不可避免地要用到许多音频素材，这些素材除了可以直接从网上下载或从光盘中复制外，很多需要自己动手来制作，即便是现成的素材，也要根据实际情况做适当的修改。所以，掌握音频素材的处理技能对教师制作多媒体教学课件极为重要，本节对音频素材的获取与加工进行介绍。

一、常用声音文件格式

常用的声音文件格式有：WAV 格式、MIDI 格式、MP3 格式、CDA 格式等。
1. 波形文件（.wav）

WAV 格式是多媒体教学软件中常用的声音文件格式，其兼容性非常好，但文件较大。WAV 格式的声音属性，如采样频率、采样位数、声道数直接影响到 WAV 格式文件的大小。

2. MIDI 文件(.mid)

MIDI 格式是电子乐器声音文件格式，MIDI 文件本身只是一些数字信号，占用磁盘空间较小，常作为多媒体教学软件的背景音乐文件。

3. MP3 文件(.mp3)

MP3 是 MPEG Layer3 简称，它采用了高比率的数字压缩技术，压缩比率达到 12∶1，经过 MP3 编码软件进行编码后的音乐，在音质上与高保真的 CD 唱片没有什么差别。一张 650 MB 的空白光盘能存储十几个小时的声音文件，也就是说每分钟的 MP3 声音文件只有 1 MB 大小，这样每首歌的大小只有几兆字节，一张 MP3 空白光盘可容纳十几张 CD 唱片的歌曲。

4. CDA 格式

CD 唱片中的音乐文件常用 CDA 格式保存，一般为 44kHz,16bits 立体声音频质量。

二、音频素材的获取方法

1. 录制声音

即将声音从模拟信号转换成数字信号。录制声音需要有硬件设备与录音软件。

（1）录制声音的硬件设备。录制声音的硬件设备主要有麦克风或录音机等电声设备和声卡等，这些设备必须正确连接。其中声卡又称音效卡，是一块专用电路板，插入到主板的扩展槽中。它是多媒体计算机接收、处理、播放各类音频信息的重要部件，也是多媒体计算机不可缺少的组成部分。声卡实现了声波/数字信号相互转换的硬件设备，其主要功能有音频的录制与播放；编辑与合成；MIDI 接口和音乐合成；文语转换和语言识别；CD-ROM 接口；游戏棒接口等。

声卡对声音的处理质量可以用三个基本参数来衡量，即采样频率、采样位数和声道数。

声卡接口：通常麦克风输入接口是粉红色的，线性输入接口是蓝色的，扬声器输出是绿色的（如图 4-15 所示）。

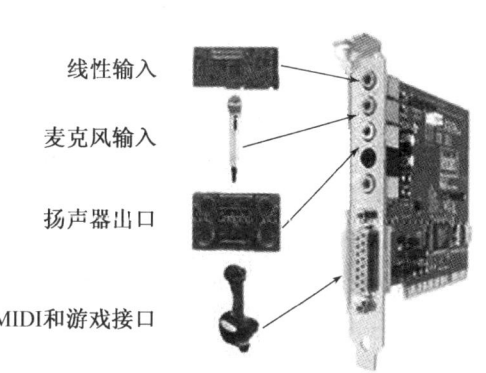

图 4-15　声卡接口

（2）录制声音的录音软件。目前，市面上使用的录音软件种类繁多、功能各异，主要有 Windows 的"录音机"、Adobe Audition、GoldWave 等。本文主要介绍 Adobe Audition 软件的使用。

Adobe Audition 是一个专业音频编辑和混合环境,原名为 Cool Edit,被 Adobe 公司收购后,改名为 Adobe Audition。Adobe Audition 是一个完善的多声道录音室,可提供灵活的工作流程并且使用简便。Adobe Audition 专门为音频和视频专业人员设计,可提供先进的音频混音、编辑和效果处理功能。Adobe Audition 具有灵活的工作流程,使用非常简单并配有绝佳的工具,可以制作出音质饱满、细致入微的高品质音效。

2. 获取现成的声音文件

市面上销售的素材光盘为用户提供了很多声音素材,因特网上也有大量的声音文件可供下载。获取现成的声音文件是最简单和最常用的采集声音的方法,尤其是音乐和音效。

但是,在一些多媒体制作软件中,CD 音乐是不能直接使用的,必须通过特定的程序将它存为 WAV 声音才行,由此产生了大量抓取 CD 音轨的软件。

3. 从 CD 上获取声音

即使用专门的软件抓取 CD 光盘中的音轨,生成声源素材;再利用声音编辑软件对声源素材进行剪辑、合成,最终生成所需的声音文件。从 CD 上获取声音可以把整个音轨抓取下来,也可以截取音乐的其中一段。抓取 CD 音轨的软件有 GoldWave、超级解霸、MusicMatch Jukebox、WinDAC、CD Copy、AudioGrabber、Audio Catalys 等。

三、声音素材的制作与加工

(一) Adobe Audition 简介

Adobe Audition 是 Adobe 公司开发的一款功能强大、效果出色的多轨录音和音频处理软件。它是一个非常出色的数字音乐编辑器和 MP3 制作软件,不少人把它形容为音频"绘画"程序,其基本编辑界面如图 4-16 所示。

Adobe Audition 的编辑界面主要由工作区和素材框组成,在素材框上方的选项卡里可以选择效果调板和收藏夹调板。

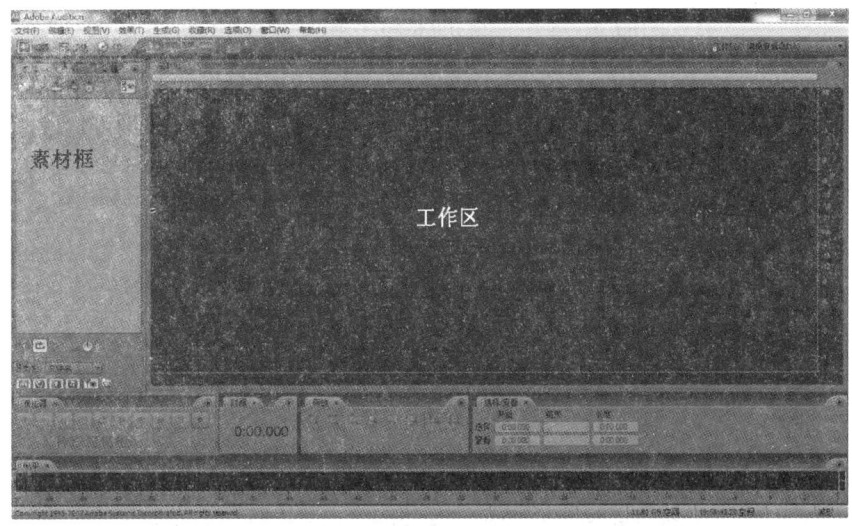

图 4-16 Adobe Audition 编辑界面

(二)使用 Adobe Audition 录音

1. 录音

双击 Adobe Audition 的图标,打开程序,然后会进入 Audition 的编辑界面,进入编辑界面之后可以直接点击传送器调板上的录音键进行录音(如图 4-17)。

图 4-17 传送器调板

会出现如图 4-18 所示的新建波形画面:

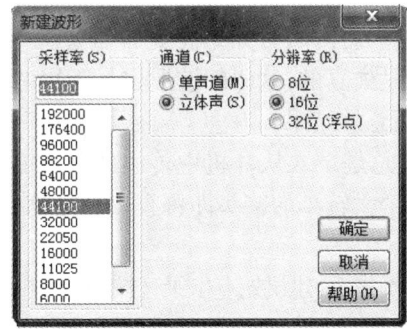

图 4-18 新建波形

根据自己录音的需要,选择合适的采样率和分辨率即可,选择完毕后,单击确定进入录音界面(图4-19),此时就可以开始录音了,在录音的同时可以从工作区看到声音的波形。

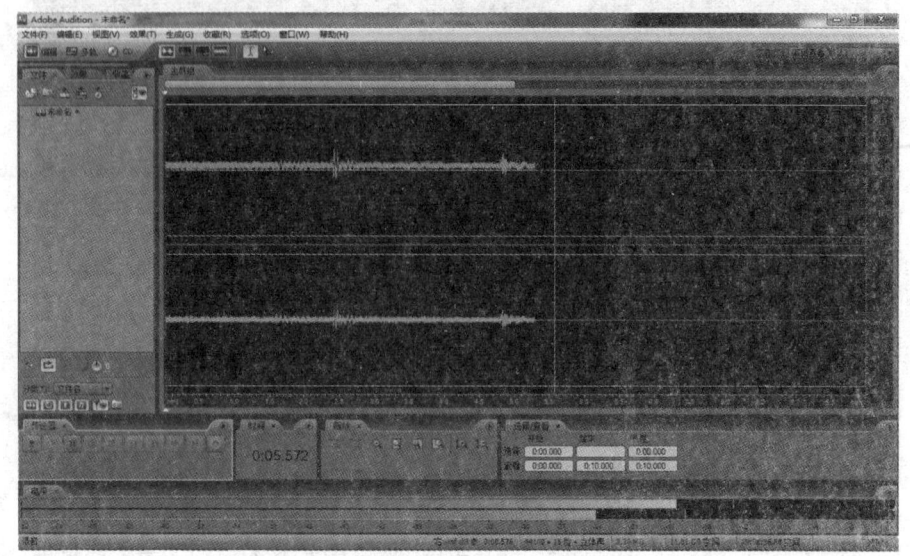

图4-19 录音界面

录音完毕的时候,再次单击录音键即可结束录音。这个时候就可以用传送器调板进行音频的重放,听听录制的效果。如果满意的话,选择"文件→另存为",然后在弹出的窗口,选择保存的位置,更改文件名之后,单击保存即可。

需要注意的是,在开始录音之后,应该先录制10秒左右的环境噪音,然后再开始录制自己的声音,这样可以方便后期进行降噪处理。

2. 录制声音的技巧及注意事项

(1) 录制时要关闭音箱,通过耳机来听伴奏,跟着伴奏进行演唱和录音。录制前,一定要调节好总音量及麦克音量,这点至关重要!麦克的音量最好不要超过总音量大小,略小一些为佳,因为如果麦克音量过大,会导致录出的波形成了方波,这种波形的声音是失真的,这样的波形也是无用的,无论你水平多么高超,也不可能处理出令人满意的结果。

(2) 如果你的麦克总是录入从耳机中传出的伴奏音乐的声音,建议你用普通的大话筒,只要加一个大转小的接头即可直接在电脑上使用,你会发现录出的效果要干净得多。

(3) 在录音的具体操作上,建议先点击录音按钮,再播放音源;录音结束时,先结束音源的播放,再停止录音。这样可以保证录制声音文件的完整,有利于编辑加工。

（4）录音时应选择在较安静的环境下进行，尽量减小背景噪声。录音是所有后期制作加工的基础，这个环节出问题，是无法靠后期加工来补救的，所以，如果原始的录音有较大问题，就需重新录制。

（三）使用 Adobe Audition 编辑声音

1. 音频素材的选取

用 Adobe Audition 编辑声音，与在文字处理器中编辑文本相似，首先打开需要编辑的声音文件，在波形图上按下鼠标左键向右或向左滑动，选中一段波形（如图 4 - 20 所示）；如果要往一侧扩大选择范围，可以在那一侧右击鼠标；要选整个波形，双击鼠标即可。

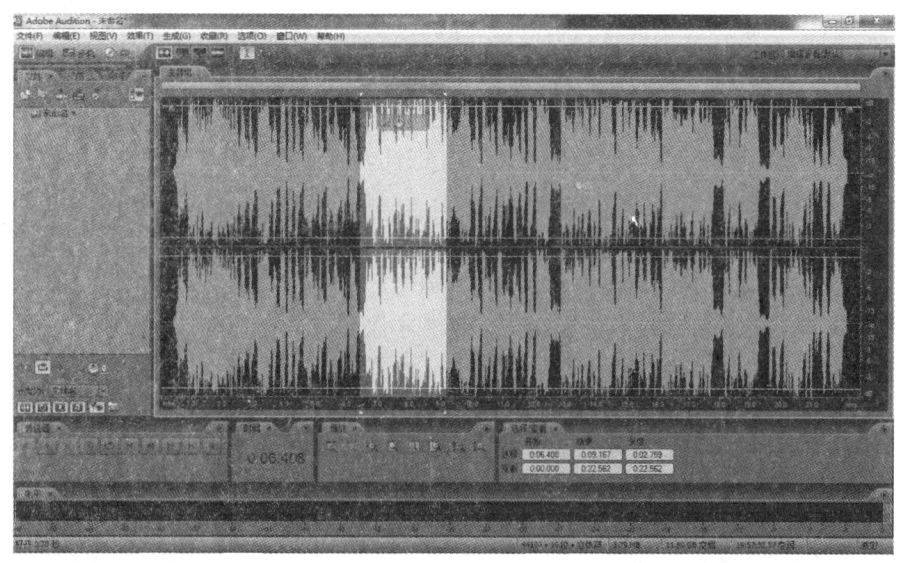

图 4 - 20　选择波形

2. 音频素材的编辑

（1）选择"编辑"菜单中的"剪切"或"复制"命令，然后选择该段声音需要插入的位置，最后"粘贴"就完成了简单的编辑工作，和文本文档的操作类似。

（2）如果某段音频是不需要的，直接选中，点击删除，则该段音频就被删除。

（3）Audition 还可以将剪贴板中的声音与当前窗口中的声音混合，方法是点击"编辑"菜单中的"混合粘贴"，然后选择需要的混合方式，如插入、叠加、替换或调制。波形图中黄色竖线所在的位置为插入点，混合前应先调整好该位置。

（4）如何两段音频要合成在一起（一段接在另一段后面），先打开第一段音频，然后将指针移到该段音频的末尾，点击"文件"菜单中的"追加"即可，也可以同时打开两段音频,直接复制第二段音频,粘贴到第一段的末尾。

3. 音频的降噪

对于录制完成的音频,由于硬件设备和环境的制约,总会有噪音生成,所以需要对音频进行降噪,以使得声音干净、清晰。

假设已经录制完成了一段音频,在音频的最前面,是一开始录制的环境噪音。现在,先将环境噪音中不平缓的部分(也就是有爆点的地方)删除,然后选择一段较为平缓的噪音片段;接着在右侧素材框上,选择效果调板,选择"修复→降噪器"(如图4-21所示)。

双击打开降噪器,然后单击"获取特性"(如图4-22所示),软件会自动开始捕获噪音特性,然后生成相应的图形。

捕获完成后,单击"保存",将噪音的样本保存,然后关闭降噪器。单击工作区,按"ctrl+a"全选波形,再打开降噪器,点击"加载",将刚才保存的噪音样本加载进来。接下来,要修改一下降噪

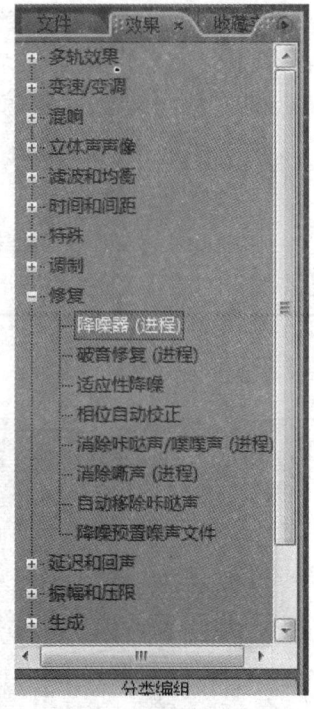

图4-21 降噪器

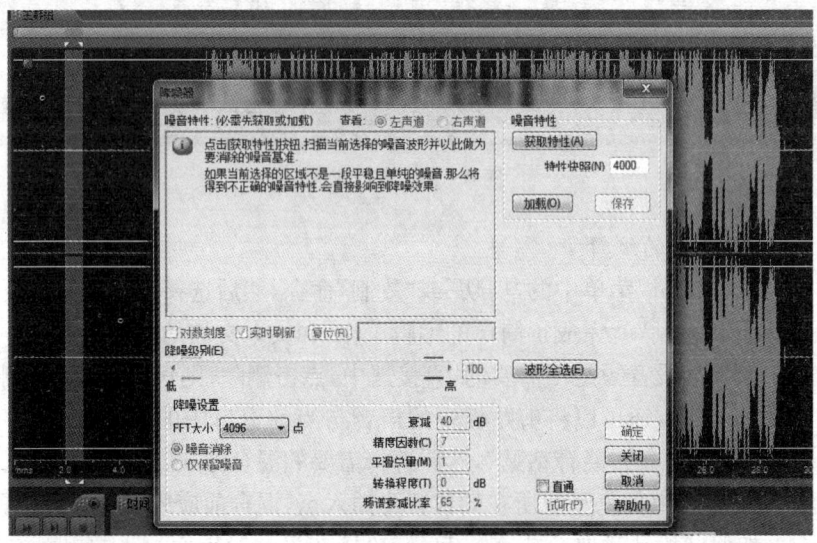

图4-22 降噪器"获取特性"

级别。需要注意的是,噪音的消除最好是不要一次性完成,因为这样可能会使得录音失真,建议第一次降噪时,将降噪级别调得低一些,比如10%(如图4-23所示)。

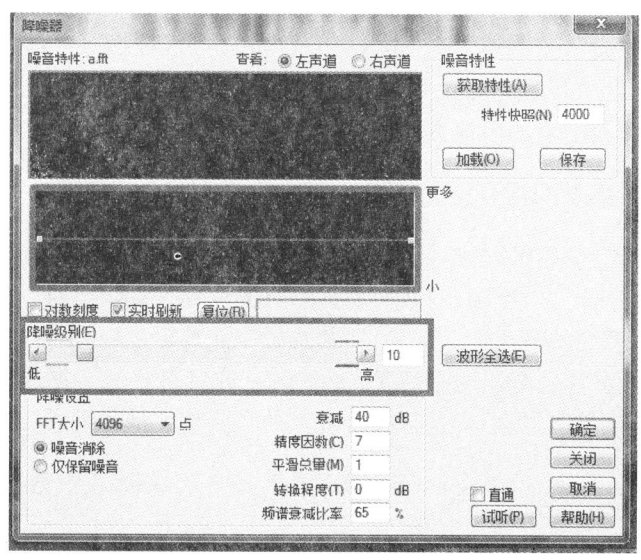

图 4-23 降噪级别

再单击"确定",软件会自动进行降噪处理。完成第一次降噪之后,可以再次在噪音部分,重新进行采样,然后降噪,多进行几次,每进行一次将降噪级别提高一些,一般经过两三次降噪之后,噪音基本上就可以消除了。

4. 多个音频的编辑

多个音频文件的编辑需要进入多轨模式进行。单击素材框之上的"多轨"按钮就可以进入多轨编辑模式。选择"文件→导入",在弹出的界面中,选择我们需要使用的音频文件,单击"打开",即可导入到素材框中。这里我们导入了"JTV"和"JTV2"两个音频文件。

将这两个文件分别拖放到音频1和音频2的轨道上,这时可以对两个音频进行编辑。首先需要将音频中不需要的部分删除,单击工作区上方的时间选择工具，然后对准音频不需要的部分进行选择,然后按"delete"删除,这和单轨操作是一致的。

有时需要将音频切成几个小段,方便声音的对齐。这时,用时间选择工具单击需要切开的位置,然后使用快捷键"ctrl+K",或者选择"剪辑→分离",这样就将音频切割开了;接着再利用移动工具就可以对音频块进行移动,将音频对

准;对准完成之后,可以根据自己的需要对音频添加一些特效,这时只要选中需要添加特效的音频块,然后再左侧素材框上选择效果调板,选择需要的效果双击打开,按照降噪类似的步骤就可以完成效果的添加。

多轨音频完成编辑之后,要进行输出,这时,选择"编辑→混缩到新文件→会话中的主控输出",按照需要选择立体声或者单声道,选择好立体声或者单声道之后,软件会自动开始进行混缩,并在单轨模式下自动生成一个混缩文件,这时只要再按照单轨编辑的保存方式进行保存就可以了。

四、音频编辑中的注意事项

在进行音频编辑的时候,需要注意的是,如果是进行新闻录音的编辑,绝对不能使用"降噪器",对新闻音频进行降噪,只能使用"标准化"对音频的大小进行调节,要保证新闻的真实性。另外,多轨音频完成编辑之后,最好先试听,确定没有问题之后再导出。导出时最好是选择"wav"或者是其他无损或高质量的音频格式,作为留底保存,然后再选择符合规范的音频格式进行发布。

第四节 动画资源的设计与制作

动画是课件中使用的重要元素,通过活灵活现的动画,可以有效地帮助学生理解课堂教学中的一些抽象问题。本节在简要介绍动画知识的前提下,主要讲解利用二维动画集成软件 Flash MX 设计与制作动画的方法。

一、动画相关知识

动画(Animation)一词,源自 Animate 一词,即"赋予生命"、"使……活动"之意。

广义来说,把一些原先不具生命的不活动的对象,经过艺术加工和技术处理,使之成为有生命的会动的影像,即为动画。作为一种空间和时间的艺术,动画的表现形式多种多样,但万变不离其宗,有两点是共通的:一是逐格(帧)拍摄(记录),二是创造运动幻觉(利用人的偏好作用和生理上的视觉残留现象)。所以动画是通过连续播放的静态图像所形成的动态幻觉。这种幻觉源于两方面:一是人类生理上的"视觉残留",二是心理上的"感官经验"。"视觉残留"是生理上的视觉残留现象,而"心理偏好"则进一步说明视觉感官经验中,人们趋向将连续类似的图像在大脑中组织起来的心理作用。大脑进而将此信息能动地识别为动态图像,使两个孤立的画面之间形成顺畅的衔接,把连续图像认同为不同位置的同一对象,从而产生视觉动感。

因此,狭义的动画可定义为:融合了电影、绘画、木偶等语言要素,利用人的视觉残留原理和心理偏好作用、以逐格(帧)拍摄的方式,创造出一系列运动的富有生命感的幻觉画面,即为动画。

二、FLASH基础知识

Flash是由美国Macromedia公司出品的用于矢量图编辑和动画创作的专业软件。Flash是一个优秀的矢量绘图与动画制作软件,它秉承了矢量绘图软件的所有优点,能制作出声色俱佳的动画效果。强大的动画编辑功能使得设计者可以随心所欲地设计出高品质的动画、更加靓丽的图片色彩,且使Flash具有更大的设计空间。下面对用Flash软件制作动画的基本操作进行介绍。

(一) 创建新文档并设置其属性

每次打开Flash时,应用程序都会创建一个扩展名为FLA的新文件。可以在工作时创建其他新Flash文档,要设置新文档的大小、帧频、背景色和其他属性,可以使用"文档属性"对话框。

(1) 选择"文件"/"新建"。

(2) 选择"修改"/"文档",即可打开"文档属性"对话框。

(3) 在"帧频"框中,输入每秒显示的动画帧的数量。对于大多数计算机显示的动画,特别是在Web站点播放的动画,8 fps(每秒帧数)到12 fps就足够了(12 fps是默认的帧频)。

(4) 对于"尺寸",可执行以下操作之一:

• 要指定舞台大小(以像素为单位),在"宽"和"高"文本框中输入值。默认影片大小为550×400像素。最小为1×1像素,最大为2 880×2 880像素。

• 要将舞台大小设置为内容四周的空间都相等,单击"匹配"右边的"内容"按钮。要最小化影片大小,将所有元素对齐到舞台的左上角,然后单击"内容"。

• 要将舞台大小设置为最大的可用打印区域,单击"打印机"。此区域的大小是纸张大小减去"页面设置"对话框的"页边界"区域中当前选定边距之后的剩余区域。

• 要将舞台大小设置为默认大小,单击"默认"。

(5) 要设置影片的背景色,单击"背景色"框中的三角形,然后从调色板中选择一种颜色。

(二) 使用场景和场景面板

要按照主题组织影片,可以使用场景。例如,单独的场景可以用于简介、出现的消息以及片头片尾字幕。当发布包含多个场景的 Flash 影片时,影片中的场景将按照它们在 Flash 文档的"场景"面板中列出的顺序进行回放。可以添加、删除、复制、重命名场景和更改场景的顺序,如图 4-24 所示:

(1) 显示"场景"面板。单击"窗口"/"场景"。

(2) 查看特定场景。选择"查看"/"转到",然后从子菜单中选择场景的名称。

(3) 要添加场景,可执行以下操作之一:

• 单击"场景"面板中的"添加场景"按钮。

• 选择"插入"/"场景"。

(4) 要删除场景,可执行以下操作之一:

• 单击"场景"面板中的"删除场景"按钮。

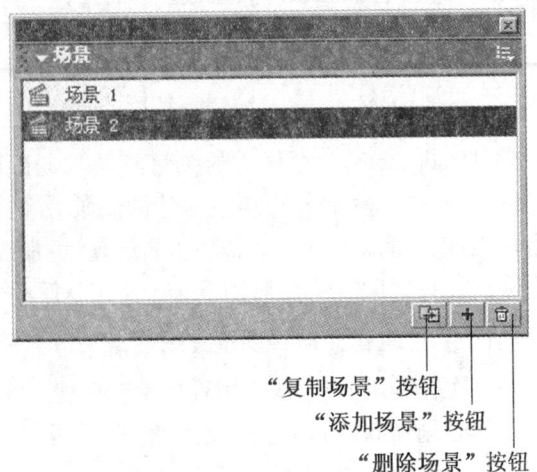

"复制场景"按钮
"添加场景"按钮
"删除场景"按钮

图 4-24 添加、删除、复制、重命名场景按钮

• 打开要删除的场景,然后选择"插入"/"删除场景"。

(5) 更改场景名称。在"场景"面板中双击场景名称,然后输入新名称。

(6) 复制场景。单击"场景"面板中的"复制场景"按钮。

(7) 更改影片中场景的顺序。在"场景"面板中将场景名称拖到不同的位置。

(三) 使用帧和关键帧

关键帧是指动画中定义的更改所在的帧,或包括修改影片的帧动作脚本的帧。Flash 可以在关键帧之间补间或填充帧,从而生成流畅的动画。使用关键帧后,不用画出每个帧就可以生成动画,它们使创建影片更为简易。可以通过在时间轴中拖动关键帧来更改补间动画的长度。

帧和关键帧在时间轴中出现的顺序决定它们在影片中显示的顺序。可以在时间轴中安排关键帧,从而编辑影片中事件的顺序。

(四) 使用时间轴

时间轴用于组织和控制影片内容在一定时间内播放的层数和帧数。与胶片一样,Flash 影片也将时长分为帧。图层就像层叠在一起的幻灯胶片一样,每个图层都包含一个显示在舞台中的不同图像。时间轴的主要组件是图层、帧和播放头。

文档中的图层列在时间轴左侧的列中。每个图层中包含的帧显示在该图层名右侧的一行中。时间轴顶部的时间轴标题显示帧编号。播放头指示在舞台中当前显示的帧。

时间轴状态显示在时间轴的底部,它指示所选的帧编号、当前帧频以及到当前帧为止的运行时间。如图 4－25 所示：

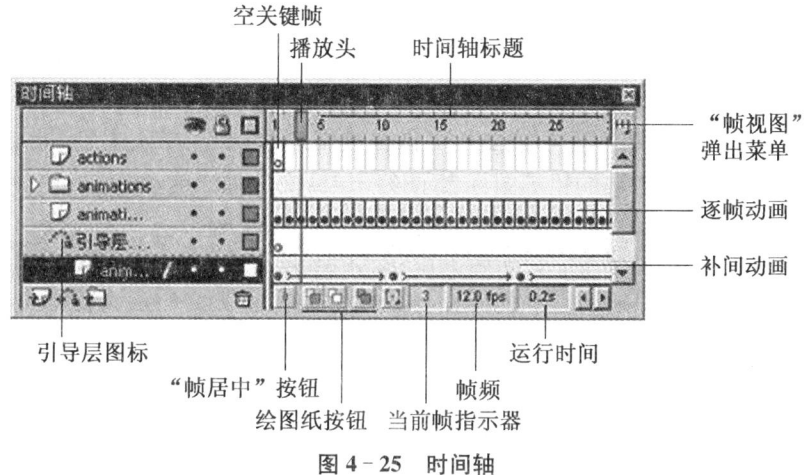

图 4－25　时间轴

1. 向时间轴中插入帧

(1) 要插入新帧,选择"插入"/"帧"。

(2) 要创建新关键帧,选择"插入"/"关键帧",或者右击要插入关键帧的帧,然后从快捷菜单中选择"插入关键帧"。

(3) 要创建新的空白关键帧,选择"插入"/"空白关键帧",或者右击要插入关键帧的帧,然后从快捷菜单中选择"插入空白关键帧"。

2. 删除、修改帧(或关键帧)

(1) 要删除帧、关键帧或帧序列,选择该帧、关键帧或序列,然后选择"插入"/"删除帧",或者右击该帧、关键帧或序列,然后从快捷菜单中选择"删除帧",其余的帧将保持不变。

(2) 要移动关键帧或帧序列及其内容,将该关键帧或序列拖到所需的位置。

(3) 要延长关键帧的持续时间,按住 Alt 键将该关键帧拖到新序列持续时间的最后一帧。

（4）要通过拖动来拷贝关键帧或帧序列，按住 Alt 键同时单击并将关键帧拖到新位置。

（5）要拷贝和粘贴帧或帧序列，选择该帧或序列，然后选择"编辑"/"拷贝帧"。选择想要替换的帧或序列，然后选择"编辑"/"粘贴帧"。

（6）要将关键帧转换为帧，选择该关键帧，然后选择"插入"/"清除关键帧"，或者右击该关键帧，然后从快捷菜单中选择"清除关键帧"。被清除的关键帧以及到下一个关键帧之前的所有帧都将被该关键帧之前的帧内容所替换。

（五）使用图层

图层就像透明的电影胶片一样，一层层地向上叠加。图层可以帮助你组织文档中的插图。可以在图层上绘制和编辑对象，而不会影响其他图层上的对象。如果一个图层上没有内容，那么就可以透过它看到下面的图层。

要绘制、上色或者对图层或文件夹做其他修改，需要选择该图层以激活它。图层或文件夹名称旁边的铅笔图标表示该图层或文件处于活动状态。一次只能有一个图层处于活动状态（尽管一次可以选择多个图层）。

当创建了一个新的 Flash 文档之后，它就包含一个图层。可以添加更多的图层，以便在文档中组织插图、动画和其他元素。可以创建的层数只受计算机内存的限制，而且层数不会增加发布的影片的文件大小。可以隐藏、锁定和重新安排图层。

还可以通过创建图层文件夹将图层放入其中来组织和管理这些图层。可以在时间轴中展开或折叠图层，而不会影响在舞台中看到的内容。对声音文件、动作、帧标签和帧注释分别使用不同的图层或文件夹，有助于在需要编辑这些项目时能很快找到它们。另外，使用特殊的引导层可以使绘画和编辑变得更加容易，而使用遮罩层可以帮助创建复杂的效果。

1. 创建图层

在创建了一个新图层或文件夹之后，它将出现在所选图层的上面。新添加的图层将成为活动图层。创建图层可以选用以下操作方法：

（1）单击时间轴底部的"添加图层"按钮 。

（2）选择"插入"/"图层"。

（3）右击时间轴中的一个图层名，然后选择快捷菜单中的"插入图层"。

2. 查看图层

在工作过程中，可以显示或隐藏图层。图层名称旁边的红色 X 表示它处于隐藏状态。当发布影片时，将不会保留隐藏的图层。

（1）单击时间轴中图层名称右侧的"眼睛"列，可以隐藏该图层。再次单击它可以显示该图层。

（2）单击眼睛图标可以隐藏所有的图层。再次单击它可以显示所有的图层和文件夹。

（3）在"眼睛"列中拖动可以显示或隐藏多个图层。

（4）按住 Alt 键,图层或文件夹名称右侧的"眼睛"列可以隐藏所有其他的图层。再次按住 Alt 键,单击可以显示所有的图层,如图 4-26 所示:

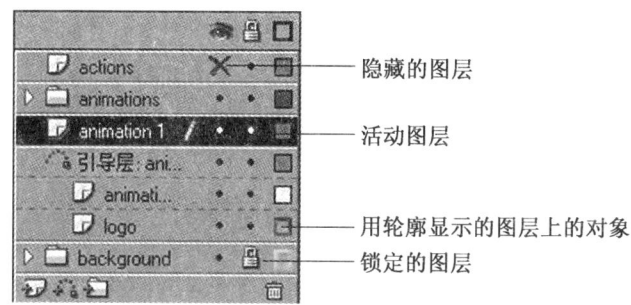

图 4-26 查看图层

3. 编辑图层

可以重命名、拷贝和删除图层。还可以锁定图层,以防止对它们进行编辑。默认情况下,新图层是按照创建它们的顺序命名的:第一层、第二层,依此类推。可重命名图层以更好地反映它们的内容。

（1）要选择图层或文件夹,可执行以下操作之一:
- 单击时间轴中图层或文件夹的名称。
- 在时间轴中单击要选择的图层的一个帧。
- 在舞台中选择要选择的图层上的一个对象。

（2）要选择两个或多个图层,可执行以下操作:
- 要选择连续的几个图层,按住 Shift 键在时间轴中单击它们的名称。
- 要选择几个不连续的图层,按住 Ctrl 键单击时间轴中它们的名称。

（3）要重命名图层,可执行以下操作之一:
- 双击该图层的名称,然后输入新名称。
- 右击图层的名称,然后从快捷菜单中选择"属性"。在"名称"文本框中输入新名称,然后单击"确定"。
- 在时间轴中选择该图层,然后选择"修改"/"图层"。在"图层属性"对话框中,在"名称"文本框中输入新名称,然后单击"确定"。

（4）要锁定或解锁一个或多个图层,可执行以下操作之一:

- 单击图层名称右侧的"锁定"列可以锁定它。再次单击"锁定"列可以解锁该图层。
- 单击挂锁图标可以锁定所有的图层。再次单击它可以解锁所有的图层。
- 在"锁定"列中拖动可以锁定或解锁多个图层。
- 按住 Alt 键单击图层名称右侧的"锁定"列,可以锁定所有其他的图层。再次按住 Alt 键单击"锁定"列可以解锁所有的图层。

(5) 拷贝图层,可执行以下操作:
- 单击图层名称可以选择整个图层。
- 选择"编辑"/"拷贝帧"。
- 单击"添加图层"按钮可以创建新图层。
- 单击该新图层,然后选择"编辑"/"粘贴帧"。

(6) 删除图层。首先选择该图层,单击时间轴中的"删除图层"按钮,或将图层或文件夹拖到"删除图层"按钮。

右击该图层或文件夹的名称,然后从快捷菜单中选择"删除图层"。

(7) 更改图层。在时间轴中将一个或多个图层或文件夹拖到所需的位置。

(8) 使用引导层。为了在绘画时帮助对齐对象,可以创建引导层。然后可以将其他图层上的对象与在引导层上创建的对象对齐。右击该图层,然后从快捷菜单中选择"引导层"。再次选择"引导层",可以将该图层改回常规层。引导层不出现在发布的 Flash 影片中。可以将任何图层用作引导层。引导层是用图层名称左侧的辅助线图标表示的,如图 4-27 所示。

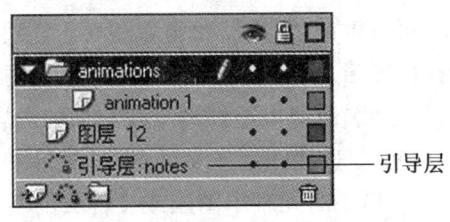

图 4-27 引导层

还可以创建运动引导层,用来控制运动补间动画中对象的移动情况。

注意:将一个常规图层拖到引导层上就会将该引导层转换为运动引导层。为了防止意外转换引导层,可以将所有的引导层放在图层顺序的底部。

(六) 预览和测试影片

在创建影片时,需要回放该影片,以便预览动画并测试交互式控制。可以在 Flash 创作环境、在 Flash 中单独的测试窗口或在 Web 浏览器中预览和测试影片。

(1) 在创作环境中预览影片。要预览影片,可以使用"控制"菜单中的命令、控制器上的按钮或键盘命令。可选择执行以下操作之一:
- 选择"控制"/"播放"。
- 选择"窗口"/"工具栏"/"控制器",然后单击"播放"。

- 按下 Enter 键,动画序列将按照在文档中指定的帧频播放。
- 要以单帧方式播放动画,使用控制器上的"单步向前"和"单步向后"按钮,或从"控制"菜单中选择这两个命令。也可以在键盘上按下"＜"和"/"键。
- 要使用控制器跳到影片的第一帧或最后一帧,单击"第一帧"或"最后一帧"按钮。
- 可以使用"控制"菜单中的命令修改影片回放。在使用以下命令时,还必须选择"控制"/"播放"预览影片。

(2) 连续循环播放影片。选择"控制"/"循环播放"。

(3) 播放影片中的所有场景。单击"控制"/"播放所有场景"。

(4) 播放影片时不播放声音。选择"控制"/"静音"。

(七) 保存 Flash 文档

可以用当前名称和位置保存 Flash FLA 文档,或用不同的名称或位置保存文档。可以恢复到上次保存的文档版本。也可以将 Flash MX 内容保存为 Flash 5 文档。

可以将文档另存为模板,从而使用该文档作为新 Flash 文档的起点(就像在文字处理或 Web 页面编辑应用程序中使用模板一样)。

在使用"保存"命令保存文档时,Flash 会执行一次快速保存,将新信息追加到现有文件中。在使用"另存为"命令保存时,Flash 会将新信息安排到文件中,在磁盘上创建一个更小的文件。具体操作如下:

(1) 要覆盖磁盘上的当前版本,选择"文件"/"保存"。

(2) 要用不同的名称保存文档和/或将文档保存到不同位置,或者要压缩文档,选择"文件"/"另存为"。如果选择"另存为"命令,或者如果该文档在这之前没有保存过,则输入文件名和位置。

(3) 要将文档保存为 Flash MX 格式,从"格式"弹出菜单中选择"Flash MX 文档"。如果在保存为 Flash MX 格式时出现一条警告消息,提醒内容将会删除,这时,如果想继续的话,单击"另存为 Flash MX"。

(4) 单击"保存"。

三、Flash 动画制作实例

【实例 1】倒计时动画

制作步骤:

第一步:在工具箱里找到文字工具,在场景 1 第一帧单击一下,然后单击打开"属性"面板。把字体大小调为 90(也可以改变颜色和字体)。

第二步:在舞台上写"9"。

第三步:在第二帧插入关键帧(或按 F6),把"9"改为"8"。
第四步:依次类推,到第九帧改为"1"(可以在第十帧加个 GO)。
第五步:播放影片(Ctrl+Enter)看看效果。
最后时间轴如图 4-28 所示:

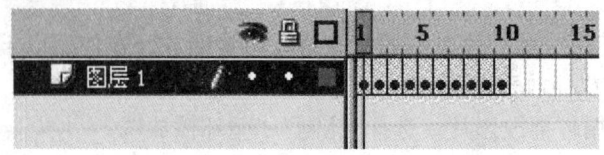

图 4-28　倒计时动画最后时间轴

修改影片属性:
方法 1:双击时间轴面板上的帧频率,弹出文档属性窗口。
方法 2:"修改"菜单/"文档",弹出文档属性窗口。
保存文件:
(1) 保存源文件。直接单击保存工具,这时注意,保存的文件后缀名为.fla,它是可以修改的源文件。
(2) 导出影片。Flash 的"导出影片"命令可以创建能够在其他应用程序中进行编辑的内容,并将影片直接导出为单一的格式。例如,可以将整个影片导出为 Flash 影片;一系列位图图像;单一的帧或图像文件;不同格式的活动和静止图像,包括 GIF、JPEG、PNG、BMP、PICT、QuickTime 或 AVI。

导出 swf 文件格式:
单击"文件"菜单/"导出影片",这时保存的文件后缀名为.swf,它是只能使用 Flash 播放器浏览的文件,不能直接修改。(网页上看到的就是这种文件格式)

小知识:一旦保存源文件后,只要测试影片 Ctrl+Enter,即可在同一目录下生成一个同名的 swf 文件。

【实例 2】按路径运动的动画制作——"自由飞翔的飞机"
第一步:打开飞机元件。
第二步:制作"飞机"元件从左到右运动变化。在第 20 帧插入关键帧,把飞机元件拖拽到右下角。在时间轴上单击右键,选择"创建补间动画",时间轴如图 4-29 所示:

图 4-29　飞机元件时间轴

第三步:添加运动引导层:单击时间轴面板上的添加运动引导层按钮如图 4－30 所示(或者在飞机层上单击右键,选择"添加引导层"选项),这时在飞机层上自动增加了一层,就是所谓的"引导层"。

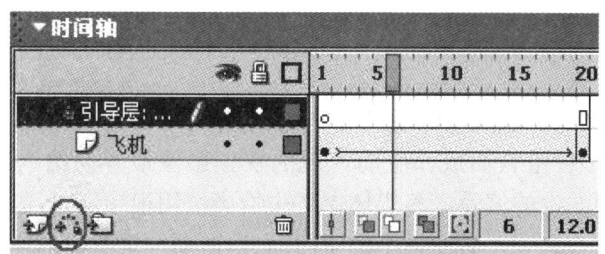

图 4－30 "添加引导层"选项

第四步:选中引导层第一帧,使用"铅笔"工具,把选项调为"平滑",如图 4－31 所示。

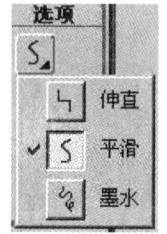
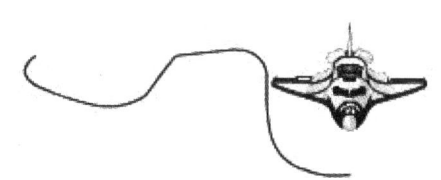

图 4－31 "平滑"选项　　　　图 4－32 引导层任意曲线

在引导层上画一条任意曲线(画好路径后,可以把引导层锁定),如图 4－32 所示。

第五步:让飞机按路径运动。任何元件都有一个中心点,我们观察,在飞机腹部有一个"＋",这就是它的中心位置。用箭头工具 拖住"飞机"元件的中心"＋",把它吸附在曲线的左端,在拖动到引导线附近时注意观察,"飞机"元件上有一个小圆圈 ,当小圆圈和引导线接近时就吸附上去了。同样的方法,把第 20 帧的飞机元件吸附在线段的另一端。

我们测试动画(Ctrl＋Enter)发现,绘制的线条是看不到的。最后时间轴如图 4－33 所示:

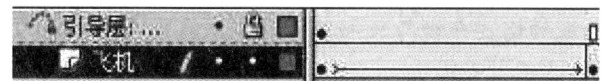

图 4－33 "自由飞翔的飞机"最后时间轴

第五节 视频素材的获取与加工

视频作为多媒体家族中的成员之一,它本身可以由文本、图形图像、声音、动画中的一种或多种组合而成。生动直观的视频影像最容易给人留下深刻的印象,也常常受到学生的偏爱。多媒体课件中恰当选用视频素材,能使课件更富有真实感和感染力,有利于激发学生的学习动机,调动学生学习的积极性。

一、常见的视频文件格式

1. MPEG/MPG/DAT

MPEG 是 Motion Picture Experts Group 的缩写。这类格式包括了 MPEG-1、MPEG-2 和 MPEG-4 在内的多种视频格式。MPEG-1 是大家接触得最多的,因为其正在被广泛地应用在 VCD 的制作和一些视频片段下载的网络应用上面,大部分 VCD 都是用 MPEG-1 格式压缩的(刻录软件自动将 MPEG-1 转为.DAT 格式);使用 MPEG-1 的压缩算法,可以把一部 120 分钟长的电影压缩到 1.2 GB 左右大小。MPEG-2 则是应用于 DVD 的制作,同时在一些 HDTV(高清晰电视广播)和一些高要求视频编辑、处理上面也有相当多的应用;使用 MPEG-2 的压缩算法压缩一部 120 分钟长的电影可以压缩到 5~8 GB 的大小(MPEG2 的图像质量是 MPEG-1 无法比拟的)。

MPEG 系列标准已成为国际上影响最大的多媒体技术标准,其中 MPEG-1 和 MPEG-2 是采用相同原理为基础的预测编码、变换编码、熵编码及运动补偿等第一代数据压缩编码技术;MPEG-4(ISO/IEC 14496)则是基于第二代压缩编码技术制定的国际标准,它以视听媒体对象为基本单元,采用基于内容的压缩编码,以实现数字视音频、图形合成应用及交互式多媒体的集成。MPEG 系列标准对 VCD、DVD 等视听消费电子及数字电视和高清晰度电视(DTV&&HDTV)、多媒体通信等信息产业的发展产生了巨大而深远的影响。

2. AVI

AVI 是音频视频交错(Audio Video Interleaved)的英文缩写。AVI 这个由微软公司发表的视频格式在视频领域应用广泛。AVI 格式调用方便、图像质量好,但缺点是文件体积过于庞大。

3. RA/RM/RAM

RM 是 Real Networks 公司所制定的音频/视频压缩规范 Real Media 中的一种,RealPlayer 能做的就是利用 Internet 资源对这些符合 Real Media 技术规范的音频/视频进行实况转播。在 Real Media 规范中主要包括三类文件:RealAudio、RealVideo 和 RealFlash(Real Networks 公司与 Macromedia 公司合作推出的新一代高压缩比动画格式)。RealVideo(RA、RAM)格式一开始就定位在视频流应用方面,也可以说是视频流技术的始创者。它可以在用 56 K modem 拨号上网的条件下实现不间断的视频播放,可是其图像质量比 VCD 差些,如果您看过那些 RM 压缩的影碟就可以明显对比出来了。

4. MOV

使用过 Mac 机的朋友应该多少接触过 QuickTime。QuickTime 原本是 Apple 公司用于 Mac 计算机上的一种图像视频处理软件。QuickTime 提供了两种标准图像和数字视频格式,即可以支持静态的 PIC 和 JPG 图像格式、动态的基于 Indeo 压缩法的 MOV 和基于 MPEG 压缩法的 MPG 视频格式。

5. ASF

ASF(Advanced Streaming Format,高级流格式)。ASF 是 Microsoft 为了和 RealPlayer 竞争而发展出来的一种可以直接在网上观看视频节目的文件压缩格式。ASF 使用了 MPEG-4 的压缩算法,压缩率和图像的质量都很不错。因为 ASF 是以一个可以在网上即时观赏的视频"流"格式存在的,所以它的图像质量比 VCD 差一点点并不出奇,但比同是视频"流"格式的 RAM 格式要好。

6. WMV

WMV 是一种独立于编码方式的在 Internet 上实时传播多媒体的技术标准,Microsoft 公司希望用其取代 QuickTime 之类的技术标准以及 WAV、AVI 之类的文件扩展名。WMV 的主要优点在于:可扩充的媒体类型、本地或网络回放、可伸缩的媒体类型、流的优先级化、多语言支持、扩展性等。

7. RMVB

这是一种由 RM 视频格式升级延伸出的新视频格式,它的先进之处在于 RMVB 视频格式打破了原先 RM 格式那种平均压缩采样的方式,在保证平均压缩比的基础上合理利用比特率资源,即静止和动作场面少的画面场景采用较低的编码速率,这样可以留出更多的带宽空间,而这些带宽会在出现快速运动的画面场景时被利用。这样在保证了静止画面质量的前提下,大幅地提高了运动图像的画面质量,从而图像质量和文件大小之间就达到了微妙的平衡。另外,相对于 DVDRip 格式,RMVB 视频也有着较明显的优势,一部大小为 700 MB 左右的 DVD 影片,如果将其转录成同样视听品质的 RMVB 格式,其大小最多也就

400 MB左右。不仅如此,这种视频格式还具有内置字幕和无需外挂插件支持等独特优点。要想播放这种视频格式,可以使用 RealOne Player 2.0 或 RealPlayer 8.0 加 RealVideo 9.0 以上版本的解码器形式进行播放。

8. FLV

FLV 是随着 Flash MX 的推出发展而来的新的视频格式,其全称为 FlashVideo。它是在 Sorenson 公司的压缩算法的基础上开发出来的。

由于它形成的文件极小、加载速度极快,使得网络观看视频文件成为可能,它的出现有效地解决了视频文件导入 Flash 后,导出的 SWF 文件体积庞大,不能在网络上很好地使用等缺点。各在线视频网站均采用此视频格式。如新浪播客、56、优酷、土豆、酷6、帝途、YouTube 等,无一例外。

二、视频素材获取的工具

视频素材可以从资源库、电子书籍、录像片、VCD、DVD 片中获取,也可以从网上找到视频文件,还可以用数码相机、数码摄像机在现实生活中捕捉视频。但不管从哪里获取视频,我们都得借助工具来完成。不同的工具有不同的特点,如:采集卡采集安全可靠;用超级解霸采集经济、便捷等。下面介绍几种常用视频采集方法。

(一)用超级解霸截取视频片段

通过 MPEG 文件解压缩播放软件"超级解霸"截取 VCD 碟片上的内容是最经济便捷的获取视频片断的手段之一。多媒体教学课件中常使用 AVI 格式和 MPEG 格式的视频影像,AVI 格式压缩比小,视频文件占用存贮空间大,播放时视窗不能太大,速度不能太高;MPEG 文件压缩比可达到 200:1,具有较低的数据速率和较快的帧速度,在 PC 机上有较统一的格式,兼容性好,常见的多媒体开发平台均支持 MPEG 视频的播放。因此,教师在制作课件时更偏爱 MPEG 格式的视频文件。

用"超级解霸"截取视频片段方法如下:第一,"文件"/"打开一个文件",从 VCD 碟片的 MPEGAV 文件夹中选定所需内容打开。第二,点"循环"按钮,移动时间滑块至所需片断开始处点按"选择开始点";拖动滑块至所需视频片断结束处,按"选择结束点"按钮。第三,播放预览,看所选片断是否适合需要。第四,点"录像"按钮,给文件命名存盘,生成 MPG(系统流)或 MPV(视频流)文件。这样就可以将它作为视频的素材保存下来,以备后用。

(二)用数码摄像机采集视频

用数码摄像机采集主要有拍摄和录制两个过程。随着技术的发展和性能的提升,数码摄像机(简称DV)对影像采用数字信号编码方式记录,一方面影像的分辨率高,记录在DV带上的数字信号通过高速数据接口(如IEEE 1394,USB 2.0)可直接为PC所识别应用;另一方面,借助摄录放一体的DV机还可以与其他设备进行交互,完成对已有资料和设备的再利用,从而实现教育资源的节约化。录制TV节目可以是将DV机作为录像机录制,也可以使用TV卡。譬如天敏影视大师,这是集TV电视接收、DV摄像机输入、AV模拟视频输入三种功能于一体的高性能视频采集卡,一卡多用。用户既能在电脑上收看和录制电视节目,又能转录DV带,还提供AV模拟视频接口使VCD/DVD机、录像机或模拟摄像机能接入PC。

(三)用视频采集卡采集视频

并非所有需要的视频素材都可以从VCD碟片上找到,更多的素材则来自于录像带贮存的资料或摄像机拍摄的内容。视频采集卡又称视频捕捉卡或视频输入。视频采集卡的基本功能是将模拟视频信号取样、量化并转换为数字图像输入到主机。多媒体课件制作时需用到的视频素材多为模拟信号,将模拟信号转化变为计算机能识别的数字信号,多采用视频采集卡来完成,用它可获取数码化视频信息。

另外,可以用来采集视频的还有数码相机、红蜻蜓抓图精灵、屏幕录像机等工具,这些也能采集到视频素材。我们不一定要样样精通,但必须熟悉一种或几种采集工具,这样才能摆脱束缚,获取用之不尽的视频素材。

三、视频素材的编辑

视频资源获取以后,需要进行加工处理,才能符合教学的需求。会声会影是一个功能强大的"视频编辑"软件,具有图像抓取和编修功能,并提供有超过100多种的编制功能与效果,可导出多种常见的视频格式,支持各类编码,包括音频和视频编码,是最简单好用的影片剪辑软件。下面就来学习利用会声会影编辑视频素材。

(一)启动会声会影

首先打开会声会影,点击第一项"会声会影编辑器"(如图4-34所示)。

(二)插入素材

选择编辑,点击下拉条,你会看见有"视频""图像""音频"等选项,分别点击这三个选项后,点击右边的文件按钮,可以分别插入视频、图片和乐曲声音(如图4-35所示)。

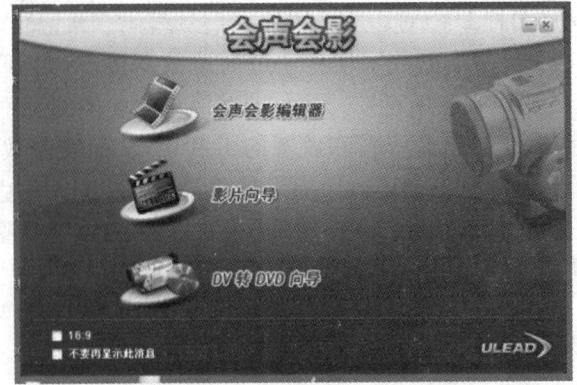

图 4-34　启动会声会影编辑器

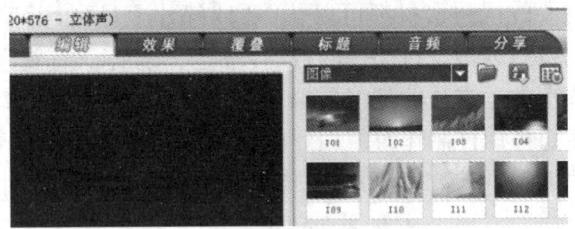

图 4-35　编辑选项

插入素材后,素材文件会显示在下面的素材库。把素材选中直接拉到下面的编辑区就可以开始编辑。

(三) 视频编辑

编辑栏第一个按钮为"故事板视图"。

按播放按钮可以预览图片、视频、转场效果、滤镜、试听音频(如图 4-36 所示)。

图 4-36　故事板视图

第二个按钮为"时间轴视图",编辑工作多数在此处进行(如图 4-37 所示)。

图 4-37　时间轴视图

第一行为视频轴,即拉入放图像和视频。在拉入素材的时候,可以选择"故事板视图"拉入,也可选择"时间轴视图"拉入。无论在哪个视图,点击素材拖动便可随意改变素材的先后位置。

第三个按钮是"音频视图",更细致地调声音设置。

三个按钮旁边是比例拉条,可以把下面四条轨的长短比例扩大或缩小(如图 4-38 所示)。

图 4-38　比例拉条

通过时间轴,你可以看到每张图片所占的时间长度。点击一张图片后,图片的两边会出现黄色条,把鼠标放在黄色条末端出现黑色箭头,可以随意拉动改变图片所占的时间长度;左右两端的黄色条都是可以拉动的(如图 4-39 所示)。

图 4-39　时间长度

如果想精确每张图片的长度,可在"图像区间"处编辑。如图 4-40 所示,该图片所占时间为 21 秒 21 毫秒,双击数字,按右边上下箭头或直接输入,便可得到自己想要的时间长度。正下方两个按钮可分别把图片顺时针或逆时针旋转 90 度。往下的"色彩校正"可以调整图片的各种参数,如色调、饱和度、对比度等。

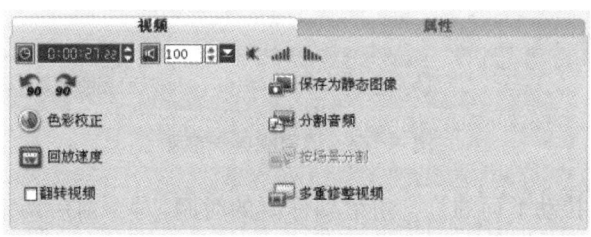

图 4-40　图像区间

通过时间轴,可以看到每段视频所占的时间长度。点击一段视频后,视频的两边会出现黄色条,把鼠标放在黄色条末端出现黑色箭头,可以随意拉动改变视频的长度;要注意的是,对于视频来说,只有右边的黄条可以拉动,左边是不行的。如果想精确每段视频的长度,可在"视频区间"处编辑。如图显示该视频所占时间为 27 秒 22 毫秒,双击数字,按右边上下箭头或直接输入,便可得到自己想要的时间长度。正下方两个按钮可分别把视频顺时针或逆时针旋转 90 度。往下的"色彩校正"可以调整视频的各种参数,如色调、饱和度、对比度等。视频区间往右是"静音"按钮,可以把视频静音。继续往右的两个分别是"淡入"和"淡出"按钮,可分别淡化视频最开始和最后的声音。淡出和淡入正下方是"保存为静态图像",也就是截图的意思,可以把当前画面截成图片。下方是"分割音频",可以把视频的画面和声音分开,分割后的背景声会直接出现在时间轴视图的声音轨中(如图 4-41 所示)。

图 4-41　视频区间

想要精确地调整视频长度,可在右下方的时间区间直接输入数据。

(1) 倒三角形叫"飞梭",一边移动飞梭,一边观察时间区间,拉到所要的时间处停下后,按"剪刀",就可以截到你要的范围。如图 4-42 所示,本来是 17 秒 15 毫秒,把飞梭拉到 30 秒 15 毫秒的地方,如图 4-43 所示,按"剪刀"就可以了。

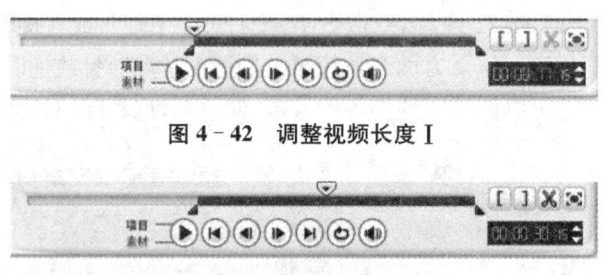

图 4-42　调整视频长度 I

图 4-43　调整视频长度 II

(2) 同理,拉动下面的直三角形到你要的时间,对于前后调整,分别按左括号和右括号,就可以截到你要的范围。

（3）下拉条中的视频滤镜是用来处理画面效果的，选中你想要的效果，直接拉到底下对应的图片或视频上面就可以了。看预览效果点播放按钮。如图4－44所示，选中框里的滤镜，点击叉号即可删除滤镜。

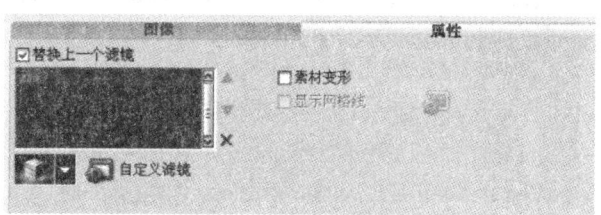

图 4－44　删除滤镜

（4）点击"效果"。效果指的是两张图片或两段视频之间的转场效果（如图4－45 所示）。

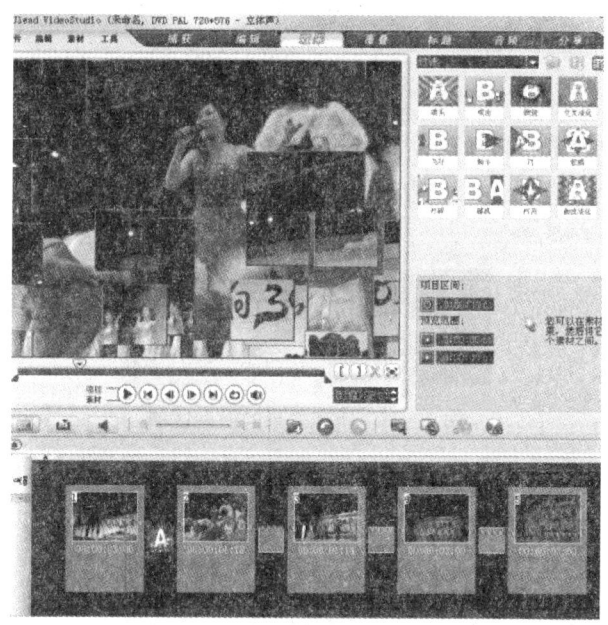

图 4－45　效果

在故事板视图中，把效果拉进图片视频间的小框框就可以了（如图 4－46 所示）；如果是时间轴视图，则拉到两张图片或视频之间。不过"效果"一般在故事板视图中编辑比较方便。

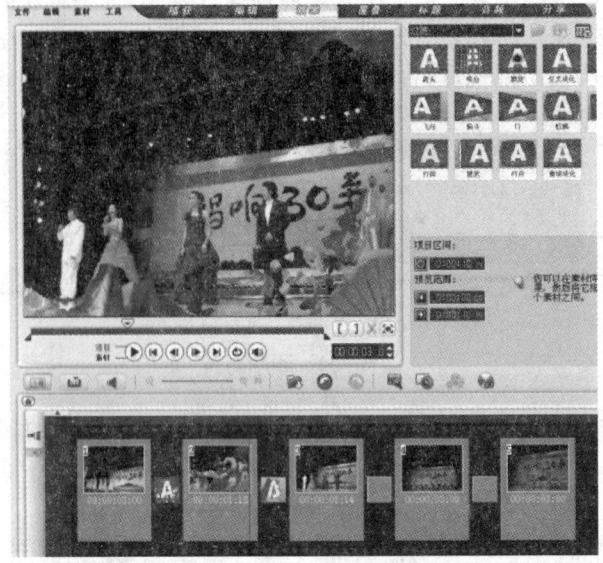

图 4-46 添加效果

回到时间轴,如图 4-47 所示的黄色部分就是所选效果的时间区域,和图片视频一样,都是可以通过两个边缘的小黄竖条进行拉长和缩短。

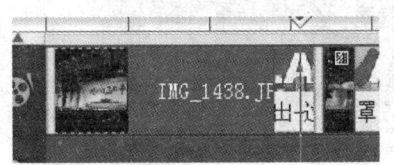

图 4-47 所选效果的时间区域

(四)添加文字

点击标题,如图 4-48 所示,可以在画面双击,并输入文字,标题轴上会出现相应的文字内容。

输入的文字将在"T"一栏显示,和其他素材一样,可以调节文字出现的时间段或长短,如图 4-49、图 4-50 所示。

图4-48 标题

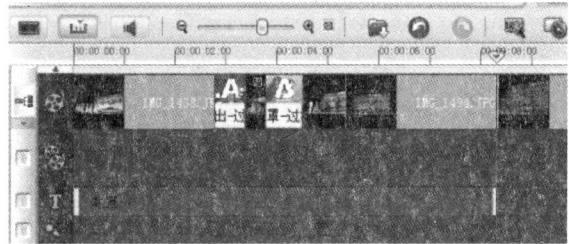

图4-49 调节文字Ⅰ

图4-50 调节文字Ⅱ

右下方区域是编辑文字的对话框,如图 4-51 所示。动画标签是设置文字出现的效果的,直接点中所需的效果就可以了,如图 4-52 所示。

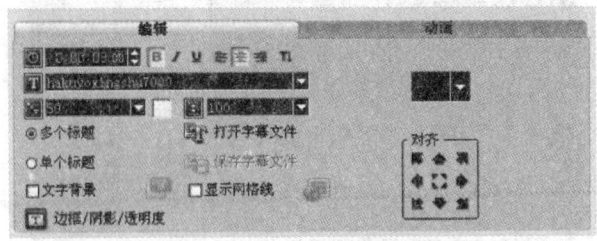

图 4-51 文字编辑

图 4-52 动画标签

(五) 添加音频

时间轴上有一条声音轨和一条音乐轨。一般录音之类的音频放在声音轨,音乐放在音乐轨,如图 4-53 所示。

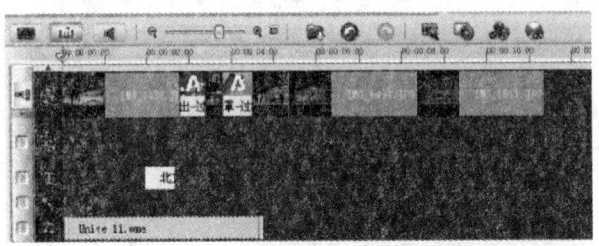

图 4-53 音轨

在素材库点中要编辑的声音或音乐,然后拉动左右两边的小三角,就可以任意选择所需的声音段。选择好以后,回到素材库将该声音拉到轨道上即可。在音乐和声音的属性面板中,最左边开始,时间区间可以精确到毫秒来调节音频长短;往右是音量调节,可以把素材原有的声音增大或较少;再往右的两个分别是"淡入"和"淡出"按钮,可分别淡化音频最开始和最后的声音。往下有个"音频滤镜"选项，可以把声音处理成各种效果，如图 4-54 所示。

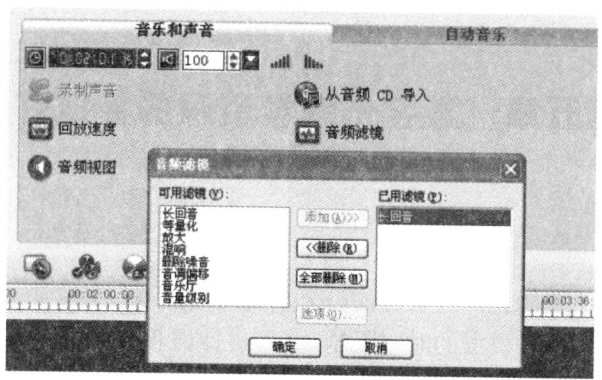

图 4-54 音乐和声音的属性面板

视频是可以拖放到音乐轨或者声音轨的，这时就不会出现画面，只有该段视频的背景声。所以如果想用一段视频的背景乐作为你作品的背景声，直接把视频拉到声音轨，就不用另外把声音截出来了。

参考文献

[1] 吴飞燕编著.多媒体技术基础案例教程[M].西安电子科技大学出版社,2015.
[2] 吴文春等编著.多媒体素材采集与制作[M].国防工业出版社,2013.
[3] 李金明,李金蓉编著.中文版 Photoshop CS6 完全自学教程[M].人民邮电出版社,2017.
[4] 赵子江.多媒体技术应用教程[M].机械工业出版社,2017.
[5] 曾祥民.数字媒体技术基础[M].电子工业出版社,2016.

第五章 数字化教学资源的集成开发

数字化教学资源是课程资源的一个重要组成部分。数字化教学资源从技术层面逐渐打破了各种资源的时空限制，使素材性课程资源的广泛交流和共享以及校内外课程资源的相互转化成为可能。数字化教学资源的集成开发指选择合适的工具软件，将各类数字化教学资源以一定的组织结构集成以辅助和促进教学。

第一节 多媒体课件的设计与开发

随着多媒体信息技术的日益成熟和普及，利用现代教育技术手段，开发多媒体课件来辅助教学，提高教学质量，改革教学模式，是当前国内外教育技术发展的新趋势，它已经成为计算机辅助教学的一个重要组成部分。多媒体课件能够同时将多种媒体呈现在屏幕上，在教学中可以图、文、声并茂，生动形象地把教学内容展示出来，能激发学生的多种感官，使学习者容易理解且记忆深刻。特别是多媒体课件中的超媒体结构符合联想思维和建构性知识结构，因此，利用多媒体课件进行教学可以提高教学的效果，激发学生的学习兴趣，同时还能培养教师和学生应用计算机的水平和能力。

一、多媒体课件概述

1. 多媒体课件

"多媒体课件"简单来说就是老师用来辅助教学的工具。创作人员根据自己的创意，先从总体上对信息进行分类组织，然后把文字、图形、图像、声音、动画、影像等多种媒体素材在时间和空间两方面进行集成，使它们融为一体并赋予它们以交互特性，从而制作出各种精彩纷呈的多媒体应用软件产品。

2. 多媒体课件的特点

（1）丰富的表现力。多媒体教学课件由文字、图形、图像、声音、动画、视频等多种媒体信息组成,图文声像并茂,所以给学生提供的外部刺激不是单一的刺激,而是多种感官的综合刺激,这种刺激能引起学生的学习兴趣和提高学生的学习积极性。同时,多媒体课件不仅可以更加自然、逼真地表现多姿多彩的视听世界;还可以对宏观和微观事物进行模拟,对抽象、无形事物进行生动、直观的表现;对复杂过程进行简化再现;等等。这样就使原本艰难的教学活动充满了魅力。

（2）良好的交互性。多媒体课件不仅可以在内容的学习使用上提供良好的交互控制,而且可以运用适当的教学策略指导学生学习,更好地体现出因材施教的"个别化教学"。

（3）极大的共享性。网络技术的发展、多媒体信息的自由传输,使教育在全世界交换、共享成为可能。以网络为载体的多媒体课件,使得教学资源得以共享。多媒体课件在教学中的使用,改善了教学媒体的表现力和交互性,促进了课堂教学内容、教学方法、教学过程的全面优化,提高了教学效果。

3. 多媒体课件的分类

按学习类型,多媒体课件可以分为两种:一种是教师用于课堂教学时使用的课堂演示型课件,另一种是学生用于自主学习的自主学习型课件。

按是否借助网络,多媒体课件可以分为两种,一种是网络型多媒体课件,另一种是单机版多媒体课件。由于影响网络型多媒体课件呈现的因素比较繁多,如阅读的方式及阅读的习惯不同,因此本文研究的多媒体课件主要是以单机版多媒体课件为研究对象。

按学科类型,多媒体课件可以分为各学科使用的课件,如语文、生物、机械等课件。

按表现形式,多媒体课件可以分为演示型、指导型、操练型、测试型、资料工具型、游戏型、模拟型和综合型等。

二、多媒体课件的开发原则与步骤

（一）多媒体课件的开发原则

1. 教育性原则

多媒体教学课件的开发,必须以教学大纲为依据,并根据教学目的与要求,发挥多媒体图文并茂、形声并举的优势来表达教学内容,交互性地来实施教学。多媒体课件应对学生获取知识、发展能力、培养品德起到良好的教育作用,有益于学生的个性发展。因此,为了体现课件的教育性,在设计课件时,应注意下列几点：

一是要明确教学目标。既然教学课件是依照教学大纲编制的，就应该首先明确教学目的。如为什么编制这个课件？教学中要解决什么问题？希望达到什么目标？

二是要突出重点难点。必须根据教学大纲的要求，围绕教学中的重点、难点或关键性问题来设题立意。要充分发挥计算机多媒体的优势，采用恰当的表现方法，将复杂问题或难点问题简单化。

三是要激活教学形式。计算机辅助教学具有传统教学方式所无法比拟的优势，其课件设计要灵活多样，要用图、文、声、像交替地表现教学内容，突出教学内容的主体。

2. 科学性原则

科学性无疑是课件的重要原则之一。课件中显示的文字、符号、公式、图表及概念、规律的表达要力求准确无误，语言配置也要准确。尤其是演示模拟实验，要符合科学性，要充分运用多种媒体，按照学生的认知规律，恰当利用文字、图像、动画、声音等，对学生的视觉和听觉形成良性刺激。值得注意的是，一些刚着手制作课件的老师普遍犯有过分追求声音效果或视觉效果等问题。如自始至终地播放背景音乐，或每一次内容的切换都伴有很长的声音效果，或界面上反复出现许多精美但与教学内容无关的小动画等。这样的课件虽然吸引了学生，但却分散了学生的学习注意力，这样的课件设计也是不科学的。

3. 辅助性原则

辅助性是指学生利用课件演示，以消化或加深理解教师课堂讲解的内容。计算机多媒体技术虽然有很多优势，但它不能完全取代教师上课，就像计算机不能取代人的思维一样。到目前为止，教学课件还不能承载教学的全部内容，它必须与教师的讲授结合起来才能发挥最大效能。因此，在开发制作课件时，要遵循课件只能起到辅助性作用的原则。

4. 适度运用原则

根据认知学习和教学设计理论，适当运用多媒体课件，创设情景，使学生通过多个感觉器官来获取相关信息，提高教学信息传播效率，增强教学的积极性、生动性和创造性。在课堂教学中，要把一定的时间和空间留给学生，让他们学会思考、交流与质疑，促进理解，决不能把课堂教学变成课件展示的过程。否则，不论你的课件做得多么精美，你的课堂一定是单调的、乏味的，学生的主动性与积极参与性就会被磨灭，对科学探索的好奇心也随之消失。此外，新的课程标准强调学生的发展不应局限于知识的传承，应着眼于三维目标的培养，即知识和技能，方法和能力，情感、态度和价值观的培养。显然，科学探究能力的培养，离不开学生的实践和经验的积累,传统的课堂实验演示、学生实验操作是计算机的模拟技术所不能替代的。因此,课件的开发及应用要遵循适度运用的原则。

5. 艺术性原则

一部优秀的多媒体课件,不但要取得良好的教学效果,而且还应该是一件完美的艺术品。实践证明,通过精巧的设计和完美的艺术构思,完全可以将知识中那些抽象、枯燥的内容转化为形象、生动、富有艺术感染力的内容。美的形式能激发学生的学习兴趣,使得学习效率得以大幅度的提高。所以要尽量利用艺术创作规律,让知识以艺术的形式呈现,使知识与艺术完美结合。

(二)多媒体课件的制作步骤

要想制作出好的多媒体课件,必须把握好多媒体课件制作中的几个重要环节。多媒体课件制作的环节及过程是:选题→教学设计→脚本设计→素材制作→课件制作→评价与修改→发布和应用,如图5-1所示。

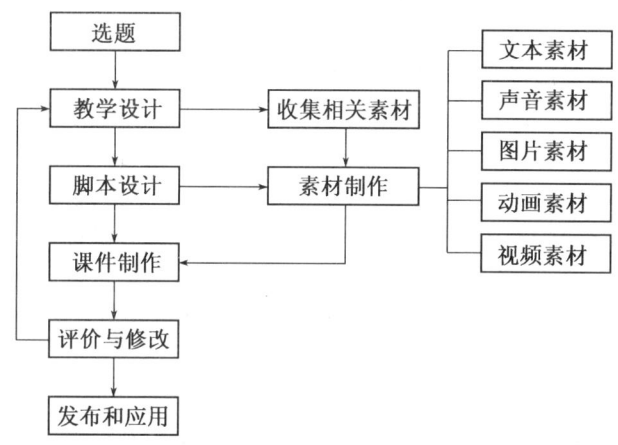

图5-1 多媒体课件制作环节

1. 选题

多媒体课件制作过程比较烦琐,运用多媒体课件进行教学,教师投入的工作量比较大。在制作之前,教师要充分做好选题论证工作,尽量避免不必要的投入。因此,必须高度重视选题工作,选择那些学生难以理解、教师不易讲解清楚的重点和难点问题,特别是要选择那些能充分发挥图像和动画效果的、不宜用语言和板书表达的内容,对于那些课堂上较易讲解的内容就完全没必要采用多媒体课件的方式。

2. 教学设计

教学设计是课件制作中的重要环节,课件效果的好坏、课件是否符合教学需求,关键在于教学设计。设计者应根据教学目标和学习对象的特点,合理地选择和组织教学媒体和教学方法,形成优化的教学系统结构;运用系统论的观点和方法,依照教学目标,分析教学中的问题和需求,确定解决问题的有效步骤;选择相应的教学策略和教学资源,确定教学知识点的排列顺序,根据教学媒体设计适当的教学环境,安排教学信息与反馈呈现的内容及方式,以及人机交互的方式等,做好教学设计工作。

3. 脚本设计

也叫稿本设计,在多媒体开发中占有相当重要的地位,规范的稿本会对保证课件质量、提高课件制作效率起到积极的作用。多媒体课件脚本一般包括两个部分:一是文字脚本,也就是常说的教案;另一个是多媒体课件制作脚本,它是在文字的基础上改写的,供课件制作人员使用,类似于影视拍摄中的分镜头脚本,它包含如下内容:界面的布局,色彩的搭配,人机交互方式,画面的切换方式,信息的呈现,对解说、音乐和音响效果的说明以及各知识点的链接等。

4. 素材制作

素材制作指根据多媒体课件制作脚本,对搜集的素材进行合理的加工处理,没有的素材需要自己制作。媒体素材设计就是设计和构思为了表达学习内容所需要的各种素材或各种媒体,如文本、图像、声音、动画、视频和虚拟现实等。媒体的选择是为所要表达的学习内容服务的,要克服媒体素材设计与学习内容相脱离的问题,避免"为媒体表现而设计媒体"的现象,努力做到"为内容表现而设计媒体",因此,在选择使用图像、声音、动画、活动视频等各种媒体时,目的是要表达学习内容、突出学习主题,不能不顾主题思想的表达,只顾追求时髦、好看。

5. 课件制作

多媒体课件制作是按多媒体课件制作脚本将多媒体素材引入进来,并通过一定的交互方式将它们有机地结合在一起,从而实现教学设计。前面的环节做好后,就可以使用多媒体课件开发工具进行制作了,多媒体课件制作工具很多,如简单的有 Powerpoint;常用的有 Authorware、Toolbook、方正奥思、蒙泰瑶光、多媒体大师等;网络版的有 Microsoft Frontpage、Macromidea Dreamweaver、Macromidea Flash 等;还有一些专用的课件开发工具,如北大的 CAI 课件开发平台,清华大学的通用型 CAI 课件写作系统等。一般来说,可以从简单到复杂,精通一两种开发工具就可以了。

6. 评价与修改

在课件制作过程中,要不断地对课件进行评价和修改,它是课件制作过程中的重要组成部分,也是课件质量的保证。评价包括形成性评价和总结性评价,这里的评价是面向学习资源的评价。形成性评价是在课件开发的过程中实施的评价,它为提高课件质量提供依据,其目的在于改进课件的设计,使之更加符合教学的需要,便于提高质量和性能;总结性评价是在课件开发结束以后进行的评价,其目的是对课件的性能、效果等做出定性、定量的描述,确认课件的有效性和价值,为课件更新提供改进意见,并总结课件制作经验。在课件制作过程,要根据评价结果合理地进行修改,以进一步提高课件质量和效果。

7. 发布和应用

课件制作完成后,用户可以用以下几种方式来发布自己的作品:磁盘、光盘和网络。多媒体课件经过多次修改完善后,就可以投入使用,除自己在教学中使用外,同时还可以进行交流、推广或发行。教师在实际教学中使用课件后,可能会发现这样或那样的不足,因此课件投入使用后并不是万事大吉了,还需要不断地收集课件在教学应用中的反馈信息,不断地对课件进行修改、完善与升级,使之更加适合教学的要求,达到实用好用之目的。

三、PowerPoint 演示型多媒体课件制作

(一) PowerPoint 基础知识

PowerPoint 是目前多媒体课件开发中使用最为简单的编辑工具,主要用于制作演示型课件。演示型课件是指教师根据教学目标自行设计,在课堂上手控或自动播放的课件。

PowerPoint 的用户界面与微软公司其他软件的用户界面有很多共同点,如标题栏、菜单栏、工具栏、状态栏、滚动条等。它的工作区被分为三个部分:大纲窗格、幻灯片窗格和备注窗格。PowerPoint 的用户界面如图 5-2 所示。

(1) 标题栏:显示出软件的名称(Microsoft PowerPoint)和当前文档的名称(演示文稿1);在其右侧是常见的"最小化""最大化/还原""关闭"按钮。

(2) 菜单栏:通过展开其中的每一条菜单,选择相应的命令项,完成演示文稿的所有编辑操作。其右侧也有"最小化""最大化/还原""关闭"三个按钮,不过它们是用来控制当前文档的。

(3) "常用"工具条:将一些最为常用的命令按钮,集中在此工具条上,方便调用。

(4) "格式"工具条:将用来设置演示文稿中相应对象格式的常用命令按钮集中于此,方便调用。

(5) "任务窗格":这是 PowerPoint 2003 新增的一个功能,利用这个窗口,可以完成编辑"演示文稿"的一些主要工作任务。

(6) 工作区:编辑幻灯片的工作区,制作出一张张图文并茂的幻灯片,就在这里展示。

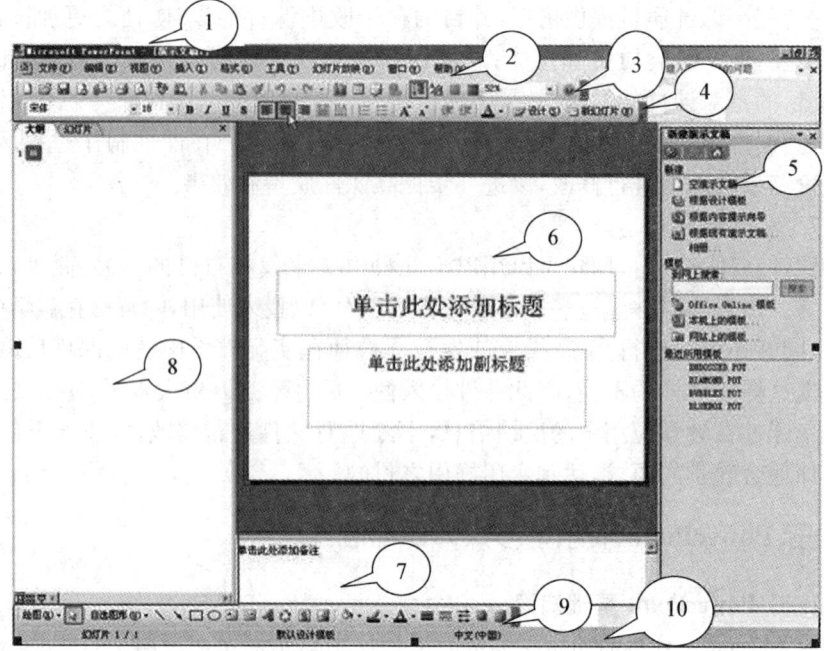

图 5-2 PowerPoint 的用户界面

（7）备注区：用来编辑幻灯片的一些"备注"文本。

（8）大纲区：在本区中，通过"大纲视图"或"幻灯片视图"可以快速查看整个演示文稿中的任意一张幻灯片。

（9）"绘图"工具栏：可以利用上面的相应按钮，在幻灯片中快速绘制出相应的图形。

（10）状态栏：在此处显示出当前文档相应的某些状态要素。

（二）演示文稿的初步制作

下面我们以多媒体课件《剪纸艺术》为例，讲授使用 PowerPoint 制作课件的具体过程。

1. 建立演示文稿

在 PowerPoint 中，要建立演示文稿，可以采用新建文件、内容提示向导、模板、空演示文稿等几种方法。

在本实例中我们采用新建文件方式建立演示文稿。双击 PowerPoint 快捷方式，新建一个 PowerPoint 文档，进入 PowerPoint 工作界面；单击【文件】—【保存】，在弹出的对话框中，将新建演示文稿命名为"剪纸艺术"，单击"保存"按钮。

2. 标题幻灯片的制作

启动 PowerPoint 以后，系统会自动为空白演示文稿新建一张"标题"幻灯片。在工作区中,点击"单击此处添加标题"文字,输入标题字符"剪纸艺术",并选中输入的字符,利用"格式"工具栏上的"字体"、"字号"、"字体颜色"按钮,设置好标题的相关要素。再点击"单击此处添加副标题"文字,加上"制作者"与"制作日期",仿照上面的方法设置好副标题的相关要素。标题幻灯片就制作完成了(效果如图5-3所示)。

```
┌─────────────────────────┐
│                         │
│      剪 纸 艺 术        │
│                         │
│                         │
│            制作者:王小二 │
│            2011年5月    │
└─────────────────────────┘
```

图5-3 标题幻灯片效果

3. 普通幻灯片的制作

(1) 新建幻灯片。在制作好标题幻灯片后,执行"插入→新幻灯片"命令(或直接按"Ctrl+M"快捷组合键)新建一个普通幻灯片,在"幻灯片版式"任务窗格中选择一种样式。本实例中我们选择"只有标题"样式。

(2) 添加图形。在选中"只有标题"样式后,在标题文本框中输入"教学内容"。然后在下面空白区域添加文本。

• 分别隔行输入:剪纸介绍、剪纸种类、剪纸工具、剪纸制作、佳作欣赏。

• 选中这五行,单击绘图工具栏中的"绘图"按钮,选择【对齐或分布】—【水平居中】,再次选择【绘图】—【对齐或分布】—【纵向分布】。最终效果如图5-4所示。

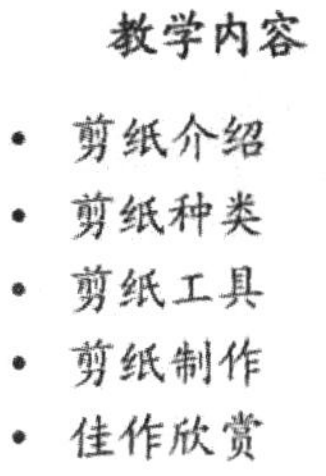

教学内容
• 剪纸介绍
• 剪纸种类
• 剪纸工具
• 剪纸制作
• 佳作欣赏

图5-4 第二张幻灯片效果图

(3) 改变"项目符号和编号"。选中要改变"项目符号和编号"的文本框,单击"格式"菜单,选择"项目符号和编号",选中一种项目符号,并可通过左下角命令修改项目符号的大小和颜色。

(4) 插入图片。选中幻灯片,单击【插入】—【图片】—【来自文件中……】,打开"插入图片"对话框。定位到图片所在的文件夹,选中需要的图片,按下"插入"按钮,即可将图片插入到幻灯片中。第三张幻灯片效果如图5-5所示。

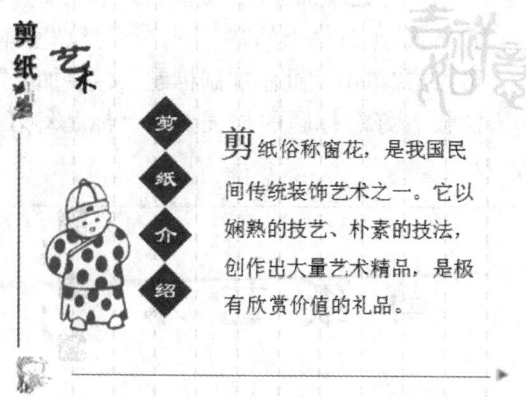

图 5-5 第三张幻灯片效果图

用上述方法制作其余第 4 至 12 张幻灯片,效果如图 5-6 所示。

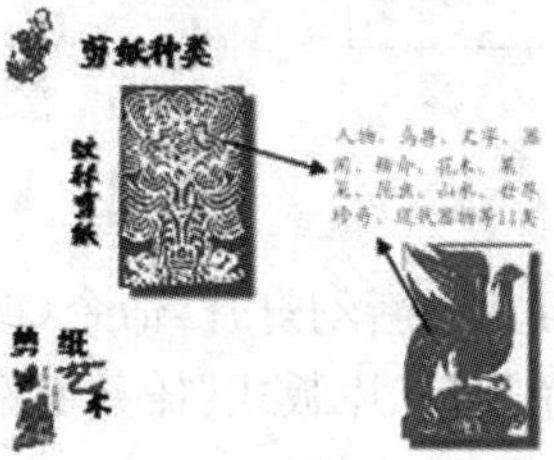

第四张幻灯片	第五张幻灯片	第六张幻灯片
第七张幻灯片	第八张幻灯片	第九张幻灯片
第十张幻灯片	第十一张幻灯片	第十二张幻灯片

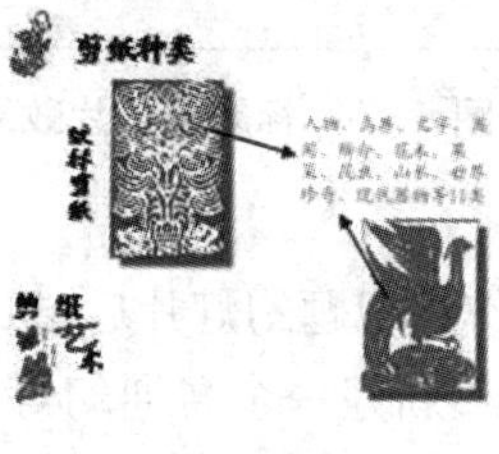

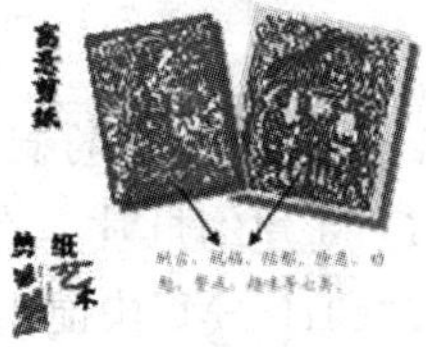

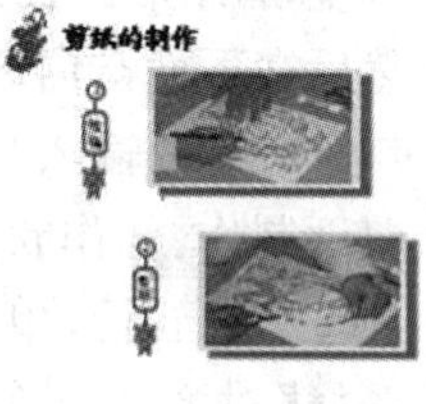

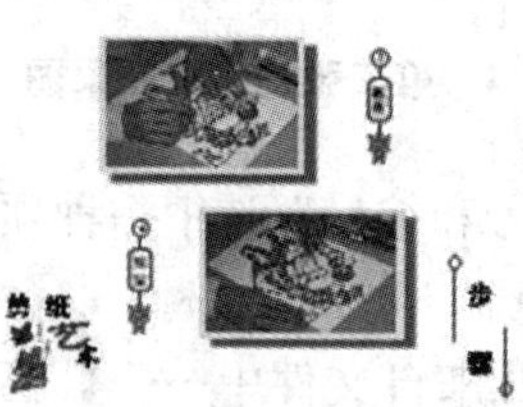

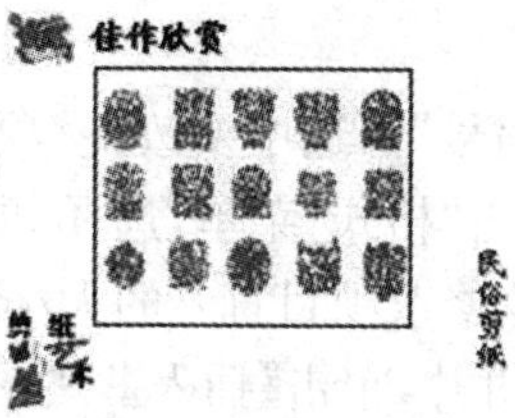

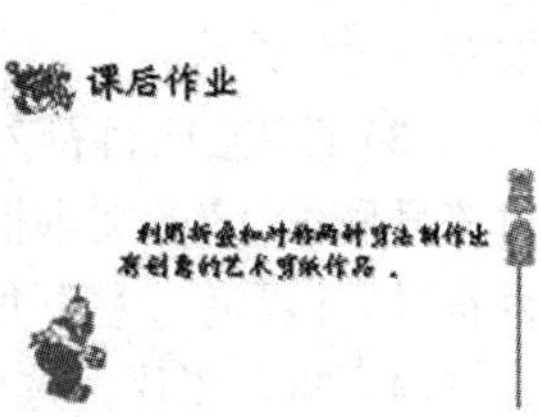

图 5-6 第 4~12 张幻灯片效果图

(三)演示文稿的美化与修饰

在完成演示文稿的初步制作后,我们发现幻灯片的背景统一为默认的白色,页面过于单调,在实际的应用中不能很好地突出主题,更不能吸引学习者的兴趣。下面我们通过母版、模板、配色方案等技术来美化演示文稿。

1. 母版的使用

所谓"母版"就是一种特殊的幻灯片,它包含了幻灯片文本和页脚(如日期、时间和幻灯片编号)等占位符,这些占位符控制了幻灯片的字体、字号、颜色(包括背景色)、阴影和项目符号样式等版式要素。

母版通常包括幻灯片母版、标题母版、讲义母版、备注母版四种形式。比如幻灯片母版:幻灯片母版通常用来统一整个演示文稿的幻灯片格式,一旦修改了幻灯片母版,则所有采用这一母版建立的幻灯片格式也随之发生改变,快速统一演示文稿的格式等要素。

(1) 打开之前制作的《剪纸艺术》演示文稿。

(2) 执行【视图】→【母版】→【幻灯片母版】命令,进入"幻灯片母版视图"状态,此时"幻灯片母版视图"工具条也随之被展开,如图 5-7 所示。

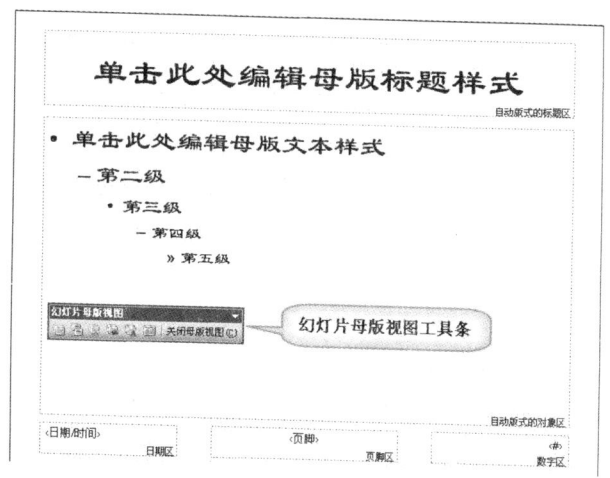

图 5-7 幻灯片母版

2. 配色方案的应用

通过配色方案,我们可以将色彩单调的幻灯片重新修饰一番。

(1) 执行【格式】→【幻灯片设计】菜单命令,展开"幻灯片设计"任务窗口。

(2) 单击"配色方案",展开内置的配色方案,如图 5-8 所示。

(3) 选中一组应用了某个母版的幻灯片中的任意一张,单击相应的配色方案，即可将该配色方案应用于此组幻灯片。

（四）插入多媒体

在制作演示文稿时，有时文本图形不能满足教学的需要，还需要添加声音、视频、动画等。下面我们将介绍PowerPoint 演示文稿中声音的添加、影片的添加、flash动画及超级链接的设置等。

1. 插入声音

PowerPoint 支持的声音文件的格式有：＊.mid、＊.rm、＊.wav 和＊.mp3 等，除此之外，还支持 CD 唱片的格式（＊.cda），也即 Windows 95/98 的"媒体播放机"所支持的格式。下面我们以为《剪纸艺术》的第一张幻灯片添加背景音乐为例，介绍如何插入声音文件。

（1）选中《剪纸艺术》的第一张幻灯片。

（2）选择【插入】—【影片和声音】—【文件中的声音…】，打开"插入声音"对话框。

（3）选择（或双击）所需的声音文件名（如"背景音乐"），即可将选中的声音文件插入到幻灯片中。幻灯片中即会出现声音图标，并弹出对话框，询问何时开始播放声音。

（4）点击"自动"按钮，关闭对话框，因为这里我们添加的是背景音乐，所以希望它自动播放。但是如果作为示范音，需要选择"在单击时"，此时只有单击声音图标，才播放声音。

2. 插入视频

如果要展示一个事物的变化发展过程，比如动物的胚胎发育的过程、花开花谢的过程、运动员在竞场上的动作，最好的方法是在幻灯片中插入一段相关的影片文件，并配上音乐，让观众在欣赏画面的同时，非常真切、清楚地看到事物的变化和发展，可以收到非常好的效果。

下面我们以为《剪纸艺术》添加视频"剪纸制作"为例，介绍如何在幻灯片插入视频文件。

（1）选中《剪纸艺术》中的第四张幻灯片（"剪纸种类"）。

（2）选择【插入】—【影片和声音】—【文件中的影片…】命令，打开"插入影片"对话框。

（3）选择"剪纸制作"，单击"确定"按钮，并弹出对话框，询问何时开始播放

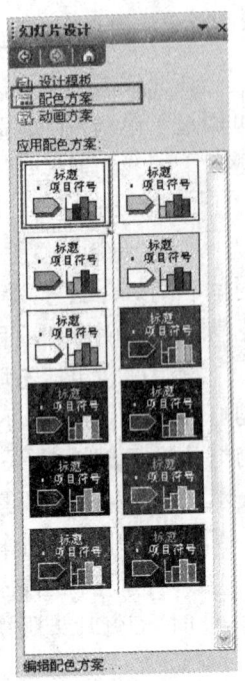

图 5-8　配色方案

视频。

(4) 点击"在单击时"按钮,影片文件即被成功地插入到幻灯片,并在幻灯片放映时,需要单击图标时播放。如果单击"自动"按钮,则在幻灯片放映时自动播放。

3. 插入 flash 动画

在多媒体课件制作的过程中,有时很难获取相应的视频素材,在这种情况下,可以使用 flash 动画来代替。flash 动画具有短小精悍的特点及强大的交互性优势,可以更好地满足所有用户的需要,所以在课件制作的过程中常常采用 flash 动画模拟事物的运动状态及发生、发展过程等。

下面我们以为《剪纸艺术》课件中的"佳作赏析"幻灯片添加 flash 动画为例,介绍插入 flash 动画的方法。

方法:使用"Shockwave Flash Object"控件法

(1) 选中"佳作赏析"幻灯片。

(2) 选择【视图】→【工具栏】→【控件工具箱】,打开"控件工具箱"对话框。

(3) 单击"控件工具箱"中的"其他控件"按钮 ,弹出 ActiveX 控件窗口。在窗口中列出了系统已经安装的所有 ActiveX 控件(共 141 个控件)。在控件列表中找到"Shockwave Flash Object"并单击,此时系统会自动关闭控件窗口。

(4) 将光标移动到幻灯片窗格,当光标变成"十"字形时,按下鼠标并拖动,画出适当大小的矩形播放区域,这个矩形区域就是播放动画的区域。

(5) 右键单击矩形框,在出现的快捷菜单中选择"属性",如图 5-9 所示。

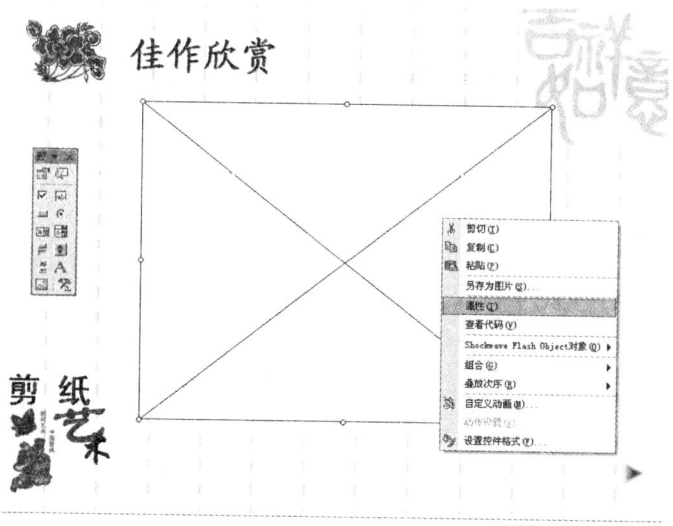

图 5-9 选择"属性"对话框

(6) 在"属性"对话框中,单击"Movie"一栏,在右侧文本框中输入 Flash 动画的完整路径(如果 Flash 动画与 PPT 文件处于同一目录中,也可以只输入 Flash 动画文件名),且必须带后缀名".swf"。其他属性采用系统默认的即可,最后按"确定"返回幻灯片编辑状态。

(7) 单击"幻灯片放映"按钮 ,放映该幻灯片,你所期待的画面就出现了。

4. 插入超级链接

到目前为止,我们已经基本完成了《剪纸艺术》多媒体课件基本内容的制作,但是此时的多媒体课件只能顺序播放,无法根据需要进行任意跳转。下面我们通过设置超级链接来弥补这个缺陷。

在 PowerPoint 中将超级文本链接称之为"超级链接"。在幻灯片放映时,创建了超级链接的文本,当鼠标移动到这些文字上时,鼠标会变成手形,此时单击鼠标会跳到另一个文档位置,也可以跳转到硬盘、互联网等。下面我们为《剪纸艺术》的第二张幻灯片"教学内容"添加超级链接。

(1) 选中"教学内容"中需要设置超级链接的文本框,如"剪纸介绍"。

(2) 添加超级链接。方法有三种:① 单击"插入"菜单,选择"超链接";② 单击常用格式工具栏中的 按钮;③ 在选中对象上右键单击,在弹出的菜单中选择"超链接"。

(3) 在添加了超级链接后打开"插入超级链接"对话框,单击"本文档中的位置",在右侧列表框中选择对应的幻灯片(如"教学目标"),此时在"幻灯片预览"窗口可以看到要链接到的幻灯片,如图 5-10 所示,单击"确定",则为对象插入了超级链接。

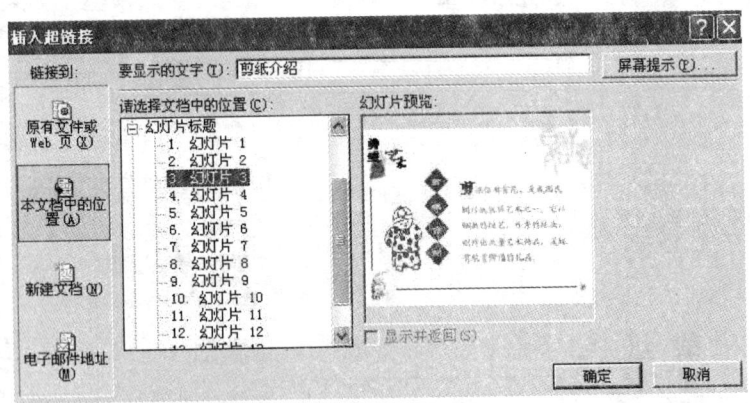

图 5-10 "插入超级链接"对话框

(五) 动画设置

在完成前面制作后,当我们放映幻灯片时,会发现幻灯片中对象的出现及幻灯片切换时,都是直接显示,没有过渡,这样的多媒体课件不但不能吸引学生,更不利于学生注意力的保持。下面我们将介绍自定义动画、幻灯片切换动画设置等。

在 PowerPoint 中可以实现各种各样的动画效果,这些动画效果的基本特点如下:① 动画对象多样化。文本、图片、Excel 数据表、形状、艺术字等都可以设置动画效果。② 动画动作模式化。无论你设置动画对象是什么,其动作模式(或称动画方式)都被限制在 PowerPoint 所规定的若干种内。但是,在 PowerPoint 中可以自定义动画的路径。③ 动画制作方法极其简单。一般的设置程式都是选择、设置、应用等几个简单的操作步骤就可以完成。

1. 添加预设动画

所谓"预设动画"(也称"动画方案")功能是指调用内置的现成动画设置效果。这种方法比较简单快捷,但是可用的"预设动画"不多。使用预设动画的操作过程如下:

(1) 在"普通视图"下,单击幻灯片中要设置动画效果的对象。

(2) 选择【幻灯片放映】→【动画方案】菜单命令,在任务窗格打开"动画方案"对话框。

(3) 在"动画方案"对话框中单击选择一种动画效果(如"淡出"、"擦除"、"飞入"等)即可,设置好以后单击功能区的"播放"选项预览效果。

2. 添加自定义动画

"自定义动画"的功能比"预设动画"的功能强大得多,你可以随心所欲地设置出丰富多彩、赏心悦目的动画效果来。在《剪纸艺术》多媒体课件中,建议大家为对象添加自定义动画效果。

(1) 选中需要设置动画的对象(如剪纸图片),执行"幻灯片放映→自定义动画"命令,展开"自定义动画片"任务窗格。

(2) 单击"添加效果"右侧的下拉按钮,在随后出现的下拉列表中,展开"进入"下面的级联菜单,选中其中的一种动画方案,如图 5-11 所示。此时,在幻灯片工作区中,可以预览动画的效果。

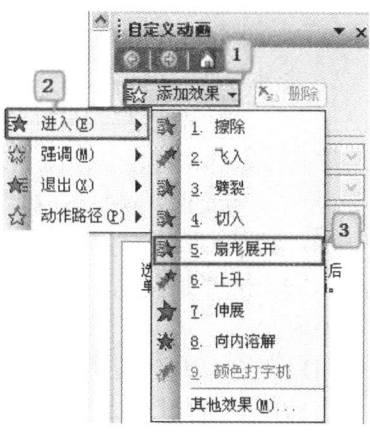

图 5-11 添加自定义动画

3. 幻灯片切换

"幻灯片切换"效果是指两张幻灯片之间如何过渡的效果。若不设置则直接跳转，经过设置则用动画过渡，还可设置切换过程中的声音效果。前者显得突然、生硬，后者则显得自然平稳，艺术效果较强。设置切换效果的具体方法如下：

(1) 单击"幻灯片浏览"按钮 ▦，切换到"幻灯片浏览"视图。

(2) 选定一张幻灯片。若打算将整篇演示文稿的幻灯片切换效果都设置成一样的，则选定所有幻灯片。

(3) 选择【幻灯片放映】→【幻灯片切换】菜单命令，展开"幻灯片切换"任务窗格。

(4) 在"幻灯片切换"窗格中，通过单击选择其中的某种切换效果后，在幻灯片窗格可以看到预览效果。

(5) 在切换效果下拉列表下面，可以修改切换效果。

- "速度"：设置切换速度。有三种选择：慢速、中速和快速。
- "声音"：设置切换时是否添加声音。
- "换片方式"：设置幻灯片的放映方式。有两个选项：① 选择"单击鼠标换页"选项，则幻灯片的放映工作将按照设定的时间自动进行；② 选择"每隔…秒"选项，则幻灯片的放映工作将按照设定的时间自动进行。在该选项的文字栏中填写的数值将作为幻灯片在屏幕上停留的时间，单位为秒。

(六) 文件打包与发布

演示文稿制作完成后，如果需要在另一台计算机上使用或上传到网上，就需要对其进行打包或发布处理，以保证演示文稿能够在不同环境正常运行。下面将介绍演示文稿打包、发布方法。

1. 文件打包

所有工作都做完之后，最好将文件打包，这样如果多媒体课件包含视频、音频等多媒体素材，打包之后可以保证能够正常播放。打包具体操作如下：

(1) 执行【文件】→【打包成CD】菜单命令，打开"打包成CD"对话框。

(2) 在"将CD命名为"文本框中输入打包后的文件名。

(3) 单击"添加文件"可以将演示文稿中包含的多媒体素材、字体等添加到文件夹内。

(4) 单击"复制到文件夹"按钮，完成文件的复制。

(5) 单击"关闭"完成文件的打包。

2. 文件发布

如果想通过Internet或Intranet查看你的演示文稿，可以将演示文稿发布成 Web 格式上传到网上。为确保演示文稿在 Web 浏览器中以所需要的方式进行显示,发布之前先以 Web 页预览演示文稿。要实现预览,单击"文件"菜单中的"Web 页预览"即可。

四、Flash 课件制作

下面我们以"燕子"课件为例,介绍如何使用 flash 制作课件。

1. 创建 Flash 文档

启动 Adobe Flash CS6,在【新建】栏中创建 Action Script 2.0 文件,创建一个 Flash 文档,如图 5-12 所示。

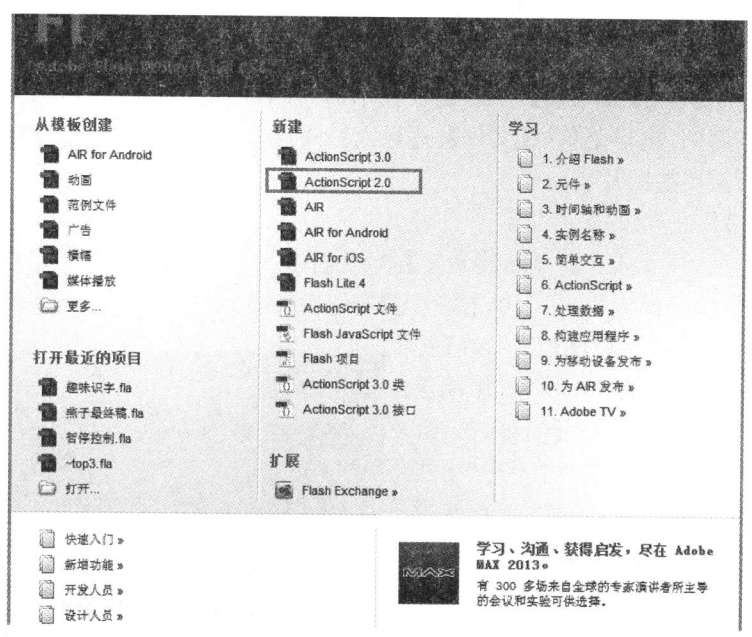

图 5-12　创建一个 Flash 文档

执行菜单栏【文件】→【另存为】命令,打开【另存为】对话框,将文件名设置为"小燕子",单击【保存】按钮进行保存。

2. 设置文件大小

单击【属性】面板,设置帧频"FPS"为"24",设置"大小"为"800 * 600"像素。

3. 制作封面

制作封面,设置背景图片,如图 5-13 所示。双击【时间轴】面板上"图层 1",将"图层 1"改名为"background"。执行菜单栏【文件】→【导入】→【导入到舞台】命令,在出现的对话框中选择所需要的图片。选择舞台上的背景图片,在【属性】面板【位置和大小】选项卡下将"X"设置为"0","Y"设置为"0","宽度"和"高度"分别设置为"800"和"600"。

输入标题。新建一个图层,重命名为"title"。选择【工具栏】中的【文本工具】,在【属性】面板【字符】选项卡下,设置【系列】为"宋体",【大小】为"50"点,【颜色】为"黑色",在舞台上输入标题"燕子",字体设置和舞台上的效果如图 5 - 13 所示。在时间

图 5 - 13　封面

轴第 58 帧处右击【插入帧】,用以延长显示的时间,锁定本图层。将所需要的图片导入到库中,执行菜单栏【文件】→【导入】→【导入到库】命令,在出现的对话框中选择所需要的图片。

4. 制作进入按钮

执行菜单栏【插入】→【新建元件】命令,创建一个"按钮"元件,将名称设置为"进入",类型选择为"按钮",单击【确定】按钮创建新元件进入元件编辑窗口。在【时间轴】面板,选择"图层 1",在【弹起】帧处,将库中的"手形"图片拖至舞台中。在【指针经过】帧处,按 F6 键插入关键帧,将库中的"手形"第二张图片拖至舞台中。通过调整使这两张图片完全重合,也可以通过对齐面板调整这两张图片位置。回到场景按钮,将库中做好的按钮拖至舞台中,效果如图 5 - 14 所示。

图 5 - 14　手型按钮

选择"background"背景图层第一帧,右击选择"动作",写入代码"stop();"。

5. 制作目录

插入场景,同时按下 shift 键与 F2 键,打开【场景】面板,点击左下角的【添加场景】按钮,创景"场景 2",右击"场景 2"将"场景 2"重命名为"目录"。双击【场景】面板中的【目录】,打开【目录】场景。双击【时间轴】面板上的"图层 1",将"图层 1"改名为"background"。将库中选择的背景图片拖至舞台中。选择舞台上

的背景图片,在【属性】面板【位置和大小】选项卡下将"X"设置为"0","Y"设置为"0","宽度"和"高度"分别设置为"800"和"600"。

执行菜单栏【插入】→【新建元件】命令,创建一个"按钮"元件,将名称设置为"激趣导入",类型选择为"按钮",单击【确定】按钮创建新元件进入元件编辑窗口。在【时间轴】面板,选择"图层1",点击【弹起】帧处,选择【工具】中的【矩形工具】,在【属性】面板中设置【笔触】为"黑色",设置【填充】为"无",设置【样式】为"实线",在舞台上绘制矩形框。选择【工具】中的【文本工具】,在【属性】面板中,设置【系列】为"黑体",【大小】为"28",【颜色】为"黑色"。在矩形框中写入"激趣导入"。

在【指针经过】帧处,按 F6 键插入关键帧,选择【工具】栏中的【选择工具】,点击"激情导入"四个字,将【属性】面板中的【颜色】属性改为"红色"。

在【按下】帧处,按 F6 键插入关键帧,选择"矩形框"和"激情导入",分别按键盘上的"→"和"↓"以调整对象的位置。

返回场景面板。以同样的方法制作"生字学习"和"退出课件"按钮。并将库中的"小花"图片拖至舞台中。效果如图 5-15 所示。

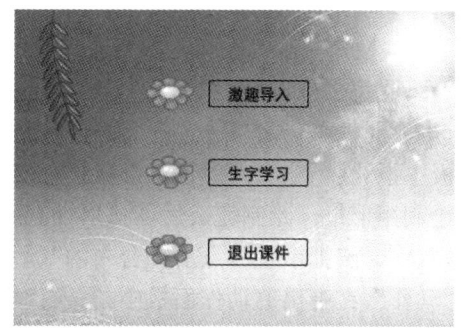

图 5-15 按钮页面

6. 制作"激趣导入"场景

(1) 插入场景。同时按下 shift 键与 F2 键,打开【场景】面板,点击左下角的【添加场景】按钮,创景"场景 3",右击"场景 3"将"场景 3"重命名为"激趣导入"。

选择"图层 1"的第一帧,将库中的背景图片拖至舞台中,将影片剪辑"柳叶"拖至舞台中。点击第 15 帧,右击,选择插入帧以延长播放时间。

创建一个新图层,将其命名为"标题"。选择【工具栏】中的【文本工具】,在【属性】面板【字符】选项卡下,设置【系列】为"宋体",【大小】为"50"点,【颜色】为"蓝色",在舞台上输入标题"成语接龙",输入好之后,将文本属性的【颜色】设置为"玫红色",在"成语接龙"的下方输入文本"说一说你知道的有关动物的成语:"。

创建一个新图层,将其命名为"成语"。选择"成语"图层的第 5 帧,按 F6 键插入关键帧。将文本属性【颜色】设置为"黑色"。输入文本"龙飞凤舞、狐假虎威、马到成功、如鱼得水、对牛弹琴、鸡毛蒜皮、莺飞燕舞、燕子衔食",在视图中调整好其位置。右击第 15 帧,选择插入帧,以延长时间。具体如图 5-16 所示。

（2）给该页面创建遮罩层。新建一个图层,命名为"遮罩层"。选择【工具】栏中的【矩形工具】,在【属性】面板中设置"填充"为"黑色"。选择"遮罩层"的第 5 帧,在舞台中绘制矩形框,使其大小能遮住舞台中的成语部分。

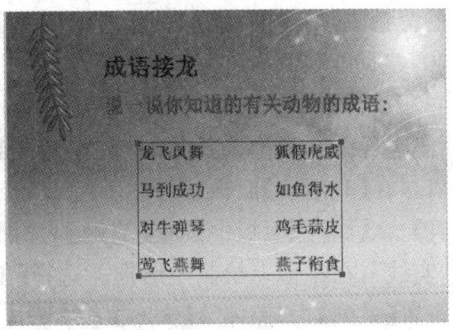

图 5-16　激趣导入页面

选择"遮罩层"的第 15 帧,按 F6 键插入关键帧。将黑色的矩形框下移,以至完全遮住成语。选择第 5 帧至第 15 帧中的任意一帧,右击选择"创建传统补间"。

（3）制作"提示"按钮。执行菜单栏【插入】→【新建元件】命令,创建一个"按钮"元件,将名称设置为"提示",类型选择为"按钮",单击【确定】按钮创建新元件,进入元件编辑窗口。选择"弹起"帧,选择【工具】中的【矩形工具】,在【属性】面板中设置【笔触】为"黑色",设置【填充】为"无",设置【样式】为"实线",在舞台上绘制矩形框。绘制完成后,将【属性】面板中设置【笔触】为"无",设置【填充】为"红"。选择"提示"层,点击舞台中的"提示"按钮,然后右击,在出现的选项中选择"动作",在弹出的动作面板中,写入代码：

```
on(release){
    gotoAndPlay(5);
}
```

（4）制作"返回主页"按钮。制作"返回主页"按钮,与制作"提示"按钮相似：将制作好的按钮拖至舞台中;选择"图层 1"的第一帧,右击,选择"动作";在弹出的"动作"面板的第一行写入代码"stop();"此页最终效果如图 5-17 所示。

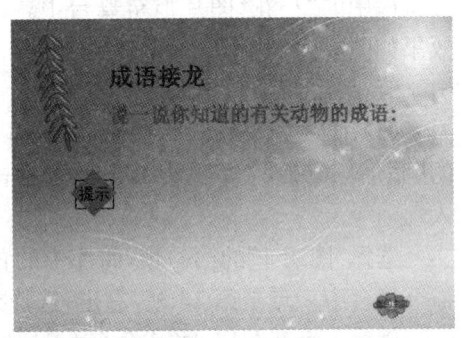

图 5-17　"提示"和"返回主页"按钮

7. 制作"生字学习"场景

（1）插入场景。同时按下 shift 键与 F2 键,打开【场景】面板,点击左下角的【添加场景】按钮,创建"场景 4",右击"场景 4"将其重命名为"生字学习"。选择"图层 1"的第一帧,将库中的背景图片拖至舞台中。点击第 15 帧,右击,选择插入帧以延长播放时间。

（2）制作"写字"按钮。执行菜单栏【插入】→【新建元件】命令,创建一个"按钮"元件,将名称设置为"稻",类型选择为"按钮",单击【确定】按钮创建新元件,进入元件编辑窗口。

(3) 制作"田字格"。在"弹起"帧中,在【工具】中的【矩形工具】属性菜单栏,将【笔触】设置为"黑色",【填充】设置为"无",【样式】设置为"实线",在舞台上绘制田字格外框。再选择【线条】工具,在【属性】栏中,将【笔触】设置为"黑色",【填充】设置为"无",【样式】设置为"虚线",在舞台中绘制田字格内部线条。

利用【工具栏】中的【文本工具】,在舞台米子格内输入一个"稻"字。

(4) 制作"稻"的写字动画。执行菜单栏【插入】→【新建元件】命令,创建一个"影片剪辑"元件,将名称设置为"稻",类型选择为"影片剪辑",单击【确定】按钮创建新元件,进入元件编辑窗口。

将"图层1"重命名为"writing",在"writing"层第1至31帧制作"十"字的写字过程。

在"writing"层的第1帧,利用【工具栏】中的【文本工具】,在舞台米子格内输入一个"稻"字。选择新输入的"稻"字,执行菜单栏【修改】→【分离】命令(快捷键"Ctrl+B"),将"稻"字分离。

在"writing"层的第3帧按F6键插入关键帧,利用【工具栏】中的【橡皮擦】工具,擦除"稻"字最后一笔画。选择"writing"层第5帧,同样按F6键插入关键帧,选择【橡皮擦】工具,在第3帧的基础上继续擦除"稻"的倒数第二笔画。重复前面的动作,使用橡皮擦工具,将文字按照笔画的相反顺序,倒退着将文字擦除,每擦一次按F6键一次(即插入关键帧),每次擦去多少决定写字的快慢,直到将"十"字笔画全部擦除。

选择"writing"层选择所有有用帧,单击右键,执行【翻转帧】命令。

该页面时间轴及效果图如图5-18所示。

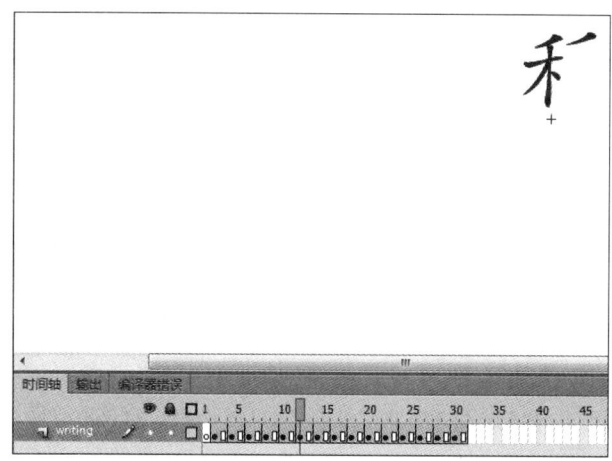

图5-18 "稻"的写字动画

(5) 写入代码。创建一个新的图层,选择第 32 帧,按 F6 键插入关键帧,右击选择"动作",写入代码"stop();"。

(6) 以同样的方法分别制作"杆"、"晕"、"沾"、"掠"、"嫩"、"聚"、"翼"、"痕"的按钮和它们的写字动画。将做好的按钮拖至舞台中。创建一个图层,将"返回主页"按钮拖至舞台中。创建一个图层,将其重命名为"writing",选择第 5 帧,按 F6 键插入关键帧。将"稻"的影片剪辑拖至舞台。选择第 6 帧,右击选择"插入空白关键帧"。选择第 7 帧,按 F6 键插入关键帧,将"痕"的影片剪辑拖至舞台中。选择第 8 帧,右击选择"插入空白关键帧"。选择第 9 帧,按 F6 键插入关键帧,将"沾"的影片剪辑拖至舞台中,以此类推,插入"翼"、"聚"、"掠"、"嫩"、"晕"的影片剪辑。该页效果图如图 5-19 所示。

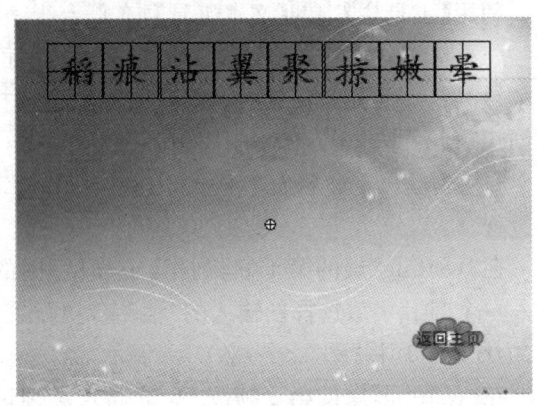

图 5-19 "生字学习"场景

(7) 选择"稻"按钮,右击"动作",写入代码:

```
on (release) {
    gotoAndPlay(5);
}
```

选择"痕"按钮,右击"动作",写入代码:

```
on (release) {
    gotoAndPlay(7);
}
```

同样的方法制作"沾"、"翼"、"聚"、"掠"、"嫩"、"晕"按钮代码。

选择"writing"图层,分别选择第 5、7、9、11、13、15、17、19 帧,右击动作写入代码"stop();"。

8. 制作"退出课件"场景

选择背景图层的第一帧,右击写入代码"stop();"。插入场景。同时按下 shift 键与 F2 键,打开【场景】面板,点击左下角的【添加场景】按钮,创建"场景 5",右击"场景 5"将其重命名为"退出课件"。选择"图层 1"的第一帧,将库中的背景图片拖至舞台中。点击第15帧,右击,选择插入帧以延长播放时间。在场景中写入"谢谢!"效果如图 5-20 所示。

在场景面板中双击"场景1"。选择"进入"按钮,右击选择"动作",写入代码:

```
on (release) {
    gotoAndPlay("目录", 1);
}
```

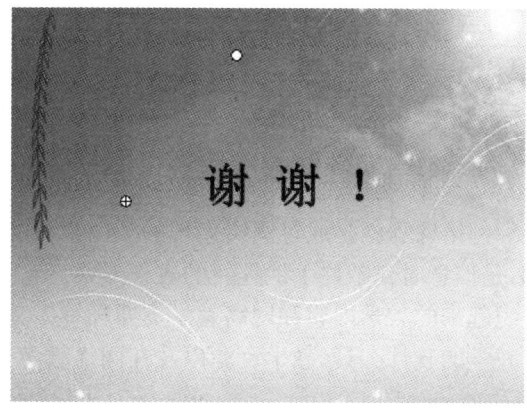

图 5-20　退出页面

在场景面板中双击"目录"。选择"激趣导入"按钮,右击选择"动作",写入代码:

```
on (release) {
    gotoAndPlay("激趣导入", 1);
}
```

选择"生字学习"按钮,右击选择"动作",写入代码:

```
on (release) {
    gotoAndPlay("生字学习", 1);
}
```

选择"退出课件"按钮,右击选择"动作",写入代码:

```
on (release) {
    gotoAndPlay("退出课件", 1);
}
```

制作"返回主页"按钮。选择每一场景中的"返回主页"按钮,右击选择"动作",写入代码:

```
on (release) {
    gotoAndPlay("目录", 1);
}
```

按"Ctrl"和"Enter"测试影片。至此,"燕子"课件制作完成。

第二节　网络课程开发

随着信息技术、计算机网络技术与多媒体技术的迅速发展,网络教育随之迅速发展起来,甚至在全球范围内迅速发展。而网络课程作为网络教育学习的信息载体,其设计与开发也越来越受到世界教育领域的关注,成为教育者研究的焦点。

一、网络课程概念

网络课程就是通过网络表现的某门学科的教学内容及实施的教学活动的总和,是信息时代条件下课程新的表现形式。它包括按一定的教学目标、教学策略组织起来的教学内容和网络教学支撑环境。其中网络教学支撑环境特指支持网络教学的软件工具、教学资源以及在网络教学平台上实施的教学活动。

二、网络课程的特点

网络课程与传统课程相比存在显著的差异,它是通过网络传输的,体现一定教学目标的,以网页形式呈现的教学内容;它是集视频、音频、动画、图形图像、文本、超文本于一体,以体现网络课程特点的教学设计为设计的指导原则,并具有适时交互性的全新课程形式,但网络课程的最终价值仍然是完成教学任务,实现教学目标以及达到教育目的。总而言之,网络课程具有交互性、开放性、协作性、个性化,以及多媒体化与超文本性等主要特征。

1. 交互性

在网络教学中,网络课程一改以往书籍、报刊等印刷信息以及广播电视等电子信息的单向传递方式,网络信息载体具备双向传递功能,这种双向交流可以是同步的也可以是异步的。学习者可以通过发送 E-mail 或与教师实时聊天的形式接收教师传来的教育信息,也可以向教师反馈教学信息;教师则根据学生随时发送的教学信息不断调整和改善教学,促进教学。同时学习者也可以是网络信息的发布者,可以提高学习者主动参与的积极性和成就感,还可以为多元化的评价提供可能。

2. 开放性

网络课程由于技术上突破了时空的限制,表现出极大的开放性。学习者可以在任何时间、任何地点接受任何网络学习,学校已经从一个有围墙的实体转变为一个覆盖全球的知识网络。网络课程不仅是时间空间上的开放,更是对所有个体的开放,个体不会因年龄、性别、种族等因素被拒之门外,是真正意义上的开放教育。

3. 个性化

在充分开放的网络中,学习者可以根据自己的需要,检索学习科目。在每一门科目中,也有丰富的学习资源,学习者结合自己的学习状况、目前已有的认知水平,选择与自己学习特点、学习内容相适应的学习资源,自定步调地通过网络学习。同时他们又可以不受到主流文化和意识的控制,根据自己的经验和视角来理解知识,从而发展个性、开发创新思维。

4. 协作性

网络支持下的学习更能体现协作的优势。网络群组管理员(通常为教师)作为学习过程中的主导人物,引导、促进、帮助小组成员的协作学习,成员之间的协作学习加强了学习者之间的合作共处能力和探索精神,不仅对问题的深化、理解和知识的掌握运用大有裨益,也提高了网络课堂的交互能力、摒弃了传统课堂中单纯的人机"刺激反应"的交互形式。对合作精神的培养和良好人际关系的形成也有明显的促进作用。

5. 多媒体化

随着科技的发展网络课程可以为学习者提供一个集视频、音频、声像技术为一体的网络学习环境,使交互形式更丰富、更逼真、更直观。多媒体化提供多样的外部刺激,有利于知识的获取与保持,有利于问题情景的创设,进而激发思维灵感,促使创造性思维的培养。

6. 超文本性

网络课程的超文本性打破了传统教材组织的逻辑性、线性顺序结构,以非线性、非结构、网状结构形式组织教材内容,这与人类思维的联想特征相一致,更符合人类思维的特点和阅读习惯。

三、网络课程设计的一般原则

1. 开放性、个性化、灵活性原则

建构主义认为学习者对知识的了解和掌握不应只有一个固定的学习起点,所以设计网络课程时就要考虑到学生的个性化差异。多角度、多层次进行课程设计,为学习者提供一个灵活的学习条件,使学习者的学习具有个性化。

2. 情境性、真实性原则

建构主义认为学习者依据自身的经验对学习内容进行改造和重组,因此在设计网络课程时就要考虑到学习者自身原有的经验,尽量为学习者提供与学习内容相似的真实情境,以帮助学习者在真实的学习情境中积极地进行意义建构,获取知识和技能。如果脱离了学习者的具体实际,学习者是很难将所学的内容进行迁移的。

3. 可交互性原则

一个网络课程若缺少交互性,则不过是书本教材的电子文档,谈不上什么独特性、优越性。这里的"可交互性"有三层含义:一是学生在使用网络课程时,能随时随地与课程系统之间进行交互;二是学生与学生之间的交互;三是教师与学生之间的交互。在本研究设计的网络课程中将设立"在线练习"、"在线测试"、"讨论园地"等模块,实现网络课程的可交互性。

4. 可移植性原则

所谓"可移植性"是指网络课程在运行、使用和移动时所表现出来的能力。为了扩大网络课程的使用范围,提高网络课程的社会效益和经济效益,降低网络课程的开发成本和教育投入成本,网络课程在设计时要注意到其可移植性。可移植性好的网络课程运行时与操作系统无关,使用时与浏览器无关,移动时与源文件的位置无关。

5. 对学习者积极引导,依据反馈不断完善的原则

在设计网络课程时,要充分考虑到学习者的学习障碍和困难,要对解决这些困难有所考虑。

四、基于 Moodle 平台的网络课程制作

(一) Moodle 网络教学平台概述

Moodle(Modular Object-Oriented Development Learning Environment)最初是由澳大利亚 Martin Dougiamas 博士主持开发的一套开源的网络课程管理系统 CMS(Course Management System)。Moodle 是一套基于"社会建构主义理论"的"面向对象的模块化开发动态学习环境",基本模块有:站点管理、用户管理、课程管理、作业模块、论坛模块、聊天模块、资源模块、测试模块等。Moodle 的界面简洁,操作简单,但功能非常强大,能够满足教师教学的绝大部分需要,兼容性好,支持 IMS、SCORM 等国际化资源标准,并且具有良好的安全性能,这些就像是专门为教师进行在线教学量身定做的,因此 Moodle 得到了世界各地广大教育工作者的推崇,目前已经在 170 多个国家和地区得到了推广和应用,支持 70 多种语言。

(二) Moodle 平台的功能模块

Moodle 平台具有非常丰富的功能模块,可以将其功能分为三大块:网站管理、课程管理、学习管理,每个模块都对应不同的用户角色。

1. 网站管理功能模块

网站管理是由 Moodle 安装过程中自动生成的管理员(admin)用户来实施的,网站的有些设置是在安装过程中定义好的,当 Moodle 安装完成时,首先会以管理员的身份登录。管理员具有整个平台的最高控制权限,可以对网站进行整体布局,根据需要对网站首页的字体、颜色、版式等进行设置,还可以根据实际

情况添加一些诸如天气预报、新闻种子、网页相关链接等新的版块。

（1）注册。当安装好自己的 Moodle 站点以后，可以在 Moodle.org 或其他 Moodle 社群上进行注册，注册以后一方面可以扩展自己 Moodle 网站的使用范围，另一方面可以帮助 Moodle 官网统计 Moodle 在世界上的使用情况。

（2）用户。管理员可以通过该选项的"账户"功能浏览和处理网站注册的所有用户信息，可以添加用户或批量上传已有用户也可以删除用户；通过"权限"功能管理用户角色，为用户设置不同的权限，Moodle 的用户角色主要有管理员、教师（分课程创建者、教师、无编辑权教师）、学生、访客等。

（3）课程。管理员能够对课程进行整体管理，但一般不参与具体的课程，可以添加/修改课程、为课程进行分类、处理用户的课程申请等。

（4）插件。包括版块、身份认证、选课、文本编辑器、许可证多个插件。身份认证功能可以设定用户获取登录账号的方式，是基于 E-mail 的自助注册还是只能由管理员手动创建，默认情况下，Moodle 没有开启用户注册功能，需要管理员进行设置，若设置为自助注册方式，则用户可以在网站自己注册并创建账户，否则只能由管理员手动创建。

（5）外观。在该功能选项中可以为网站选择合适的主题风格，Moodle 有一些自带的主题，还可以从 Moodle 官网下载其他主题；还可以对网站的日历、导航、博客、Moodle 文档等的格式或信息进行设置。

（6）首页。对网站首页的一些基本信息如网站名称、说明等进行更改，控制首页的显示，还可以对首页进行备份。

（7）报表。报表功能可以查看本网站的最新评论、配置变化、用户发表的新日志等信息，用来追踪用户使用本网站的情况。

（8）添加版块。管理员可以根据自己建立的学习平台的需要，自行添加一些版块，如登录（Moodle 默认是没有该版块的）、标签、日历、通讯录、即将到来的事件、远程 RSS 种子等。

2. 课程管理功能模块

Moodle 的课程管理具有强大的课程开发功能，可以由管理员和教师（无编辑权限的教师除外）共同实施，而管理员一般不参与具体某一门课程的设计和管理，把创建课程和管理课程的任务分配给教师。教师创建自己的课程后，首先要进行课程的基本属性的设置，比如课程的标题、简介、组织方式以及选课用户等，然后就是课程的具体内容的填充和设计了，可以通过添加资源模块和活动模块以及添加新版块来实现。

（1）添加资源。资源模块是教师呈现教学内容和学习资源的途径，教师可以通过添加资源模块将自己课程的学习内容添加到 Moodle 平台上，添加的资源可以是本地计算机上的文档或课件,也可以通过添加URL来获取网络上的文本、声音、视频等资源,丰富课程。

(2) 添加活动。教学活动是教学过程中非常重要的一个环节,Moodle的添加活动模块为教学活动的展开提供了强大的支持,在Moodle平台上可以添加多种活动模块。

① Wiki协作模块。Wiki专题是一个用于学生协作学习的模块,支持多人协同创作,学生可以在Wiki模块针对共同的主题自行添加内容,将自己的想法和问题上传,使知识能够共建共享,这一过程能够有效地培养学生之间协作的能力。

② 测验模块。教师可以在该模块中设计和编辑测试题,该模块提供了填空题、选择题、匹配题、判断题、简答题等多种题型。教师还可以对测试题进行一些设置,比如该测验的起始时间、学生允许答题的次数、是否给出正确答案、反馈方式等。

③ 词汇表。教师可以创建一个词汇表,在该表中添加一些课程中较难懂的词或术语及其含义解释,如果学生在学习中碰到这些不懂的词语,就可以像查字典一样通过搜索进行查询,这些词或术语的解释或定义可以是文字、图片、视频、表格等多种形式。

④ 互动评价。教师设定互动评价的标准、评价的方式、最终成绩的汇总方式等信息,学生按照要求上传作业后,按照教师设定的评价标准对别人和自己的作业进行评价,最后教师汇总评价结果,核定成绩。

⑤ 聊天。教师添加聊天室后,学生进入课程以后,可以直接进入聊天室进行课题的讨论,并且没有人数的限制,还可以查看聊天记录。

⑥ 讨论区。教师和学生可以在讨论区进行交流和讨论,教师根据不同的教学内容和目的建立不同类型的讨论区,根据教学内容在讨论区开启合适话题,学生根据话题发表自己的意见或想法,对其进行回复,教师可以依据学生的回复对其做出评价。

⑦ 投票。教师根据教学需要设定一个投票主题,组织学生对该主题进行投票选择,再根据投票结果了解学生的态度,从而改进或调整教学。

⑧ 问卷调查。该模块提供了一些预设的问卷,该问卷可以用来了解学生的一些态度和意见,帮助教师改善教学,调查的结果可以以表格的形式导出。

⑨ 作业。在该模块中,教师可以给学生布置作业,并设置作业起始时间、作业总分、可上传几个附件等信息,学生按照要求在一定时间内完成并上传自己的作业,最后教师对学生的作业进行评定给出成绩。

(3) 添加新版块。和管理员一样,教师还可以根据自己的教学需要在自己的平台空间添加一些新的版块,如添加新的课程、博客、日历、标签、通讯录等,以丰富自己的课程。这里可以添加的新版块和网站管理功能的新版块有一些是不一样的,网站管理中的版块针对整个网站,而课程里的新版块针对的是某个课程。

3. 学习管理功能模块

学习管理主要是学生用户利用 Moodle 平台来管理自己的学习。学生以学生身份登录 Moodle 平台后,可以修改和管理自己的个人信息,选择课程进入学习,在课程中可以查看、学习或下载课程资源,通过聊天室或论坛等方式参与教学活动,与教师和同伴进行学习交流和互动,按照教师的要求完成并上交自己的作业,对自己或他人的作业进行评价,根据教师和同学的评价,了解自己的学习情况,还可以将自己的学习心得和体会记录在自己的 Blog 中。

(三) Moodle 网络课程的制作过程

教师可以按照以下步骤制作网络课程:

1. 用户注册

首先从 Moodle 平台注册账号,就像申请 Blog 一样填入自己的个人信息,待管理员将教师批准为课程管理员之后,教师就可以建立自己的网络课程了。

2. 课程设置

以课程管理员身份登录 Moodle 平台后,教师可以在 Moodle 的首页上看到有个课程的链接,这就是建立课程的入口。进入课程设置,教师能够根据自己的教学内容选择课程名称和课程分类,对课程做概括的介绍。格式是用来设置课程首页显示的风格,包括主题格式、星期格式和社区格式。另外,教师可以为课程设置开放的时间和密钥,从而防止没有密钥的学生或游客进入该课程。如果教师需要将学生进行分组,可以设置小组模式,这样学生就可以在课程中参与基于小组的讨论和协作。

3. 版块设置

完成课程的基本设置之后进入课程首页的编辑模式,教师只需点击每个版块上的 x,将所有的版块全部删除,就可以设置自己的版块了。教师在创建自己的主题页面时,可以将每一个版块内容都建立一次,如果它不符合要求就删除它。通过几次的建立和删除,多数教师都能很快地掌握版块的设置方法。

4. 创建和引用资源

在课程首页的编辑模式下,每个主题格式或者星期格式中都有一个资源下拉列表,如图 5-21 所示。

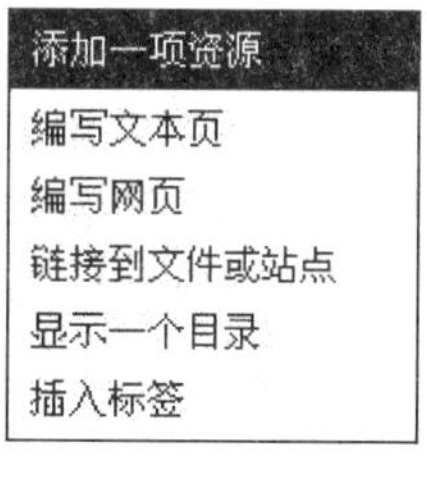

图 5-21 资源下拉列表

根据课程内容和媒体的呈现方式，可以选择诸如链接到文件或者站点、显示一个目录来引用相应的资源，使用最多的例子就是在每个主题之前呈现教学目标和教学内容。

5. 活动使用

在课程首页的编辑模式下，每个主题格式或者星期格式中还有一个"活动"下拉列表，如图5-22所示。

"活动"是构成网络课程的核心要素。活动模块按照功能分类可分为协作、讨论、反馈和评价四类，其中"协作"功能可以由Wiki、专题讨论、词汇表这几个模块实现；"讨论"功能可以通过在线聊天的方式实现，"讨论区"和"消息"可以实现离线的讨论和交流；"反馈"功能可以由投票、作业、心得报告等来实现；"评价"的功能则可以将论坛、Wiki、SCORM、作业、课等纳入到评价体系中，从而形成基于网络的电子成长记录袋。

图 5-22 活动下拉列表

第三节 流媒体课件开发

随着网络技术的发展，网络传输的带宽、速度和质量得到了很大的提高，这使得网络课件从"文本＋图像"的呈现模式时代进入了流媒体网络课件时代。流媒体课件是当前远程教育中广泛使用的一种课件格式。流媒体课件能流畅地运行于网路，为网上远程教育的学习提供了保障。

一、流媒体与流媒体课件

1. 流媒体

流媒体是一种应用流技术在网络上传输的多媒体文件。所谓流技术就是把连续的影像和声音经过压缩处理后放在网站服务器上，让用户边下载边观看，不必等到整个文件全部下载完毕即可观看的网络传输技术。流媒体课件在客户端播放时，文件剩余部分在后台服务器上继续下载。流式传输不仅使启动延时大大缩短，而且不需要太多的缓存，从而实现数据的实时传输和播放。流媒体在保证质量的同时，文件较小，适于网络传输。

2. 流媒体课件

流媒体课件是指采用流媒体技术,结合网页制作功能合成的,音频、视频与讲稿同步网络传送的网络课件。从技术实现上讲,流媒体网络课件较全面地运用多媒体技术,并充分发挥了流媒体技术的优势及特点,课件采用通用的 IE 浏览器即可观看,人机交互界面设计一般比较友好,课件页面的各个区域之间能够较好地协调控制,以实现教学所要求的功能。从教学模式上讲,流媒体网络课件主要采用传授式教学模式,但它兼备 CAI 课件教学的特点及优势,既可以完成同步授课,又可以实现异步授课。

二、流媒体课件的主要特点

1. 观看及时

学生点播流媒体课件时能够及时观看,而且音、视频流畅,不需要将课件的全部数据下载完成才能观看,等待时间大大缩短。

2. 数据量小

普通的视频、音频以及包含图像的 PPT 数据都比较大,而包含视频、音频和 PPT 的流媒体课件小于原始文件,且观看播放不需将全部流文件下载到硬盘,可节省大量磁盘空间。

3. 多媒体同步

通过创建 SMIL 文件,可使讲课视频、教学 PPT 等不同媒体同步播放。使用流媒体课件进行学习时可以根据索引目录,随时定位视频和 PPT 的位置,而且保证二者内容的同步。另外,流媒体课件通过"可靠流"编码技术,能自适应用户的连接带宽;采用 RTSP 等协议,更适合 A/V、3D 等多媒体文件在网上实时传输;数据编码技术可达到的最大数据压缩率较高,在保证质量情况下,文件较小,适合网络传输。

三、利用屏幕录像软件 Camtasia Studio 录制简单的流媒体视频课件

(一) Camtasia Studio 简介

Camtasia Studio 是大名鼎鼎的 Tech Smith 公司的作品,一个专门用于抓取屏幕视频的软件。该公司专门研究开发了属于自己的一套压缩编码算法,叫作"TSCC"(TechSmith Screen Capture Codec),用于对动态影像的编码。

Camtasia Studio 提供从屏幕录制、视频编辑到视频输出整套工具。输出格式包括 Flash、AVI、MOV、RM、GIF 动画等多种常见格式,是制作视频演示的绝佳工具。

Camtasia Studio 包括下列组件:

Camtasia 录像器:从电脑屏幕上录制 AVI 视频,并可在视频中添加标题、水印、系统标记等。

Camtasia 增效器:把录制的 AVI 文件进行编辑,在视频帧中添加注释、标题等。

Camtasia 电影制作器:把视频文件或图像文件合并成电影输出,可插入音频,裁剪视频,添加转换效果等,并可输出为 exe 文件。

Camtasia 菜单制作器:可以制作 autorun 光盘。

Camtasia 播放器:内置的播放器,可播放 Camtasia 电影制作器制作的 AVI 电影。

使用这一系列工具,我们可以完成整个视频教学的制作。

(二) 利用 Camtasia Studio 录制流媒体教学视频课件

打开 Camtasia Studio,如图 5-23 所示,有录制屏幕、录制配音、录制 PowerPoint 和导入媒体四个选项。

图 5-23　Camtasia Studio 界面

录制屏幕:用于录制操作性的课程的讲解过程,如讲解某个教学软件的使用过程等。

录制配音:可以根据图像录制声音。

录制 PowerPoint:把用 PPT 课件的讲课过程进行录制。

导入媒体:导入各种媒体素材,如图片、视频、声音以及录制好的片段进行教学视频编辑。

1. 通过录制屏幕制作教学视频

点击"录制屏幕",即可打开录制视频的组件窗口(如图5-24所示)。

图5-24 录制视频的组件窗口

点击"Tools→Options",打开设置窗口,选择"Hotkeys"标签,然后将"Record/Pause hotkey"(录制/暂停热键)和"Stop hotkey"(停止热键)设置为常用的组合键(默认为F9和F10),这样在制作影片时只要按下相应的热键就可以进行录制、停止等操作。

如果还想在录制视频时顺便录制音频和鼠标轨迹,请分别选择菜单"Effects→Record Audio"和"Effects→Cursor→Show Cursor"进行相应的设置。

经过上面的设置之后,只要按下"F9"即可开始录制。如果前面设置了录制声音选项,你就可以通过话筒一边操作一边讲解。需要暂停当前的录制时,只要再次按下"F9"即可。录制结束时别忘了按下"F10",免得最后录制的视频中包含了很多不需要录制的内容。

这些录制的视频文件会自动保存到先前我们设置的文件夹中,并以".camrec"文件形式保存起来,可以直接双击文件打开进行观看,也可以通过后期编辑输出流媒体格式的视频。

2. 录制PowerPoint课件

步骤一:点击"文件→录制PowerPoint",通过"打开演示文稿录制"对话框选择记录的PPT课件。

步骤二:单击PowerPoint菜单栏"加载项"调出PowerPoint加载项工具栏,其中一项为我们前面添加的Camtasia Studio工具栏,启动演示文稿并开始录制。

步骤三:单击"录制"按钮,启动将要录制的演示文稿。

步骤四:点击"单击开始录制"按钮进行录制。录制的过程和前面的"录制屏幕"相似,这里不再重复。

步骤五:最后按"ESC"键(或Ctrl+Shift+F10组合键)停止录制幻灯片,就会弹出录制好的视频课件的预览窗口。如图5-25所示。

步骤六:输入一个文件名和位置,保存为Camtasia Studio录音文件

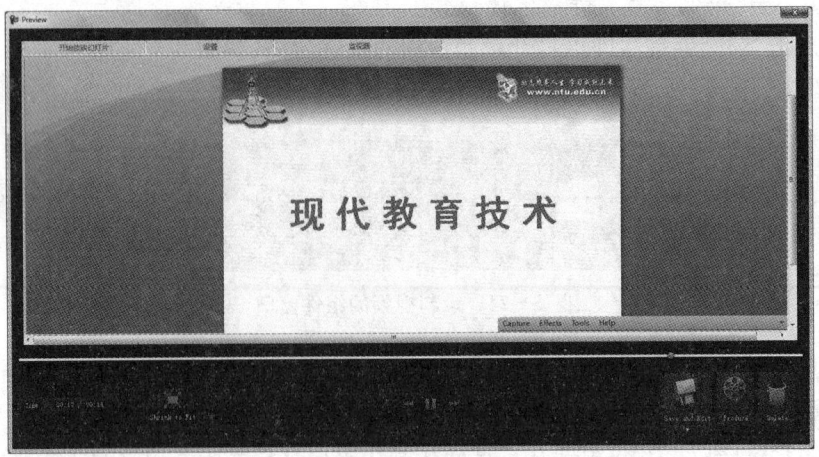

图 5-25 预览窗口

(.camrec),然后点击保存。此时会弹出一个"用于 PowerPoint 的 Camtasia Studio"活动窗口。选择其中一项返回到 Camtasia Studio 的主界面,对录制的视频文件进行编辑或生成。

3. 后期处理

录制后的影片可以直接进行播放、演示,但是在录制过程中可能会有一些问题,此时就可以通过 Camtasia Studio 来进行处理了。

在 Camtasia Recorder 录制结束时,系统会自动将录制的影片导入到 Camtasia Studio 中去,我们也可以通过单击 Camtasia Studio 主窗口中的"文件→导入媒体"将需要处理的影片导入程序中(如图 5-26 所示)。

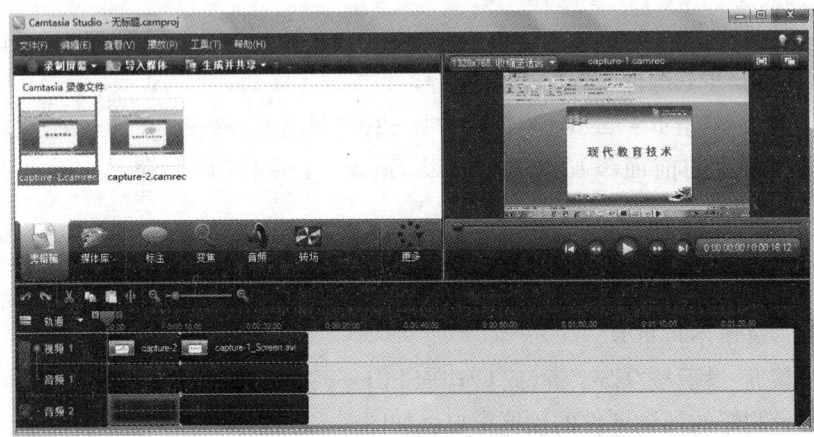

图 5-26 Camtasia Studio 后期编辑界面

在上面的列表中右击需要处理的影片,选择弹出右键菜单中的"添加到时间轴"或者直接拖拽将它添加到下面的时间轴上,添加成功后我们就可以对它进行必要的"整容手术"了,如添加标记、剪除多余部分等。

在录制过程中,如果音频录制效果不好,我们还可以通过 Camtasia Studio 重新录制音频。点击"编辑→旁白",系统将会调出"旁白"选项,设置音频录制设备、音频音量等,最后单击"开始录制"按钮即可开始录制了。

录制时,程序内置的视频预览器将会实时播放视频,录制完毕后将录制的音频保存起来,再点击"完成"结束录制工作。

最后,点击"生成并共享",将影片导出来(如图 5-27 所示),具体生成哪种流媒体视频格式,根据个人需要决定。

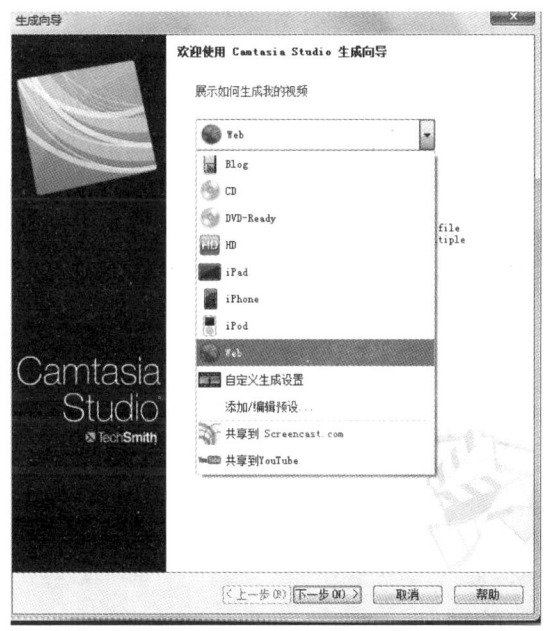

图 5-27　生成向导

参考文献

[1] 赵呈领等编著. 多媒体教学资源设计与开发[M]. 清华大学出版社,2015.
[2] 隋春荣,宋清阁. 多媒体课件设计与制作(第 2 版)[M]. 人民邮电出版社,2016.
[3] 刘名卓. 网络课程可用性设计与开发[M]. 华东师范大学出版社,2014.
[4] 张希文等编著. 多媒体课件制作案例教程(基于 PowerPoint 2013)[M]. 清华大学出版社,2016.
[5] 冯立国. 网络课程的建设与教学运行[M]. 中央广播电视大学出版社,2014.

第三编　促进学习的技术

几款好用的学习工具推荐

第六章　网络信息资源检索

网络信息资源丰富且检索方便,随着互联网上的信息越来越多,学会准确地检索所需要的信息对工作和生活都有着巨大的帮助,这也使得搜索引擎成为互联网上最基础的应用和最强大的工具。搜索引擎因为能满足人们的需求而被称为虚拟上帝,是一个用来查询搜索世界各地 Internet 资源的 Web 服务器,它就像一本书的目录,Internet 上各个站点的网址就是这本书的页码,可以通过关键字或主题分类的方法查找感兴趣的信息所在的 Web 页面,是网上动态检索的工具,能够帮助用户迅速而全面地找到所需的信息。

第一节　网络信息资源概述

一、信息资源的概念

信息资源是人类存储于载体(包括人脑)上的已知或未知的可利用的信息。信息中的载体信息和主体信息是信息资源的最基本的组成部分。按照信息资源的开发程度来区分,可分为潜在信息资源与现实信息资源两大类。现实信息资源又可分为口语信息资源、体语信息资源、实物信息资源、文献信息资源、网络信息资源和多媒体信息资源。

二、信息资源的特点

随着互联网发展进程的加快,信息资源网络化成为一大潮流,与传统的信息资源相比,网络信息资源在数量、结构、分布和传播的范围、载体形态、内涵传递手段等方面都显示出新的特点。这些新的特点赋予了网络信息资源新的内涵。作为知识经济时代的产物,网络信息资源也称虚拟信息资源,它是以数字化形式记录的,以多媒体形式表达的,存储在网络计算机磁介质、光介质及各类通信介质上的,通过计算机网络通信方式进行传递信息内容的集合。网络信息资源具有以下特点:

(1) 客观性:信息不是能源,也不是物质,无论是否认识到,信息总是存在着。

(2) 寄载性:信息必须借助于一定的符号存储于一定的载体中(包括人脑)才能被表现,没有载体,就没有信息。信息与载体,两者不能割裂开。

(3) 传递性:信息可以通过一定的载体在空间、时间上传递,从近到远、从古到今都能传递。

(4) 动态性:信息是对事物存在方式及运动方式的反映,随着事物的变化,信息也将变化。这里的动态性也指信息的时效性。

(5) 相对性:人们的认识能力与认识条件不同,信息接受者(信宿)获得信息与信息量的多寡也不同,从这个意义上说,信息的价值具有相对性。

(6) 增长性:信息资源的使用,不但不会使信息资源减少,在利用中,还会产生更多的信息。

(7) 共享性:信息资源可以共享,共享信息资源的双方或多方均不会损失信息内容,相反还会产生新的信息。

三、信息资源的类型

按信息资源的存在状态可将其分为潜在的信息资源和现实的信息资源两大类。其中现实的信息资源依据其载体可分为体载信息资源、文献信息资源、实物信息资源和网络信息资源。

(一)体载信息资源

体载信息资源指以人体为载体并能为他人识别的信息资源,按其表达方式又可分为口语信息资源和体语信息资源。口语信息资源是人类以口头语言表达出来但未被记录下来的信息资源,如谈话、授课、讲演、讨论等;体语信息资源是以人的体态表达出来的信息资源,如表情、手势、姿态、舞蹈等。

(二)文献信息资源

文献信息资源是以文献为载体的信息资源。按信息资源出版类型可以划分为:科技图书;科技期刊;科技报告;会议文献;专利文献;学位论文;标准文献;政府出版物;产品样本;技术档案。

此外，文献信息资源按加工层次又可以划分为：

（1）一次信息资源。一次信息的载体形式称为一次信息资源，也称原始文献。它是以作者本人的科研工作成果为依据而创作的原始文献，如期刊论文、科技报告、会议论文、专利文献、学位论文等。它具有新颖性、创造性和系统性等特征，参考和使用的价值较高。个人专著也是一次信息资源（而主编的书不是一次文献而是二次或三次文献）。

（2）二次信息资源。浓缩二次信息的载体形式称为二次信息资源，是查找一次信息资源的工具。它是将分散的、无序的一次信息资源进行加工整理，使之成为系统有序的信息资源。二次信息资源具有浓缩性、汇集性、有序性等特点，其作用不仅在于报道信息的内容，更重要的是可以提供原一次信息资源的线索。例如：书目（marc 数据）、题录、文摘、索引等。

（3）三次信息资源。三次信息的载体形式称为三次信息资源，它是指对一次信息资源进行综合分析、研究和评述而编写出来的成果。如手册、百科全书、年鉴及其他综述和评论性文章等。三次信息资源源于一次信息资源，又高于一次信息，是一种再创性文献。它可分为两大类：一类是综述、述评等，如各种综述、动态、进展报告等；另一类是参考性工具书，如百科全书、年鉴、手册、词典、文献指南等。

（4）零次信息资源。零次信息的载体形式称为零次信息资源。它是指未经正式出版发行的最原始的记录，如书信、手稿、笔记、实验记录等。其主要特点是内容新颖，具有原始性，但不成熟，分散，难于检索。如书信、手稿、笔记、记录等。也有人认为它是科技人员口头交谈及直接作用于人的感觉器官的非文献知识，如操作技能、诊疗经验等。也可以说，零次文献是以文献所有者本身为载体的未公布于世的科技知识。

以上四级信息资源的关系是，零次信息资源是一次信息资源的素材；一次信息资源是二次和三次信息资源的来源和基础；二次和三次信息资源是对一次信息资源进行组织、加工、综合后形成的，它们编写的目的明确，专指性强。

（三）实物信息资源

实物信息资源是指以实物为载体的信息资源。如模型、样品、雕塑等实物。

（四）网络信息资源

网络信息资源是指从计算机、通信技术、多媒体技术相互融合而形成的网络上可查找到的资源。网上可利用的信息资源是多种多样的，从网络信息管理和利用的角度出发，人们对已存在于网络中的信息资源进行了类型化和系统化研究，不同的角度有不同的分类形式，一般有以下几种：

(1) 按信息表现形式,分为电子出版物和非电子出版物信息资源。

(2) 按信息的媒体形式,分为文本信息资源、超文本信息资源、多媒体信息资源和超媒体信息资源。

(3) 按网络信息资源加工层次,可以分为网络资源指南和搜索引擎、联机馆藏目录、数据库信息资源、电子出版物、网上参考工具和其他动态信息。

(4) 按照用户采用的不同的网络协议来划分,可以分为基于超文本传输协议(HTTP)的信息资源、基于文件传输协议(FTP)的信息资源、基于远程登录(TELNET)的信息资源、新闻组(Usenet/Newsgroups)资源和电子邮件(E-mail)信息资源。

此外,随着Web 2.0的发展,信息资源也遍及整个Web 2.0,如博客、百科、维基、播客等。

(5) 根据信息的提供者不同,可以将网络信息分为个人提供的信息、组织(政府、公司等)提供的信息两大类;且根据访问信息的权限不同,可以将网络信息分为开放信息与保密信息两大类。网上大部分信息是开放的,可以自由地访问,但有些信息设定了权限,仅供有权限者访问。

(6) 根据信息涉及的领域不同,可以将网络信息分为以下五类:

一是教育类信息。主要有大、中、小学校设立的网站及其相关信息,其内容相当广泛,包括学校总体情况介绍,各院、系、专业介绍,学位、奖学金的设立,入学申请表,校历,以及学校周边环境、生活设施、公共交通的介绍。还有各学科专业的教学计划、课程表及教师的有关情况(教师的个人简历、学术成果、科研状况、近期研究课题等)。网络教学现在已成为一种新的教学模式,清华的网络学堂,可以使成千上万的好学者步入清华殿堂,实现梦寐以求的愿望;中央电大的继续教育网站等,都打破了以往课堂教学的局限性,突破了时空的限制。而且网络的信息除了文本信息之外,还包括图形、图像、声音、动画等多媒体信息,使教学内容更加生动。

二是文化类信息。主要包括目前各类团体创办的网上各类电子刊物。

三是科研类信息。主要指专门的学术机构(如学会、协会、研究所等)所设立的网站及相关信息。包括机构的目标、宗旨、成员、主要出版物、最新学术活动等。

四是娱乐消闲类信息。娱乐消闲被人称之为网上最成功的领域之一,一些网站提供了旅游信息,包括各旅游城市的风景名胜、特产、民风民俗、宾馆、饭店、交通等信息一应俱全。随着网上书店、网上订货等网站的增加,网上购物也已成为一种时尚。

五是政策类信息。主要有政府及相关部门的网站提供的信息,其中包括有关组织机构的宗旨、业务范围、成员、出版物、最新消息发布;还有各类法律、法规

及相关政策信息。这类信息可以说是最具价值的一部分信息,由于出自官方,具有权威性、可靠性等特点,而且很多信息都是免费的。

四、信息资源检索的意义

21世纪是经济信息化、社会信息化的时代。终身教育、开放教育、能力导向学习成为教育理念的重要内涵。为满足知识创新和终身学习的需求,培养适应21世纪现代化建设需要的新型人才,发达国家和地区纷纷将信息素养或信息能力教育作为21世纪人才能力培养的重要内容。目前,美国从小学、中学到大学都已全面将信息素养纳入正式的课程设置中,信息素养作为一个根本性的、重要的教育议题,是未来信息社会衡量国民素质和生产力的重要指标。我国在1999年国务院召开的第三次全国教育工作会议上,做出了"深化教育改革全面推进素质教育的决定"。在素质教育中,信息素质是一种综合的、在未来社会具有重要独特作用的基本素质,是当代大学生素质结构中的基本内容之一。

信息素质既是一种能力素质,又是一种基础素质。它有其自身的内容结构,包括信息意识、信息能力和信息道德。信息意识是指人对各种信息的自觉反应。信息能力包括信息技术应用能力,信息查询与获取能力,信息组织加工和分析能力。信息道德是指整个信息活动中的道德,是调节信息生产者、信息加工者、信息传递者及信息使用者之间相互关系的行为规范的总和。通过信息检索知识的系统学习,学生对自身的信息需求将具有良好的自我意识素质,能意识到自身潜在的信息需求,并将其转化为显在的信息需求,进而能充分、正确地表达出来,对特定信息具有敏感的心理反应;而且具有对信息的查询、获取、分析和应用能力,对信息进行去伪存真、去粗取精,提炼、吸取符合自身需要的信息。

在人类漫长的发展历程中,物质、能源和信息三种资源支配着人类最基本的生产活动。在不同的历史时期,这三种资源有着不同的地位和作用。信息技术的推动,促使人类经济模式转换,人类从工业经济时代进入信息经济时代,信息成为社会生产所需要的中心资源。正如美国未来学家奈斯比特所言:"在我们的新社会里,战略资源已是信息。它不是唯一的资源,但确是最重要的资源。"因为物质资源提供的是各种各样的材料,能源提供的是形形色色的动力,而信息资源提供的是知识和智慧。人们越来越清楚地认识到,知识就是力量,信息就是财富,信息资源在社会生产和人类生活中将发挥日益重要的作用。邓小平曾指出:"开发信息资源,服务四化建设。"江泽民同志一再强调:"四个现代化哪一个也离不开信息化。"人们通过开发信息资源促进了科学技术的进步和社会的发展。信息的占有和使用已成为国家兴衰和个人成败的关键。谁优先掌握了有价值的信息,谁就能在激烈的竞争中立于不败之地。

第二节 网络资源检索的基本工具

因特网通过标准通信方式(TCP/IP 协议)将世界各地的计算机网络连接起来。在因特网上,信息存放在世界各地的计算机上,任何网络包括校园网、企业网、国家网,只要通过一个节点介入因特网,就有可能成为因特网的一部分,网上用户就可以通过计算机和因特网共享信息资源或者交换信息。开放的信息资源和信息检索工具有超文本链接和使用的简便性等特点,使网络资源成为知识经济的重要组成部分。

一、网络资源检索工具的特点

1. 开放性

网络资源检索工具的开放性表现在提供大量免费的信息资源和检索工具,允许用户随时查询,并提供大量信息交换场所,如获得公用共享软件,查询相关的事实和数据信息;还可随时查阅图书馆目录和文献资料,使用远距离的信息资源。因特网还提供注册信息(即有偿信息资源),因特网上信息查询站点众多,用户可根据自己的需要上网查询信息,国际上著名的联机检索服务受到冲击,纷纷再在因特网上设立信息检索网站,而这些数据库的使用通常需要支付费用。因特网上存在许多交流式信息,如新闻论坛,使用户足不出户即可参与各种主题讨论。

因特网向商业用户开放后,网上的信息更为丰富,在国际商业活动中,在开放的因特网中,用户能获得最新的商业信息,了解商业机会和发展趋势。TCP/IP 是一个协议集,它具有以下几个特点:它是开放的协议标准,可以免费使用,并独立于特定的计算机硬件和操作系统;可以运行在局域网和广域网中,更适用于网络互连;有统一的网络地址分配方案,使网络中的每台主机都有唯一的地址。

此外,因特网的高度开放性也带来一些问题,如隐私权、非法信息的扩散等。

2. 链接性

网络资源的链接性主要体现在环球网(World Wide Web,WWW)上,WWW 是因特网上最受欢迎、最普及、最新的信息检索服务系统,它把网上现有的资源全部链接起来,使用户能够查找已经建立了 WWW 服务器的站点(Site)

的超文本或超媒体信息资源。

设计 WWW 的目的之一是为了能够很容易地检索到因特网上的文档,而不管这些文档在什么地方。当超文本作为 WWW 文档的标准格式后,人们制定了能够很快查找这些超文本文档的协议,即超文本传输协议(HyperText Transfer Protocol,HTTP)。

3. 简便性

由于不受时间和空间的限制,世界各地的用户可以实时、全天候地检索并获取各种形式的信息。因特网以交互方式,提供丰富、方便、界面友好的信息检索工具,通过这些工具的使用,用户可以获取所需的信息资源。

二、网络资源检索工具

因特网提供的信息检索工具有:E-mail、WAIS、BBS、Gopher、Telnet、FIPARchie 等,其中,WWW 界面极为方便,每个人都可以通过浏览器浏览和检索信息。

此外,因特网还提供各种类型、功能强大的搜索引擎,极大地方便了网络信息的检索。

因特网发展迅速,新技术、新工具层出不穷,一些传统的工具至今仍在使用,一些则被新的工具所代替。

主要的工具有:远程登录、文件传输服务、电子邮件、电子公告牌、Archie、广域消息服务、Gopher、WWW、代理服务器和 NAT。

第三节 搜索引擎

搜索引擎(Search Engine)被称之为"网络之门"。搜索引擎作为因特网的导航工具,通过采集、标引众多的因特网资源来提供全局性网络资源控制与检索机制,目标是将因特网所有的信息资源进行整合,方便用户查找所需要的信息。搜索引擎本身也是一个 WWW 网站,与普通网站不同的是:搜索引擎网站的主要资源是描述互联资源的索引数据库和分类目录,为人们提供一种搜索因特网信息资源的途径。搜索引擎的索引数据库,以网页资源为主,有的还包括电子邮件地址、新闻论坛文章、FTP、Gopher 等因特网资源。

一、搜索引擎的类型

按资源的搜集、索引方法及检索特点与用途来分,搜索引擎可分为分类目录型、全文索引型和文摘型;按检索方式分,搜索引擎可分为单独型和汇集型;按覆盖范围分,搜索引擎可分为通用搜索引擎、专业搜索引擎;按功能分,搜索引擎可分为常规搜索引擎和多元搜索引擎、独立搜索引擎和集成搜索引擎。

(一) 分类目录型

该类型提供一份按类别编排因特网站点的目录,各类下面,排列这一类网站的站名和网址链接,就像一本电话号码簿,有的还提供各个网站的内容提要。分类目录搜索引擎的特点是由系统先将网络资源信息系统地归类,用户可以清晰方便地查找到某一类信息;用户只要查询该搜索引擎的分类体系,层层深入即可,与传统的信息分类查找方式十分形似。因此,分类目录搜索引擎又被称为目录服务。

不足之处在于搜索范围比以全文为主的搜索引擎的范围要小得多,加之这类搜索引擎没有统一的分类体系,用户对类目的判断和选择直接影响到检索效果;同类目之间的交叉,又导致许多内容的重复;类目太细,用户无所适从;目录库也相对较小,更新较慢,影响使用。

目录型检索工具举例:Yahoo!

创建于1994年的Yahoo!(也称"雅虎",http://www.yahoo.com/),是最早、最有代表性的目录型检索工具。目前,雅虎已经开发出多种语言版本以提供区域性的服务。雅虎的中文站点(http://www.yahoo.com.cn)于1998年5月推出。雅虎将网络资源按内容分为10多个大类:艺术与人文、商业与经济、电脑与因特网、教育、娱乐、健康与医药、政府与政治、休闲与生活、参考资料、区域、科学、社会科学、社会与文化、新闻与媒体等。每个大类下又逐级链接多个小类,最后与相应的Web页相连。雅虎除了提供目录方式链接浏览检索外,还提供关键字检索,并具备高级检索功能。

使用雅虎搜索信息主要有按分类目录搜索和按关键字串搜索两种方法。

(1) 按分类目录搜索:用户首先找到感兴趣的主题,单击该主题,会得到下一级相关的较详细的主题和网站,从中点击可能是所需的下下级主题或网站,不断重复进行下去,便可一步一步寻到所需的信息。即由相关主题寻到相关网站,由相关网站寻到相关网页,由相关网页寻到相关信息。在每个主题的右侧有特殊的标记,帮助用户识别,这些特殊的标记含义如下:New表示该项内容是最近一周内新增加的,如果它出现在相关的主题之后,表明该内容在三天内被修改过;@表示该主题在雅虎分类目录结构中多次出现,单击该主题,用户可以进入

目录结构的主要位置；(num)括号中的数字表示该主题下级主题的数量,不包括任何链接目录；＄表示该站点在其相关主题领域中是比较好的站点,用户应首先浏览。

（2）按关键字串搜索：如果你已确切知道自己需要查询的内容,可以使用关键字串进行搜索。方法是：在雅虎页面的文本框中,输入你要查找的一个或多个字词,点击［Search］,将获得包含以下信息的搜索结果：满足查询条件的雅虎分类目录(Categories)；满足查询条件的相关站点(Web Sites)；更广泛的含有查询信息的 Web 页面索引(Web Pages)；新闻文章清单(News Stories)；网络事件清单(Net Events)。

用户可以分别选择"相关类目"、"相关网站"、"相关网页"和"相关新闻"来浏览某一类页面。中文雅虎根据分类目录及网站信息与关键字词的相关程度来排列搜索结果。影响相关程度的因素是：① 与关键字串中的字串相符的多寡,相同越多,相关程度越高。② 与关键字串相符的字串位置、网站名称、新闻标题的相关程度高于网址或新闻内容。③ 最近更新的新闻优先列出。

通常,简单按照关键字串进行查询会得到几百上万个网站,以至于想从中找到真正严格符合查询者要求的网站变得十分困难。这时可用雅虎的查询语法来缩小查询范围。雅虎的查询语法主要有：① 利用双引号,来查询完全符合关键字串的网站。例如：键入"中文输入",会找出包含"中文输入"的网站、但是会忽略如"中文形声输入"的网站。② 指定关键字出现的段落：在关键字前加"t",搜寻引擎仅查询网站名称；在关键字前加"u",搜寻引擎仅会查询网址；利用"＋"来限定关键字串一定要出现在结果中；利用"－"来限定关键字串一定不要出现在结果中。

（二）全文检索型

搜索引擎处理的对象是因特网上所有网站中的每个网页,用户得到的检索结果是一个个网页的地址和相关的文字,或许没有用户在查询框中输入的词组,但在检索结果所指名的网页中,一定有用户输入的词组或相关的内容。

全文检索型搜索引擎通过使用大型的信息数据库来搜集和组织因特网资源,大多都具有收集记录、索引记录、搜索索引和提交搜索结果等功能。用户用所选的"关键词"进行搜索,文本数据库即匹配或关联用户给定的请求,返回给用户一个与这些文本相连的列表清单。查询结果包括页面标题及其网址,还可能出现其他内容如简短总结、大纲或文摘页面首段的一部分或全部,表明页面与待查询项目相关联的数字、百分率、日期、文本大小,与检索词具有类似性的主体链接等。

该类型与以分类目录为主的搜索引擎中的网站查询十分相似,但却有本质的区别。有些全文检索型搜索引擎也提供分类目录,但提供的是网页的分类目录而不是网站的分类目录,因此这类搜索引擎通常被称为索引服务。

全文检索型搜索引擎的特点是信息量很大,索引数据库规模大,更新较快,因特网上新的或更新的页面常在短时间内被检索到,而过期的链接会及时被移去。如何衡量一个数据库的大小可以参考以下几个指标:是否可检索全文;文档是否包含URL、名字、标题或摘要;文档中是否可检索到URL和名字;文档中是否有描述性的文字。

该搜索引擎的不足之处在于检索结果反馈的信息往往较多、泛滥,用户很难从中筛选出自己真正感兴趣的内容,要得到理想的检索结果,还要借助必要的语法规则和限制符号,但这又是大多数用户所不熟悉的。即使是对同一个关键词的检索,不同的全文检索型搜索引擎反馈的结果相差也很大,用户经常遇到检索结果缺乏准确性、包含的可用信息少及评述与文摘使用价值不高等问题。

(三) 多元集成型

建立在多个搜索引擎基础之上的多元集成型搜索引擎,在一定程度上满足用户更多、更快地获得网络信息的要求。

这类搜索引擎可将用户的请求迅速发送给其他独立的搜索引擎,并将反馈的结果进行处理后提供给用户,或者让用户选择其中的某几个搜索引擎进行工作。

多元集成型搜索引擎有串行处理和并行处理两种方式。串行处理是将检索要求先发给某一个搜索引擎,然后将检索结果处理后,传递给下一个搜索引擎,依次进行下去,最终将结果反馈给用户,这种处理准确性高但速度慢。并行处理是将检索请求同时发给所有要调用的搜索引擎,这种处理速度快,但重复内容较多。

(四) 图像搜索型

面向因特网上嵌入式图像或被链接的图形通常要实现以下功能:允许用关键词搜索图像内容、日期及制作人;能通过颜色、形状和其他形式上的属性进行搜索;把图像作为搜索结果的一部分显示。

图像搜索引擎通过显示一张缩略图、图像的URL、存放图像站点的URL及有关图像的某些信息的方式显示搜索结果,用户可据信息确定该图像是否适合搜索要求、查出源站点,并弄清图像存放的地点。

(五) 智能搜索引擎

智能搜索引擎是结合了人工智能技术的新一代搜索引擎,它使因特网信息检索从基于关键词提高到基于知识或概念,并对知识有一定的理解和处理能力,能够实现分词技术、同义词技术、概念搜索、短语识别及机器翻译技术等。

智能搜索在研究机器翻译(MT)的领域中,使用户可以用母语搜索非母语的网页,并以母语浏览搜索结果。

因特网是一个巨大的信息库,知识库是实现智能搜索的基础和核心,信息库是知识库存在和发展的空间。智能搜索引擎必须把信息库和知识库结合起来,需要做到以下三点:语义分析,分析用户语言的具体含义;知识管理,实现知识库的自增长,即做到对信息库的分析和概括及对知识库的扩充;知识检索,是实现智能检索的最后一环,对信息库进行知识(概念)层次的检索,给出准确的答案,同时给用户相关问题,从多方位对用户的问题给予回答。

1. 数据挖掘

数据挖掘(Data mining),又译为资料探勘、数据采矿。它是数据库知识发现(Knowledge-Discovery in Databases,简称 KDD)中的一个步骤。数据挖掘一般是指从大量的数据中通过算法搜索隐藏于其中信息的过程。数据挖掘通常与计算机科学有关,并通过统计、在线分析处理、情报检索、机器学习、专家系统(依靠过去的经验法则)和模式识别等诸多方法来实现上述目标。

数据挖掘是通过分析每个数据,从大量数据中寻找其规律的技术,主要有数据准备、规律寻找和规律表示三个步骤。数据准备是从相关的数据源中选取所需的数据并整合成用于数据挖掘的数据集;规律寻找是用某种方法将数据集所含的规律找出来;规律表示是尽可能以用户可理解的方式(如可视化)将找出的规律表示出来。

数据挖掘的任务有关联分析、聚类分析、分类分析、异常分析、特异群组分析和演变分析,等等。

需要说明的是,并非所有的信息发现任务都被视为数据挖掘。例如,使用数据库管理系统查找个别的记录,或通过因特网的搜索引擎查找特定的 Web 页面,则是信息检索(information retrieval)领域的任务。虽然这些任务是重要的,可能涉及使用复杂的算法和数据结构,但是它们主要依赖传统的计算机科学技术和数据的明显特征来创建索引结构,从而有效地组织和检索信息。尽管如此,数据挖掘技术也已用来增强信息检索系统的能力。

2. 知识发现

知识发现是从数据中发现有用的知识的整个过程,使多个步骤相互连接、反复进行人机交互的过程。知识发现一般分为以下几个过程:学习某个应用领域;建立一个目标数据集;数据处理和预处理;数据换算和投影;选定数据挖掘的功能和算法;搜索一个特定的感兴趣的模式或数据集;解释某个发现的结果;发现知识并把这些知识结合到运行系统中。

高层次的知识发现被称之为 WWW 中的知识发现(KDW),智能搜索引擎的发展就是要做面向WWW的知识发现,将机器学习与经典的信息检索技术及推送技术相结合,改进推理机制,将知识库、方法库、模型库等集成,形成多库协同系统;将主题检索、概念检索和相关检索等智能检索方式加以融合。在最短的时间内为用户提供最有用的信息,是知识发现主要的目标。

3. 智能代理

广义地说,智能代理包括人类、物理世界中的移动机器人和信息世界中的软件机器人。狭义专指信息世界中的软件机器人。它代表用户或其他程序,以主动服务的方式完成一组操作的机动计算实体。主动服务,主动适应,主动代理。

智能代理从最终用户角度看,它是一种程序,代表用户,是用户实现其意图的软件助手;从系统角度看,它是一个软件对象,具有代理性、主动性、自主性、智能性、交互性、机动性等特征。

但也要看到,智能代理在网络上游弋是对网络安全性、个人隐私性和管理方面的巨大挑战。

二、搜索引擎的特点

搜索引擎在其发展过程中,形成了自己有别于其他检索工具的特点:

1. 使用方便

搜索引擎都以易用性作为自己建设的目标,针对不同群体用户的知识结构尽力提供相关的功能。

信息量大。不论在人文社会科学还是在自然科学方面;不论是学术研究型的信息,还是生活服务及娱乐性的信息;不论是系统性的知识,还是零散的知识,都被包含在其搜索范围内。

2. 检索方法多样

搜索引擎既支持分类检索,又支持主体检索;既提供一般用户要求的简单检索,又提供满足专业用户要求的高级检索。

简单检索就是在关键词输入框中输入一个或几个关键词,然后提交给搜索引擎。

高级检索是搜索引擎在提供布尔逻辑检索的基础上,还提供截词检索、字符检索、字段检索、位置检索、自然语言检索、概念检索等,有的还能从字段、范围、时间、语言、信息类型、网站等方面进行必要的限定。搜索引擎还提供一些新的方法来对用户的检索要求进行逻辑条件限制和特殊操作符限制,力争提高检索结果的正确性。

3. 检索结果形式多样

根据用户的不同需要,让用户选择不同的显示格式、详简程度和结果排序标

准,如按相关度、URL、域名、字母等排序,也可以合并返回结果,删除重复的链接。有的还按搜索结果和用户输入的关键词的关联程度来排列,关键词出现越多的结果排得越靠前,在相关度排序的同时,越知名的站点排得越靠前。

三、著名搜索引擎的使用

因特网上的搜索引擎很多,用户使用时要根据自己的要求选择合适的搜索引擎,先用搜索引擎分类目录,浏览一下自己关心的主题,然后再使用"关键词检索"中的简单检索,如果检索的结果太多,再使用高级检索功能。

选择搜索引擎:首先考虑收录范围,搜索引擎包含资源最多的是 WWW 资源,有的搜索引擎只收集 WWW 资源,而有的同时还收集 BBS、FTP、Gopher、Newgroup 等资源。其次,考虑搜索引擎使用数据库的容量,不同的搜索引擎,其数据库的容量相差很大,有的已达 2.5 亿个网页,有的还不到百万个网页。三是用户界面,许多搜索引擎尽力保护用户界面的友好,避免花哨和过多的广告。四是响应速度,通常情况下是由网络的传输速度所决定的。五是更新周期,好的搜索引擎除内容丰富、查找迅速外,还对数据库内容进行审核、更新,技术删除死链接、坏链接。六是准确与全面性,用户希望搜索引擎反馈的内容准确和全面,但实际上这是一个矛盾,不宜苛求。

Yahoo,以网站为主要搜索目标,共收录了 50 万条网站信息,将其分布在 2.5 万个主题(类目)之中,用户通过分类目录去浏览相关主题,也可通过关键词来检索。

雅虎分类目录编排分 14 个大类,一级类目中英文是相同的,二级类目略有不同,以超文本指南的方式将主题词链接起来。

雅虎关键词的检索只支持 AND、OR 逻辑检索和一些特殊符号如:+、-、t:、u:、" "、* 等。用于标引网页的主题词是受控词。

Headline 提供每小时头条新闻报道,特别是有关国际时事、商业、娱乐和体育方面的新闻。优点是数据库每日更新,系统反应速度较快,通过分类目录查准率高。缺点是查全率低,相关性排序质量一般,会检索到很多不相关的文章。

著名的搜索引擎有 Yahoo,Google,Sohu(http://dir.sohu.com),网易(http//search.163.com),天网(http//search.sina.com.cn),优游(http//www.goyoyo.com.cn)。

全文搜索引擎代表性的还有:VltaVista,OpenText,Infoseek。

以文摘为主的搜索引擎有:Excite,Lycos,Webcrawler,Magellan.

专业搜索引擎有:CSTR,DejaNews,Internet Movie Database,Medical,Medical World Search 等。

四、搜索引擎的局限

因特网搜索引擎的结构及工作方式的缺陷主要表现在：

其一，没有一个搜索引擎包含的 WWW 页超过了全球总 WWW 页面的 16％，而对因特网资源的覆盖面还明显下降，也受限于数据库更新的速度，可能影响搜索有价值的信息。

其二，搜索引擎自动巡视软件在搜集因特网信息时，通常要将网页内容全部或部分下载到本地，然后才能进行索引处理，下载的页面中有许多无用或暂时的信息，影响索引速度，也浪费系统通信资源。

其三，各种搜索引擎使用的检索符号和对检索式的要求不一样，给用户检索带来了困难。

其四，还主要表现在信息丢失、返回过多无用信息及信息无关等方面。造成现状的原因在于传统搜索引擎对要检索的信息仅采用机械的关键词匹配，缺乏知识处理能力和理解能力，使搜索引擎无法处理用户看来非常普通的常识性知识，更不能处理个性化知识、因地区不同的区域性知识及因领域不同的专业性知识。

此外，在整个检索过程中，由于客户端的计算机知识起着一个终端的作用，强大的运算能力和存储空间无法发挥作用，造成了以下问题：搜索结果很难精确匹配；无法对检索结果进行提炼；无法对不同的搜索引擎的结果进行综合比较与提炼；搜索引擎使用方法不同造成用户理解和使用困难；搜索结果手工下载效率低下；增加用户的网络通信费；搜索结果中的匹配文档不可能快捷地下载。

参考文献

[1] 郭依群,关志英等.网络学术资源应用导览[M].北京:中国水利水电出版社,2006.
[2] 祁延莉,赵丹群编.信息检索概论[M].北京:北京大学出版社,2013.
[3] 李国新.中国文献信息资源与检索利用[M].北京:北京大学出版社,2004.
[4] 赖茂生,徐克敏.科技文献检索[M].北京:北京大学出版社,1998.
[5] 邵献图.西文工具书概论[M].北京大学出版社,1998.
[6] 储荷婷,张茵.图书馆信息学[M].北京:中国人民大学出版社,2007.
[7] 燕今伟,刘霞.信息素质教程[M].武汉:武汉大学出版社,2008.

第七章 协作学习工具

协作学习（Collaborative Learning，简称 CL）是与个别学习、竞争学习不同的学习方式，它是指学习者以小组形式，在共同的目标和一定的激励机制下，为获得最大的个人、小组学习成果而进行协作互助的学习模式。在协作学习中，成员个人学习的成功是以他人成功为基础的，学习者之间的关系是融洽的、相互协作的，在共享信息与资源、共负责任、共担荣辱的基础上，完成共同的学习任务，实现学习目标。与个别学习和竞争学习相比，协作学习能更好地发挥学习者的主动性与创造性，更有利于问题的深化理解和知识的掌握运用，能促进高级认知能力的发展、协作精神的培养和良好人际关系的形成。在网络协作学习中，学习交流工具较多，如 BBS、即时通信工具（QQ、MSN 等）、E-mail 等。相对来说，BBS、QQ 及 MSN 这类工具的灵活性较强，实时与非实时交流都可以实现，并且可以实现一对一、一对多的灵活交流。

第一节 即时通信

一、即时通信概述及其特征

计算机网络的飞速发展，极大地改变了人们的通信方式，网络交流已成为现代社会人际交往的一种时尚、便捷的方式。近年来快速崛起的即时通信（Instant Messaging，IM）软件受到人们的普遍欢迎，其最基本的特征是信息的即时传递和用户的交互性，并可将音视频通信、文件传输及网络聊天等业务融为一体，从而开辟一种新型的沟通途径（图 7-1 为即时通信技术结构图）。目前，微软、AOL、Yahoo 等重要的即时通信提供商都提供通过手机接入互联网即时通信的业务，用户可以通过手机与其他已经安装了相应客户端软件的手机或电脑收发消息。

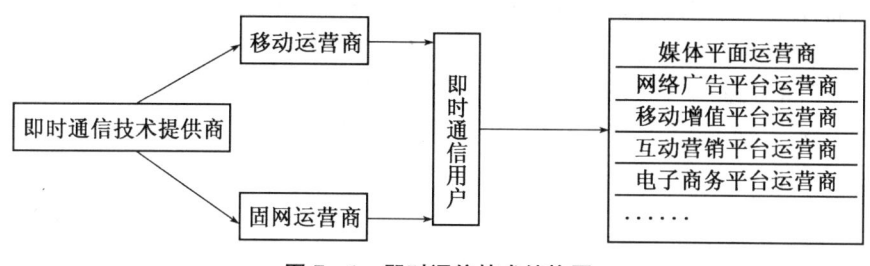

图 7-1 即时通信技术结构图

（一）目前流行的即时通信软件

即时通信软件根据不同的应用平台（如基于互联网平台的 QQ、UC；基于移动通信平台的手机 QQ、移动飞信，微信；基于 PDA 设备的 Pocket QQ、Pocket Skype）和不同的用户人群（如个人版的 LAN-LAN，企业版的腾讯 TM、商务版的阿里旺旺）可以有多种分类。目前流行的即时通信工具有国内的 QQ、微信、校内通、移动飞信和国外的 MSN、ICQ、Yahoo!、Messenger 等。下面重点介绍 MSN、QQ 和微信。

1. 微软 MSN

MSN 是一款由微软公司面向高端商务人士和高学历、高收入人群开发的相对专业、用于工作用途的国际通用的即时通信软件。它不但可以在 PC 机上运行，而且在掌上电脑、智能手机等 PDL 免持设备上也有相应的客户端可供使用。

在实用功能方面，MSN 除了提供基本的时时图文发送、接收功能，用户还可通过 MSN 从 PC 机上与其他联系人进行语音交谈，或者通过电脑给其他联系人拨电话、发送文件、召开多人联机会议。MSN 的白板功能及网络会议等功能也可为企业提供企业内部办公系统。

2. 腾讯 QQ

1999 年 2 月，腾讯推出基于互联网的即时通信工具 QQ。作为纯国产软件，它的所有设计都是根据具体国情来进行的，支持在线消息收发，即时传送语音、视频和文件。此后，它又整合移动通信手段，可通过客户端发送信息给手机用户。

QQ 定位为"聊天"工具，其最大功用就是用户即时通信、共享资源。正是 QQ 这种交互和协作的特性为网络协作学习提供了必要条件和实现机制。老师在满足低层次学生要求的情况下，通过个性化的指导和群组的探讨，解决了部分学生"吃不饱"的问题；学生对问题的解决也不再绝对依赖于老师的解答，而可以通过 QQ 的聊天讨论、资源共享等功能，提出问题、讨论问题、分析解决问题，增

强协作学习能力和探究能力。由于 QQ 良好的开放功能、使用方便、功能全面，使其拥有庞大的用户群，牢牢占据着国内即时通信霸主地位。

3. 微信

微信是快速与人联系的一种手机新型通信工具，微信是腾讯公司于 2011 年初推出的一款快速发送文字和照片、支持多人语音对讲的手机聊天软件。用户可以通过手机、平板、网页快速发送语音、视频、图片和文字。微信提供公众平台、朋友圈、消息推送等功能，用户可以通过摇一摇、搜索号码、附近的人、扫二维码方式添加好友和关注公众平台。微信软件本身完全免费，也因其更为灵活、方便、智能，且节省资费受到大家喜欢。截至 2013 年 1 月，微信用户达 3 亿，而且仍在加速普及中。

(二) 即时通信的三大特征

即时通信在中国互联网市场中已经成为最普及的应用之一，未来的即时通信技术发展和应用创新将受到众多新技术趋势的影响，呈现越来越动态的变化。即时通信和社会化网络、统一通信、在线协同三大技术热点的关系将越来越密切，已经形成重要的融合发展的趋势。

1. 社会化网络

社会化网络的快速发展与即时通信的普及相互影响。即时通信在中国成为社会化网络的重要组成部分。例如：腾讯，在基于即时通信的基础上，构建了活跃用户规模过亿的大型社区。

2. 统一通信

即时通信越来越具备成为统一通信关键元素的特质。统一通信建立统一的客户界面和基础平台的理念在企业广受欢迎，成为电信市场发展的大势所趋。如果希望用户体验良好的统一通信平台，就必须重视提供灵活的即时通信功能。

3. 在线协同

在线协同也将吸收更多的即时通信发展的理念，呈现动态的变化。今天的在线协同更加重视来自于每一个用户的参与程度。如何让员工和客户通过合适的在线协同工具表达自己的意见和想法越来越重要。

二、利用即时通信软件促进网络协作学习

信息时代将基于网络的协作学习方式推向了现今的主流学习方式，而社会性软件作为大众化普适性软件则为这一学习方式提供了良好的交流平台，同时，"零技术"障碍和多终端设备兼容优势受到不同层次、不同地域的学习者的喜爱。

1. 即时通信软件的广适性为师生提供了便捷的交流途径

即时通信软件，初始都是作为交流通信软件发展起来的，旨在促进社群和团

体内部成员之间的交流沟通,其主要特征是具备强大的交流功能。从中国即时通信工具用户渗透率看,作为即时通信软件之一的腾讯QQ依然占据着绝对优势,其应用已经普及到不同地区、不同人群。通过即时通信软件,身处不同位置的师生可进行实时的和非实时的信息交流;师生也可以通过即时通讯软件这一交流平台实现一对一或者一对多的文本交流和语音视频交流,不仅突破了时空限制,还从一定程度上削弱了身份约束、情感顾虑及羞怯的心理障碍。从这个方面来看,即时通信软件为师生提供了一个平等开放的信息交流平台。

2. 即时通信软件为师生提供了数字化资源共享与管理的途径

协作学习强调资源的共享,因此随着即时通信软件功能的不断完善,即时通信软件为我们提供了文件共享、群共享、网络日志和网络硬盘四种实现途径。① 利用文件共享,协作成员之间就能很方便地共享学习资源,提高实时交流的效率。② 利用群共享,教师可以把重要的学习资料上传到共享空间里供学生下载;学生也可以把自己好的学习资源或作品放到共享空间,供其他同学利用或对这些作品提出评价和修改意见。③ 利用网络日志对信息资源进行存储和管理,还可以自主设置个性鲜明的管理主题,对资源进行有序的组织。④ 利用网络硬盘可以将消息上传到免费的"移动硬盘"进行存储和管理,有效地解决许多老师和学生无法将上课收集的资源随身带走的烦恼。由此可见,即时通讯软件对网络教学可带来更多、更便捷的服务,对提升网络教学有着非常重要的作用。

3. 即时通信软件是互动强度和受益面性价比最高一种互动工具

互动一直是网络教学中的一大瓶颈,怎样提高网络教学的互动效果,互动工具的选择很重要。不同的互动工具对师生互动的影响见图7-2。位于底部的面对面的师生同步互动,其互动强度最大,但是能涉及的互动学生数量则最少,即互动受益面小;位于顶部的留言板等社会性软件其受益面大,但由于只能进行异步互动,其互动强度明显减小。网络教学中,师生互动的受益面不仅要大,其互动强度也不能太小,即时通讯软件具备同步和异步互动的双重特性,是互动强度和受益面性价比最高一种互动工具,因此也是网络教学中最为合适的互动工具。

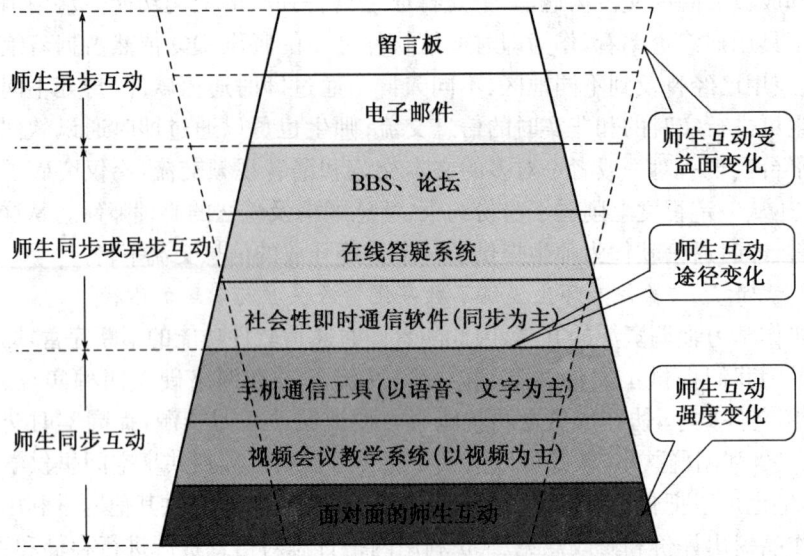

图 7-2 网络通信技术环境下的师生互动变化理论模型

三、即时通信在协作学习中的应用

即时通信在师生之中广为流行,我们完全可以用它来辅助教师进行基于网络的协作学习,具体操作如下:

(一)教师课前分析

在这个阶段,教师可以设计一些调查图表,发布在群共享中,让学生填写完成后发送到教师的邮箱中。此举的目的主要是确定学习的主题,判断学生是否已经具备了解决该问题的先行知识和进行协作学习的基本技能。再根据对学习目标的分析来确定相应的学习内容,明确学习内容间的结构关系,分析该内容是否适合采用协作学习。

(二)学生协作学习过程

1. 构建学习共同体

教师把协作学习的主题和任务发布在班级 QQ 群共享中,学生了解学习任务后,可通过 QQ 或微信进行一对一或一对多的交流,互相了解各人的兴趣特长,自由组合协作小组,确定分工并选出组长一名。

2. 制订协作学习规则与计划

在协作学习的过程中,如果没有管理规划和计划,则很容易出现跑题、部分学生参与性低等现象,影响小组协作学习的效果。因此,各组长可组织成员通过群聊进行讨论,制订符合本小组实际情况的协作学习规则与计划。

3. 组内讨论学习

各组长在微信或 QQ 群中根据分工建立多个主题的讨论组,学生在遇到问题时可根据需要进入相应的讨论组发起讨论。教师利用讨论组则可以指导学生进行小组学习,互动模式可以是 1~2 个固定群或多个临时群的组合。教师也可将有共同疑难的学生加入一个讨论组,分小组进行讨论,教师从旁指导。

4. 成果的发布

最终的成果完成后,各协作小组均把成果和成果简介发布到群共享中,供全体学生通过 QQ 群或微信的实时或异步交流进行组内评价反思和对其他小组的作品进行组间评价。

5. 对协作学习效果的评价

学习评价是检验学习是否达到目标的必要手段。协作学习的评价是一种多元化的评价,评价时要注意将结果评价与过程评价相结合、个人评价和小组评价相结合。

(三)教师课后反思

把即时通信软件应用到协作学习中,学生借助即时通信软件提供的协作交流环境,通过与同伴间的沟通、协调合作,形成对知识的意义构建,最终共同完成某项学习任务。这不仅有助于学生创造性思维的培养,而且增进了师生之间的感情交流。因此,教师在教学中应该加以好好利用,把即时通信软件作为一种网络协作学习的辅助工具,更好地发挥即时通信软件的作用。

四、即时通信在协作学习中的有效策略

为了利用即时通信软件的功能,使小组协作学习获得良好效果,应当采取一些有效的学习策略及教学管理策略。

(一)优化组合学习小组

要利用即时通信软件使小组协作学习达到最佳状态,必须使学习小组成员在网上学习中做到协调一致。为此,在学习小组编组时,应尽可能让科类专业、职业相同或相近的学习者优化组合,这些学习者通常会有较多共同的话题,在 QQ 群或微信群里可更好地共享学习资源和信息并开展讨论,这样才能有效发挥即时通信软件的功能优势。

(二)根据学习者认知特点实现优势互补

在小组协作学习中,小组成员都要为共同完成某个学习任务而努力,要发挥各自的认知特点进行分工合作。由于学习者在学习中对同一问题会有不同的理

解和认识,每个人的理解能力不同,对同一问题的认识会有不同的侧重,因而交流学习经验和相互讨论显得十分重要。学习小组成员可以根据自己学习的需要,与其他学习者结为"一对一"、"一对多"的学习伙伴,随时与另一方或多方开展讨论,从不同角度交换看法,相互启发,直至疑难问题得到解决。另外,有些学习者由于职业及工作经历等原因,在某些课程或学科方面比其他学习者会有较深的认识及较多的实践经验,这样的学习者就可以起到引导作用。在期末复习时,这种优势互补的学习模式尤其能显示出优势,增强复习效果。这种学习模式,既有利于学习者对学习内容的理解和领悟能力在沟通与协作的过程中逐渐形成,也有利于培养学习者的团结协作精神,还能克服自主学习过程中的孤独感、枯燥感,体现"学习是一种快乐"。

(三) 营造学习者之间交际的良好氛围

根据社会心理学的原理,人际交往对于认知发展具有促进功能。在小组协作学习中,学习者可分别扮演指导者、组织者、中心发言人、评价者、资料员的角色,所扮演的角色又可经常轮换。这样,学习者的学习能力、组织能力、处理人际关系的能力都能得到锻炼,并且形成良性互动竞争的学习者交往氛围。

(四) 采取有效的讨论方式

这种小组协作学习中的讨论,可采用论坛跟帖或聊天室的方式来进行。具体形式可以有多种。比如:一为"头脑风暴式"。即每个人在小组中可以不拘一格,不论对错,自由发言,各抒己见。这种方式一般适合于比较开放、重在发散思维的话题。二为"轮流发言式"。就是让小组成员围绕一个中心问题挨个发言,这种方式适宜于学员都必须完成"作业"或普适性话题,旨在保证100%的参与率。三为"连锁评价式"。即面对一个中心问题,先由一人发言,然后由回答者请本小组内的一个同伴补充,若仍未解决问题再继续请其他同伴补充发言,直至获得比较满意的结果。

(五) 建立必要的制度,加强引导和管理

为了使即时通信软件促进学习者协作学习的作用得以实现,学校还应制定相关管理制度。具体而言,譬如学校可以要求各专业必须建立即时通信软件学习小组;要求课程辅导教师定期参加即时通信软件学习小组活动,并做好记录;要求专业管理教师和课程辅导教师定期将即时通信软件学习小组的情况对照有关指标做出总结,并在每学期进行考核;等等。同时,学校应当对学习者进行培训,帮助学习者了解和熟练掌握利用即时通信软件开展学习的方法和技能。即时通信软件为学习者开展协作学习提供了新的手段和有效途径,将新课标提倡的协作学习落到了实处,并使之多样化,更具有实效性。因而,应进一步充分发

挥即时通信软件的作用,努力提高网络学习的效果和学习者的综合学习能力,并提高网络教学管理的效率。

第二节 电子邮件

一、电子邮件的概述及其特征

电子邮件是传统邮件的电子化。随着互联网的日益普及,越来越多的人通过电子邮件进行相互联系,开展各种交流合作活动,共享信息资源。电子邮件是各种网络计算机都提供的最普遍也是最重要的一项网上功能。它采用简单邮件传输协议(SMTP),可以传输任何文本及非文本文件。虽然电子邮件是一种异步通信工具,但在通常情况下,它只需要很短的时间延迟,具有巨大的方便性和时效性。作为互联网的重要功能之一,电子邮件正颠覆传统的交流方式,改变人们的通信观和交际观,成为最流行的交际方式之一。

电子邮件之所以被广泛接受并迅速成为通用的交际方式,得益于其快速、廉价、可传送多媒体信息、强大的双向交流等功能。首先,电子邮件传播速度快,瞬间可达世界每一角落,让人真正感受到"地球村"的存在。其次,电子邮件收费低廉(相当一部分为免费邮箱),使用者有时只需支付少量的网费就可以随意使用,这是传统邮件无法比拟的。其三,电子邮件可进行双向交流,它有实时的(如电子会议)和非实时(如电子公告板、电子论坛等)两种通信方式,用户可根据不同需要灵活选择,并及时得到反馈。其四,电子邮件可传送文字、声音、图像、动画等多媒体信息,使内容更接近真实生活。

二、电子邮件在协作学习中的应用

目前国内外均提供采用SMTP(及 MIME)与POP3(或 HTTP)协议的收费或免费的电子邮件服务器。

(一) 电子邮件是师生之间交流的重要工具

学生可以就学习中遇到的问题与困惑提问,教师可以答疑;学生可以对教学工作提出意见和建议,指出教学各个环节中的不足与错误,帮助教师改进工作;学生可以畅谈感想与收获,尤其适合班主任与学生之间的感情交流,教师可从中体会教学的乐趣,更加热爱教师工作;学生可以请假,向老师发送电子贺卡,对自

己的行为与作业进行说明解释,甚至推心置腹,把自己心灵深处的想法发送给自己信任的老师,教师则可以通过电子邮件营造人文气息浓郁的教学环境,展示教师的人格魅力和吸引力,发挥教师的主导作用,实现人文教育,以获得最佳的教育教学效果。

(二)电子邮件在作业编发中的应用

一是纯文本电子邮件作业的编发。对于学生的一般作业,教师可以要求学生递交纯文本形式的电子邮件作业,其优点是可以有效防止发送带脚本语言程序病毒的电子邮件。二是附件文件形式的电子邮件作业的编发。由于电子邮件可以附加各种格式的文件,因此教师也可以要求学生以附加文件的形式(通常可采用 Word 或 Excel 文档)递交电子邮件作业。教师为了避免因检查学生电子邮件附加文件中的作业而让微机感染病毒,最好安装检查和杀除病毒的软件包。

电子邮件应用于协作学习的优点:第一,容易实现。即使教师没有自己的教学服务器,教师和学生只要申请免费电子信箱,就可以实现上述基于电子邮件的教学活动。第二,可以充分发挥网络教育中师生心灵间"零距离"的优势:基于 Internet 的网络教育可以实现师生在时间、空间和心理上的"零"距离,打破教师与学生之间的心理隔阂,学生愿意并敢于讲出当面不敢讲或不会讲的真话,有利于教师与学生"零距离"的心灵交流。

电子邮件应用于协作学习的不足及建议:① 同一问题的重复提问与解答,建议采用以下措施弥补:按课程知识点或作业练习分类组织与发布网页形式的"常见问题解答",组织学生通过其他提问与解答均保留在服务器上的专题组服务(如:专题论坛、专题新闻组、电子公告板等)。② 作业管理中的不足之处,即教师难于规定与控制作业的时限,学生可能重复递交(而不是自动覆盖)同一电子邮件作业,邮件长度受服务器发送邮件长度和教师电子信箱大小的限制。因此,除介绍与交流类作业外,建议采用文件传送的方法收发与管理作业。

三、基于电子邮件的协作学习环境

(一)扩展知识与提高技能

学习者可以在开展学习前,根据实际需要不断地通过各种途径扩展知识并提高技能,尤其是互联网登录访问各种网站,订阅电子刊物,广泛收集和阅读资料并进行有效的表达。这种建立在真实需要的基础上所进行的实践活动,自然、真实、鲜活,符合学习者必须接触大量材料,才能保证知识和能力同时提高的理念。大量网络信息的输入不但具有广泛性和时效性,为学生提供了丰富和真实的材料,从多角度激发学习者的学习兴趣,而且帮助学习者巩固和积累了更多的知识,提高了相关的能力。

(二) 促进师生相互交流

由于教师给学习者的反馈和评价,以及学习者遇到的相关问题都是相对隐秘的,电子邮件可以保障学习者和教师的交流是一对一的(person-to-person),害羞的学生也会参与进来;学习者有更多的机会向教师寻求帮助,进行个性化的交流,有利于学习者学习焦虑的减轻。

(三) 促进学习者进行自主性学习

电子邮件使学习的时空无限延伸,学习者可以在任何时候、任何地点,通过电子邮件与外界取得联系,这种开放动态的学习模式符合现代教学强调的以学习为中心、以学习者为中心、以任务为中心的教学理念,也与当代国际教育界强调培养学生创新能力及学习方式和学习重点的转移的趋势相一致。在更多的情况下使用电子邮件是一种自主行为,它要求学习者树立自主性学习的观念,并积极付诸实践,在实践中培养自我管理,不断完善独立学习的能力。

(四) 熟悉计算机网络技术

运用电子邮件进行协作学习涉及计算机和网络技术使用的方方面面:从计算机网络基本知识到网络浏览、邮箱申请、添加附件、发送到管理;从浏览器及其辅助软件的安装使用,到各种搜索引擎(尤其是国外检索引擎如 Yahoo、Google 等)的使用;从单一的文件的编辑处理到多媒体文件的运用;等等。使用电子邮件无疑可以使学习者更熟悉计算机网络这一 21 世纪人类生存的工具,学习者在学习使用电子邮件过程中涉及的计算机操作、信息探索等知识和技能,为其日后的个人发展打下良好的基础。

四、教师在基于电子邮件的协作学习中的作用

在传统的教学过程中,教师扮演着传道、授业、解惑的角色,而通过电子邮件进行协作学习作为一种新的学习体验,教师在其中更多的是导航者、组织者、参与者。

(一) 教师作为导航者

在网络环境下学习,教师面对的实际情况可能比想象的要复杂得多,除了知识和能力的差异之外,学习者的计算机能力可能更让人头痛,并且面对浩如烟海的信息资料,学习者还往往容易迷失方向,由此,教师作为导航者的作用显得非常重要。教师首先要紧跟计算机网络技术的最新发展,具备较强的计算机网络技术,特别是熟悉各种搜索引擎和网站、了解网上资源的分类、清楚何种资源能够为教学服务,才能真正起到保驾导航的作用。在使用过程中还要能够为学习

者提供各种查询技巧和方法,亲自进行实践,从中发现各种问题。

(二) 教师作为组织者

利用互联网进行学习并不意味着对学习者放任自流,在某种程度上,它对教师的组织作用提出了新的挑战。教师的主要作用不再是直接提供语言信息,而在于如何充分利用网络技术,组织语言信息、创设语言情景,激发学习者的交际需求和学习兴趣,从而激发积极的学习探索活动。

(三) 教师作为参与者

利用电子邮件学习更好地体现了平等的教育理念,教师是作为活动过程的一员积极参与其中的。教师通过多样方式、多种渠道参与学习者的各种活动:教师与学习者的沟通既可以是实时的或面对面的,也可以是虚拟网络环境下的;教师可以与学习者共同商讨感兴趣的话题,设计教学活动,一起找寻相关资料,共同分享信息资源;教师还给予学习者及时的信息反馈,参与学习者的讨论,形成观点;教师还与合作班级的教师进行沟通,像学习者一样参与活动;等等。教师的积极参与是电子邮件能否成功辅助协作学习的关键之一,它不但可以起到引导者、组织者的作用,更重要的是激发学习者的参与意识并起到良好的示范作用。

第三节 论 坛

"论坛"全称为 Bulletin Board System(电子公告板)或者 Bulletin Board Service(公告板服务),是 Internet 上的一种电子信息服务系统。它提供一块公共电子白板,每个用户都可以在上面书写、发布信息或提出看法。它是一种交互性强,内容丰富且及时的 Internet 电子信息服务系统,用户在 BBS 站点上可以获得各种信息服务、发布信息、进行讨论聊天等。

一、论坛分类

随着网络的快速发展,论坛如同雨后春笋般出现并迅速地发展壮大。论坛几乎涵盖了人们生活的各个方面,几乎每一个人都可以找到自己感兴趣或者需要了解的专题性论坛,而各类网站、综合性门户网站或者功能性专题网站也都青睐于开设自己的论坛,以促进网友之间的交流,增加互动性和丰富网站的内容。

论坛就其交流类型可分为以下几类:

（一）教学型论坛

这类论坛通常如同一些教学类的博客,或者是教学网站,其中心放在对知识的传授和学习上。在计算机软件等技术类的行业,这样的论坛发挥着重要的作用,通过在论坛里浏览帖子、发布帖子能迅速地与很多人在网上进行技术性的沟通和学习。

（二）推广型论坛

这类论坛通常不是很受网民的欢迎,因其生来就注定是以广告的形式,为某一个企业,或某一种产品进行宣传推广服务的。从2005年起,这种形式的论坛很快成立起来,但是往往这样的论坛,很难具有吸引人的性质,单就宣传推广而言,很难有大作为,所以这样的论坛寿命很短,论坛中的会员也几乎是由受雇佣的人员非自愿地组成。

（三）地方性论坛

地方性论坛是论坛中娱乐性与互动性最强的论坛之一。不论是大型论坛中的地方站,还是专业的地方论坛,都有很热烈的网民反响,比如百度贴吧、长春贴吧、北京贴吧或者是清华大学论坛、运城论坛、海内网、长沙之家论坛等,地方性论坛能够更大距离地拉近人与人的沟通,另外由于是地方性的论坛,所以对其中的网民也有一定的区域限制,论坛中的人或多或少都来自于相同的地方。

（四）交流性论坛

交流性的论坛是一个广泛的大类,这样的论坛重点在于论坛会员之间的交流和互动,所以内容也较丰富多样,有供求信息、交友信息、线上线下活动信息、新闻等,这样的论坛是未来论坛发展的大趋势。

二、课程论坛

目前许多普通高校开设的网络课程都利用课程论坛来实现师生、生生之间的学习交流,开展网络学习。课程论坛其实是一个以问题解决为目标的网络协作学习平台,其主要功能就是为时空分离的学习者提供问题讨论场所,力图营造良好的讨论氛围,促进问题的有效解决,实现学习者对课程内容的深层次理解。而目前国内课程论坛还存在一些问题,如:

1. 实时交流功能欠缺

国内已有的课程论坛上的交流主要以非实时交流为主,限制了师生、生生之间对问题"畅所欲言"的讨论。例如在某一时刻某学习者提出了对某一问题的看法,其他学习者如果早于他进入这一问题的讨论界面,是无法实时看到其发表的

意见的,除非进行"刷新"操作(而某些课程论坛为了加强安全防护,是禁止使用刷新功能的)或退出后重新打开这一问题。这样,其他学习者无法对这一看法提供及时的反馈意见。

2. 讨论中"飘移现象"严重

课程论坛中的"飘移现象"表现为:① 由于提问者问题表述不明确或不妥当,或者没有可讨论的价值,使得参与者很少,甚至没有;有些问题焦点不明,常常偏离讨论主题,有时回答与主题缺乏相关性,讨论缺乏深度,响应信息流于肤浅。② 学习者协作学习的意识不强,参与程度不高。就价值实现来看,有些课程论坛并没有完成预期的引领学习者深化思想和观点的目的,一般有两种情况:一种是高关注,低参与。有的问题能吸引学习者的眼球,点击率不低,然而当教师或部分学习者在第一时间给出了答案的回复,学习者很少跟帖表示自己的看法或提出意见。另一种情况是低关注,低参与。有些问题毫无意义,无法引起学习者的兴趣或教师的注意,因而点击者较少。

三、基于 CPSL 的课程论坛设计

协作问题解决学习(Collaborative Problem-solving Learning,CPSL)是目前教育技术界较为关注的新型网络学习模式,也是当前课程论坛的主要学习模式之一。基于 CPSL 的课程论坛借鉴了聊天室、互动问答平台的优势,将它们的部分功能与课程论坛有效地结合起来,为学习者创造一个个和谐的协作学习环境,有利于问题的提出、交流、解决与拓展。

(一)设计思想

1. 增加聊天室的功能,将实时与非实时交流相结合

聊天室是一种基于网络的实时交互平台,能够实时地显示发言,供在线学习者进行交流和协作学习。其最大特点就是学习信息的及时反馈,从而及时解决学习过程中出现的各种问题;在课程论坛中增添聊天室的功能,可以弥补论坛非实时交流功能的缺失。将聊天室的功能嵌入课程论坛中,既能营造和谐的协作学习环境,弥补了非实时交流中情感交流的不足;又能使学习者积极参与协作学习,精益求精地解决好问题,得出相对的"最佳答案"。学习者讨论的过程其实就是社会思维解决问题的过程,有利于培养学习者的问题解决能力,训练学习者的问题解决思维。

2. 互动问答平台的借鉴价值

互动问答平台是一种在互联网上让个人的智慧、知识、技能通过解决问题体现价值,实现个人知识为他人所共享的网络系统。百度"知道"、新浪"爱问"、雅虎"知识堂"是目前国内互动问答平台的主要形式,它们均采用协作交流社区+

搜索引擎的免费模式,对课程论坛的改进有很大的借鉴价值。首先,互动问答平台提供"搜索答案"的功能,可以有效地减少系统的冗余信息量。在课程论坛的问题讨论区设置问题搜索引擎,用户可以在提问前搜索有无类似的问题和答案,如果该学习者对这些解答都不满意,再行提问。这样做,在一定程度上避免了学习者重复提问的现象。其次,"最佳答案"是互动问答平台的一个特色。此功能应用在课程论坛上,学习者在查询此问题时,可以在第一时间方便地阅读到最佳解决方案,而不必再从混乱的讨论界面中提取,节省了学习者的搜索时间。第三,互动问答平台的创新动态机制。第四,互动问答平台的激励机制。

(二) 基于 CPSL 的课程论坛的框架设计

1. 组成要素

任何一个系统都要求"环境"与"人"的协调。CPSL 论坛继承了 CPSL 的思想,论坛中的活动以学习者为中心,以问题解决为目的,以协作学习为主要学习方式。学习者根据论坛提供的资源,以及外部的 Internet 资源,在教师的帮助和促进下,自主参与协作问题解决的整个过程。其各组成要素的组织关系如图 7-3 所示。

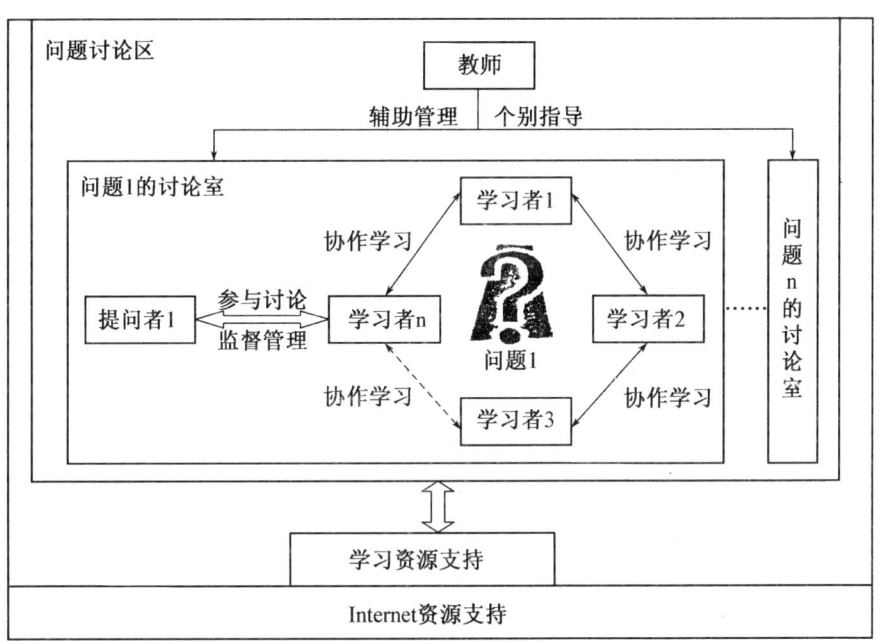

图 7-3 基于 CPSL 的课程论坛组织关系图

(1)"人"的因素

学习者、提问者:学习者是学习论坛的主体。学习者有了疑问,就成了提问者,与对该问题有兴趣的其他学习者一起,组成了临时学习小组。在问题讨论室中,他们就这一问题展开积极讨论,在讨论中解决问题。

教师:教师是学习者学习的帮助者和促进者,应该尽量不要以权威的身份位居讨论活动的中心,而应该尽量做到权力下放,让学习者自由参与问题讨论,让提问者自主管理聊天室,自己则以场外指导者的身份参与引导和监督。

管理者:CPSL论坛的管理一般包括两项工作,即内容管理和人员管理,而内容管理又包括讨论的主持和各板块中问题的管理。讨论室的主持人由提问者担任,自主管理讨论室,尽量使讨论朝问题解决的方向发展。各版块中的问题和论坛中的人员由教师或教师指派的各版主进行合理化的管理。他们可以对问题进行编辑、删除等操作,对一些重要内容置顶,将一些具有代表性、典型性的内容加入精华区,供以后查阅;对表现优秀的学习者给予积分奖励,对捣乱的参与者封锁账号或IP地址;等等。

任何一个学习者都可以是提问者,任何一个提问者都是学习者,同时也是每一个讨论室的管理者。教师是整个论坛的领导者和指挥者,虽然统筹规划整个论坛,然而在问题讨论室中扮演的只是一个场外指导者和辅导管理者的角色。

(2)环境支持的因素

一个完善的学习论坛就是一个巨大的信息资源库,包括所有静态和动态的资源,能够为学习者的问题讨论、解决和协作交流提供资源支持。

静态的资源是指不随时间变化而变化的资源,可以是相关历史题材的图片、音频或视频等,也可以是电子百科书、各种不同的经典软件介绍、软件使用教程、相关学习材料等。而动态的资源,是指随着时间变化或者新数据的出现而不断更新和完善的资源。

2. CPSL论坛的问题解决过程

(1)问题的提出

提问者提出问题,通过"提问"按钮即时创建该问题的讨论室。此时论坛以帖子的形式显示该问题的名称,并标有"讨论中"的符号,表示该问题正在讨论过程中,有兴趣的学习者可以点击该问题的标题进入讨论室。如有辅导需要,教师进入适时辅导。提问者也可以通过"查询"按钮搜索论坛数据库中与该问题关键词相同的问题条目,若找到类似的问题和满意的答案,就无须再建讨论室。

(2)问题的讨论

作为提问者,在讨论中应该担负起主持人的责任,除了参与讨论外,还要对整个讨论过程进行引导、监督和管理,避免出现论题飘移的现象。教师也会不定时地参与讨论,辅导提问者主持讨论,指导问题解决朝最佳的方向发展。参与讨论的学习者更应该严于律己,积极参与问题讨论和解决,服从提问者的监督和管理,共同创建一个良好的讨论氛围。

(3) 问题的解决

提问者从众多的问题解决方案中选择出"最佳答案",如无法确定,则选择2~3个候选答案后由参与者投票选出。确定的最佳答案显示在问题之后,并标有特殊的记号,与后面的其他答案区别开来。确定最佳答案后,系统便认为该问题已结题,帖子的标记从"讨论中"或者"未解决"的状态变为"已结题"。若后来者对"最佳答案"持不同意见,可与提问者进行个别交流,提问者有权对最佳答案做出适当修改。

3. 学习者评价

学习者评价不仅要评价学习者的学习效果,更重要的是评价学习者的学习过程;不仅是教师对学习者进行评价,更重要的是学习者之间进行评价。对学习者的评价要争取定性评价和定量评价的结合,使评价更加全面,如:登录的次数、提问数、讨论中发表的有效言论、"最佳答案"的入选数等都将被记录下来,通过个别交流、电子邮件传送的信息数量也将被跟踪;而学生对学习内容的掌握和所形成的观点,主要通过阅读在线讨论等情况获得,同时利用在线系统以记名形式进行,使每个学生都可以通过网络看到教师或学习伙伴给自己的评价。如果某个学生对别人给自己的评价和分数不满,那么他就需要看看教师和其他学习伙伴对自己的评价是否与此一致,然后自己做出总结。

第四节 聊天室

一、聊天室简介

聊天室是一种基于 Internet 的实时交互平台,能够实时地显示发言,供在线学习者进行交流和协作学习,主要有文字输入和语音输入两种交流方式。聊天室的特征主要有:

1. 实时性

聊天室有明显的实时性特征,聊天室内的任意两个节点都可以同时相互通信,大型聊天室每秒钟屏幕上会出现几十甚至上百条信息。

2. 传播方式及内容的多样性与多媒体性

目前的聊天室大多为多媒体聊天室，能将文字、图形、影像、声音及视频等媒体信息数字化并整合在一定的交互式界面上，既可以用打字、语聊、视频聊天等传播方式，也可以用房间广播的传播方式。

3. 极大的开放性和互动形式的多样性

使用传统的聊天软件，要先加为好友或在同一团体里才能进行交流，很多是现实中的人际关系，人数较为有限，而聊天室是向全世界所有网民开放的，不需要加好友或团体就能进行交流。

二、聊天室的实时性交互方式

聊天室最大的特点就是学习信息的及时反馈，从而及时解决学习过程中出现的各种问题，促进学习进程的继续进行。目前聊天室还支持留言功能，教师可以通过留言看到学生的提问，并给予解答。聊天室以其自身的优点，支持网络学习环境下的实时交互。

（1）聊天室可以减少反馈延时。实时性交互可以通过在线的及时反馈，使得学习过程中出现的问题能够及时得到解决。

（2）聊天室中交流时加入的表情和动作信息，可以弥补网络学习中不便于进行情感交流的不足。聊天室提供了表情和动作的表达方式，可以模仿现实中的交流特点，直观、感性地传递信息。

（3）图文并茂的表达方式。图像可以迅速快捷地表达某些文字难以表达的信息，使用图文同屏显示的信息表达方式，可以提高交流的效率。

（4）督促学习者学习。通过在线的交互，督促学生学习，弥补网络学习过程中学习过于自由的不足。

利用聊天室也能很好地构建协作学习环境，这种即时的数字化协作学习环境提供非常理想且真实的情景。基于聊天室这一协作学习环境，学习者在专题数字聊天室与小组成员进行讨论交流，利用文字、语言或视频进行直接协作、讨论，共同协商，寻找解决某一任务的方法。如果某成员不在线，还可通过OICQ等网络寻呼工具进行联系，寻呼进入专题聊天室，共同探究某一学习问题，交流信息。这样的协作学习环境类似于传统教学中学生之间直接的对话交流与协商式情境，它增加了BBS或E-mail所没有的那种实时的直接交换协作学习功能。

三、在教学中使用聊天室应注意的问题

1. 选择合适的聊天室

聊天室作为一种非常规的教学媒体在课堂教学中使用是有利有弊的，但是

绝不是不可以使用的,相反是应该大力提倡的。教师只要为学生选择一个合适的公共聊天室或者建立一个内部聊天室,合理进行监控,就完全可以避免不良影响的发生。可以选择专用聊天工具,也可以在公共聊天室内开辟需要密码才能进入的私人聊天室,教师作为管理员可以轻松地对整个聊天室进行管理。

2. 激发学生的学习动机

运用聊天室工具本身就可以激发学生的学习动机,当学生们发现自己通过计算机就可以和同学们甚至外国的同龄人交流的时候,学习的动机就会很强。为了维持这种动机,在每次聊天之前,教师应该制定好学生感兴趣的话题,同时介绍如何查询相关资料。在学生们查询资料后再进入聊天室进行讨论,由于学生学习了一部分材料,不仅讨论效率较高,而且学生的热情不会因为某一方没有话说而逐渐衰减。

3. 注重聊天室教学方法的区分性

聊天室对于不同年级的学生有不同的与课程整合的方式。例如在小学中,对于一年级的学生仅仅要求相互谈论有兴趣的话题就可以了,主要的目的在于逐渐熟悉聊天室工具和计算机的基本使用。对于二年级的学生就可以规定固定的话题了,让学生们自主进行讨论。对于三年级的学生则要求他们在讨论后将讨论的感想和结论通过文档和图片的形式提交给老师。对于四年级及以上的学生就应该以协作学习为主,将每个学生定位于"小专家",进行合理的组合,对大家都感兴趣的问题进行探究,最后将结果通过幻灯片的形式进行展示。

四、聊天室教学评价的基本原则

1. 评价的非强制性

传统的教学评价侧重于评价学习结果,以便给学生定级或分类。而在聊天室教学评价中,关注的重点是在学习过程中获得了什么技能,这时的评价通常是建议性的,不是强制性的。

2. 评价标准的多元化

传统评价的标准是根据教学大纲或教师及课程的编制者等的意图制定的,而聊天室教学评价强调学生也要参与评价标准的制定,根据实际问题和学生先前的知识、兴趣和经验与教师共同制定,标准具有动态性。

3. 评价要基于学生能力的提高

传统的教学评价中,学生的角色是被动的,往往由教师来对其知识掌握情况进行评价。但是,在聊天室教学评价中,应该关注学生在实际任务中表现出的提问能力、寻找答案的能力、理解能力、协作能力及交流能力,等等。评价的重点应该在于这些能力是否得到发展和提高,而不仅仅是判断学生是否拥有这些能力。

4. 评价与教学过程的整合

传统的教学评价一般是在教学后进行的,而培养学生自我评价的能力本来就是聊天室教学评价的预期目标,评价应该渗透于整个聊天室教学过程。教师对学生进行评价,学生对自己也应该做出评价。学生应该知道回答和解决诸如"需要解决的问题是什么"、"我们如何才能得到提高"和"我们是否已经取得进步"等问题。因此,评价的主要作用是给学生以激励作用和指导方向。

参考文献

[1] 闫海燕.电子邮件写作对英语学习者焦虑的影响[J].英才高职论坛,2009,(2).

[2] 王春红.浅谈网络及几种常用的网络工具在教育教学中的应用[J].前沿,2007,(3).

[3] 彭伟强,叶维权.通过电子邮件学习英文写作[J].天津电大学报,2005,(5).

[4] 谢晓东.利用网络QQ群促进远程协作学习[J].出版参考,2008,(6).

[5] 黄婉萍.巧用QQ开展基于网络的协作学习[J].读写算(教育教学研究),2013,(2).

[6] 刘剑丽,陈金鹰,朱军.IM即时通信技术特点及发展趋势[J].通信与信息技术,2012,(3).

[7] 吴安艳,甘睿.即时通信软件在网络教学中的应用研究[J].韶关学院学报,自然科学,2013,(2).

[8] 张鹏.即时通讯工具支持的在线合作学习活动研究[J].电化教育研究,2009,(7).

[9] 郑俏.课程论坛发展的新思维——基于CPSL的课程论坛设计[J].中国电化教育,2008(3).

[10] 段庆,张凯.聊天室在网络课程交互中的应用探究[J].中国水运,2007,(7).

第八章　知识管理工具

在人类发展的各个阶段,我们都在以各种不同的形式进行着知识管理活动,进入信息时代之后,如何根据自身的需要对海量的信息与知识进行管理已经成为大家都非常关注的一个问题。

比尔·盖茨说过,"收集、管理和使用信息的方式,决定了你的输赢",尤其是在当今这个"信息爆炸"的社会,如果我们没有对接触到的各种知识进行有效管理,将会降低学习和工作效率。作为一名未来的教师,如果不会发现知识、学习知识、展示知识,也从不创造知识,注定会被信息时代淘汰。

第一节　知识管理概述

个人知识管理是一种知识管理的理念和方法,能将个人拥有、收集、获取的信息变成更具价值的知识。通过对个人知识的管理,人们可以养成良好的学习习惯,完善自己的专业知识体系,提高自己的各方面能力,提升信息素养,最终有利于自己的工作、学习和生活。在进行个人知识管理的过程中,我们可以依据个人的需求和知识管理特点,使用各种不同的工具来协助进行。

一、知识管理的概念与内容

(一) 知识管理的概念

经济发展与合作组织(OECD)将知识分为四类:事实知识(Know-what)、原理知识(Know-why)、技能知识(Know-how)和人际知识(Know-who)。从认知角度出发,知识又可以分为显性知识(Explicit Knowledge)和隐性知识(Tacit Knowledge)。显性知识可以通过文件、形象或其他精确的沟通过程来传授,但隐性知识的获得却只能依赖于自身的体验、直觉和洞察力。在OECD对知识的划分中,前两者属于显性知识,后两者属于隐性知识。显性知识和隐性知识之间可以相互转化,动态循环(祝智庭,2002)。

知识管理来源于企业管理,是企业管理的一项重要内容。"知识管理的定义为,在组织中构建一个量化与质化的知识系统,让组织中的资讯与知识,透过获得、创造、分享、整合、记录、存取、更新、创新等过程,不断地回馈到知识系统内,形成永不间断的累积个人与组织的知识成为组织智慧的循环,在企业组织中成为管理与应用的智慧资本,有助于企业做出正确的决策,以适应市场的变迁。"(单梁,2009)从这个概念中可以看出,知识管理的本质在于帮助个人和组织整合信息资源,提升工作效率,提高竞争力,而这个过程是通过知识的转化来完成的,即显性知识与隐性知识的转化。知识管理的过程是知识的获取、存储、共享、利用、创新的不断循环往复的过程。个人知识管理的重点在于对隐性知识的管理,实现显性知识和隐性知识的共享,提高学习能力、应变能力和创新能力。

(二) 知识管理的内容

个人知识管理在实际操作过程中,涉及创建、分类、索引、检索、发布及价值评估。具体可以概括为七种知识管理的技巧,分别为:检索信息的技巧;评估信息的技巧;组织信息的技巧;分析信息的技巧;表达信息的技巧;保证信息安全的技巧和信息协同的技巧(Steve Barth, 2003)。

(1) 检索信息的技巧。检索信息需要先确定个人的信息需求和信息来源,选择合适的信息检索方法,可以充分利用搜索引擎、电子数据库和其他相关数据库。

(2) 评估信息的技巧。这种技巧不仅指个人可以判断信息的质量,而且指个人必须能判断这种信息与自己遇到的问题的相关程度。评估主要从可信度、准确度、合理性及相关支持等方面来进行。

(3) 组织信息的技巧。组织信息,需要过滤无用和相关度不大的信息资源,有效地存储信息,建立信息之间的联系,方便以后的查找和使用。在信息时代,我们可以用电子档案袋、数据库和网页,或者专门的知识管理软件来组织信息。

(4) 分析信息的技巧。常用的分析信息的方法是建立和应用模型,通过大量的数据分析从而得出信息间的关系。电子表格、统计软件、数据挖掘软件等提供了分析信息的方法。

(5) 表达信息的技巧。通过表达信息,可以实现隐性知识向显性知识的转化。个人知识在交流、共享中得到升华。

(6) 保证信息安全的技巧。保证信息的安全涉及开发与应用各种保证信息的秘密、质量和安全存储的方法和技巧。常用的密码管理、备份、档案管理都是保证信息安全常用的方法。

(7) 信息协同的技巧。信息技术的发展为组织和部门的协同工作提供了强有力的支持。如通过小组或团队的形式组织学生进行学习,教师与学生、学生与学生在讨论与交流的基础上对一些要解决的问题进行协同工作,交流和共享彼此的观点和知识。

二、教师知识特点与教师知识管理

教师的知识体系分为显性知识和隐性知识两大类:显性知识包含了教师的理论性知识和在教学实践中实际使用的一些知识,如学科内容、学科教学法等;隐性知识则是指那些还没有经过思维活动整理的、无法直接进行相互交流和传播的知识,如教师个体的思维模式、教学经验等。

作为个体知识的教师知识,主要有以下几个特点(周福盛,2005):

(1) 整体性:一般文化知识、学科专业知识、教育专业知识共同构成了教师知识的完整结构,是教师职业的知识基础。从表现性质上来说,教师知识是理论知识和实践知识的统一,是显性知识和隐性知识的统一。

(2) 实践性:教师个体知识一般表现在教师个体的教学实践中,教学实践既是教师知识生成的基础,也是教师知识存在的基础。教师知识既是在实践中建构的,又是关于实践的,最后还要指向实践、服务于实践。

(3) 建构性:教师知识的获得并不是单纯的记忆和重现,而是在实践活动中建构的,具有建构性。

(4) 动态性:社会在不断发展,教师也要随时更新和完善自己的知识状态,不断总结自己的经验和理论,充实和提升自己的个人知识,这就是教师个体知识的动态性。

根据教师个人知识的特点,我们可以通过课例研究、叙事研究及建立学习共同体等方式来进行教师个人知识的管理,从而促进教师隐性知识的外化、形成教育智慧,从而有利于教师专业的有效发展。

三、个人知识管理工具

个人知识管理工具可以辅助个人解决知识的学习、保存、传递、利用与创新工作,提高知识管理的效率,我们可以根据知识管理的不同阶段,以及个人的需求去选择适合自己的知识管理工具。

根据知识管理的内容,我们把知识管理工具分为这样几类,分别是获取知识的工具、保存知识的工具、分享知识的工具和创新知识的工具。

(一) 获取知识的工具

1. 搜索引擎

搜索引擎是我们利用网络获取知识和信息的最常用的工具。谷歌、百度、搜狗、雅虎等都是比较常用的搜索引擎,有各自针对的特定领域,不同的学习者可以根据自己的信息需求选择相应的搜索引擎,同时需要掌握相应的搜索技巧。

2. 问答型网站

问答型网站的代表有百度知道、新浪爱问、谷歌问答、知乎等,访问这类网站可以基于问题获取信息。学习者可以根据自身的需求,有针对性地提出问题;同时,问题答案又将作为搜索结果提供给其他有类似疑问的学习者,达到分享知识的效果。最初的问答型网站主要解决有明确答案的问题,以知乎为代表的新一代问答型网站则将内容聚焦于比较复杂的问题。见图8-1。

图8-1 知乎话题广场

3. 微博

微博提供了获取信息和知识的线索,尤其是专家微博、官方微博。常用的有新浪微博、腾讯微博、Twitter等,不同的微博人群和关注点不同。微博学习对于知识体系较完善的人更有效,使用微博时要擅于对信息进行筛选和分类,这样才能获取更有价值的信息。

4. 知识文献检索工具

最方便的知识文献检索工具是数据库,不同类型的文献需用不同的数据库,中国知网、万方、维普是最常见的综合类中文全文数据库,综合类外文数据库有EI、ISTP、Springer Link、Elsevier等。除了数据库之外,我们还可以通过百度学术、谷歌学术等进行知识文献的检索。这类工具针对性强、学术性强,但是具体内容可能需要付费阅读。

5. 信息内容订阅

RSS 订阅会根据学习者的设置,收集和组织定制的新闻,按照学习者需求的格式、地点、时间和方式,直接传送到你的计算机或其他移动终端上,包括有道阅读、QQ 阅读等都采用这种方式,这是从"人找信息"到"信息找人"的一个转变。比如百度 RSS 新闻订阅,分类栏目有国内、国际、军事、财经、互联网等,每 5 分钟对互联网上的新闻进行更新,然后根据学习者的订阅设置进行推送,及时、方便地提供订阅的新闻。

(二)保存知识的工具

1. 网络存储工具

网络存储工具提供基于网络的云存储服务,不仅可实现数据的存储,还具有强大的同步更新功能;还有些网络存储支持手机等智能终端的同步更新及访问操作,如金山快盘、360 网盘、百度云盘等。

2. 笔记类软件

这类软件可以摘录互联网上感兴趣的内容并记录阅读中产生的想法和创意,不仅可以作为资源整理、提高效率的工具,还是智能化资源获取、整合和再创造工具。比如印象笔记、有道云笔记、为知笔记。笔记类软件大部分提供云端存储,但是有空间大小限制。其中印象笔记(Evernote)因其出色的在线笔记与搜索、协同办公、同步笔记等知识管理功能,以及对移动终端完善的支持,用户群最广。见图 8-2。

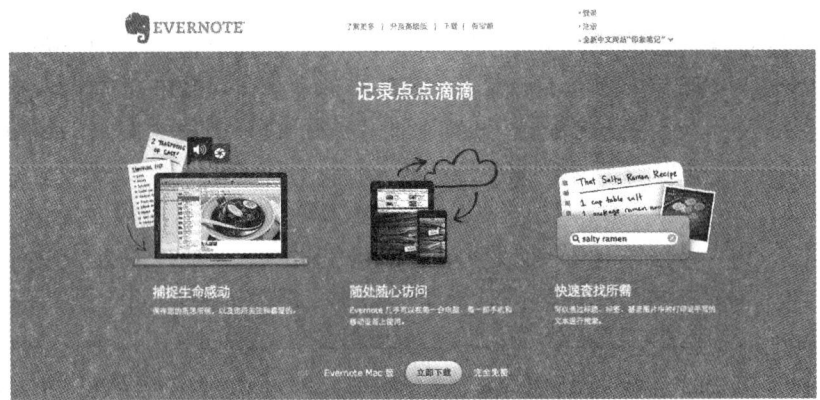

图 8-2 印象笔记

(三)分享知识的工具

论坛、博客、维基、微博等都可以进行网络上的个人出版和交流,是知识学习和共享的工具。其中论坛以问题为主,博客和微博围绕个人展开,维基则主要是知识互动。使用这些工具时需要注意对获取到的信息的科学性和时效性进行评估,保证信息的准确性。

(四) 创新知识的工具

知识创新类工具可以用可视化的方式促进学习,促进左右脑协助工作、共同参与思考和创新。这类工具很多,如概念图、思维导图等。

每个人所处的领域不同,关注的知识类型也不同,所以没有哪种知识管理工具是适合所有人的,我们需要根据个人的具体情况,选择经济实用、简单方便、口碑良好的知识管理工具。选择工具时需要注意:

(1) 对自己的知识管理需求、知识管理中遇到的问题等情况做具体的分析,确定自己选择工具和方法的原则。

(2) 掌握相应的理念和方法,这样才能根据自己的需求积极主动地去选择相应工具。

(3) 选择某种工具和方法后,尽可能去充分发掘这些工具的功能,不要同时使用过多的工具。

第二节 博客与维基

信息社会中,教育的改革和创新与网络环境、网络技术的发展息息相关。每一次网络技术的变革,都会在教育界引起相应的变化,同时会为教育事业的革新和发展提供一个新的发展方向。博客和维基是近年来风靡于互联网的新的网络技术,也逐渐在教育领域中得到应用。

一、博客

(一) 博客简介

Blog 是 Weblog 的简称,原义是"航海日志"。Weblog 是网络上的一种流水记录形式,所以也称为"网络日志",音译为"博客"。Blog 最早产生于 Pyra 实验室,用于项目小组成员间的沟通交流。由于沟通方式比电子邮件、讨论群组更加简单,Blog 逐渐成为家庭、公司和团队之间使用越来越多的沟通工具,也成为网络上比较常用的个人知识管理工具。

简单来说,博客是"一种表达个人思想、网络链接、内容,按照时间顺序排列,并且不断更新的出版方式"。一个博客其实就是一个网页,它通常由简短且经常更新的帖子所构成,这些张贴的文章都按照年份和日期倒序排列。博客的内容无所不包,从个人日志、照片、诗歌到对其他网站的评论,有些博客则是一个团体基于某个特定主题的集体创作。

博客秉承了个人网站的自由精神,带有鲜明的原创思想和个人色彩;同时,博客具有分享链接和评论的功能,可以方便地进行信息交流;还可以通过RSS技术进行不同博客之间的内容聚合,并且保持更新,使博客作者之间能够对最新的信息进行处理与讨论。

2002年,方兴东创立博客网,此后一直致力于博客理念的推动和发展,国内教育界也开始关注博客,出现了最早一批有影响力的个人博客,比如上海师范大学黎加厚的个人博客"东行记"(http://blog.sina.com.cn/shnuli),华南师范大学焦建利的个人博客"教育技术自留地"(http://www.jiaojianli.com)等。博客是他们学习、研究、反思、与学生交流的平台。在基础教育领域,博客也成为促进教师专业发展的重要手段,出现了很多优秀的教师博客群,比如海盐教师博客、广州天河部落等。

(二)博客支持的教师知识管理和教师专业发展

博客被引入教育领域后,受到了教育研究者和一线教师的广泛关注,教师个人博客和教师教育博客群不断涌现并迅速发展。在多年的研究和实践中,博客已经成了教师专业发展的有力工具,对于教师实现知识管理、个人反思和进行教育叙事研究都起到了重要的作用。

1. 作为知识管理的工具

在知识经济时代,教师的教育知识管理越来越重要。作为博客用户,教师可以阅读博文,并可以利用博客将关注领域的信息进行有效的分类,把网络上分散的海量信息进行筛选、组织,并在此基础上进行知识的再生产,这是接受显性知识并通过教育实践创建新的隐性知识的过程。

利用博客,教师可以收集整理某个主题的相关教学资料并进行评价、分析,同时借助于他人的回复,对个人的教学过程、教学方法进行深入的总结与反思,并通过数字化的形式加以表现,这样可以清楚地了解自己教学过程中的特点与问题,将内隐知识外显化。而评价他人和被评价是教师隐性知识的传递过程。

教师还可以利用博客建立自己的个人知识库,对个人档案资料及网络信息资源进行管理和维护,可以将各种信息资源收集在一起并在需要的时候快速提取,以实现个人的知识管理,并在此基础上促进教师个体的专业发展(姜庆,2006)。这个过程是将显性知识系统化、组织化的过程。

由此可见，教师应用博客的过程就是进行知识管理的过程，毛向辉先生曾经总结过博客应用的三个阶段六个功能，即"写—录、思—享、品—学"，也就是学习者在应用博客时是沿着"书写和记录"，进而"思考和分享"，最终实现"品味和学习"的过程来进行的，这个过程中也实现了知识的转化和个人知识的管理。

2. 作为教学反思录

反思是教师以自己的教学活动为思考对象，对自己的教学行为进行审视，以及对隐藏在行为背后的思想、教学决策及决策的背景知识进行分析的过程（姜庆，2006）。善于反思的教师，通过反观自己的教学行为，发现实践中碰到的实际问题并加以解决，可以分析自己的内隐教育知识，不断提高自身专业素养。

博客能够让教师随时记录自己的教学心得，在记录的过程中，教师必须对自己的教学过程、教学事件进行整理和分析，总结经验和教训，这本身就是一种反思的过程。教师利用博客进行反思，能更好地领悟并激活那些隐性知识，并对其加以解释、说明、评判、验证和促进其发展，把它们变成一种显性知识乃至成为支持性的理论，从而引导教师行为的变化，促进教师专业能力的发展（潘华云，2007）。

相对于传统的纸笔式反思日记，基于博客的教学反思是开放的，在教师之间能够形成一个开放的沟通社区，促使教师将自己的反思活动与周围的群体交流结合起来。因此，博客既被看作支持教师个人反思的工具，同时又被看成是支持群体反思的工具（王海燕，底亚楠，2013）。

3. 作为叙事研究工具

教师在日常教学生活中，对自己的工作进行反思、研究、记录成叙事研究报告，能够真实、深入地反映研究的全过程和作者的思考。教育叙事研究推动每一位老师不断地将实践经验转化为理论认识（黎加厚，2004）。

博客作为教育叙事研究报告的交流平台，将过去以书面为载体的叙事研究报告呈现在信息技术平台上，通过数字方式把一个个"教学故事"归类记录，使用博客的积累效应，非常具有价值。

教育叙事报告数字化，使得叙事研究更容易保存、流通、复制，使叙事研究的传播范围全球化；教育叙事报告发表在博客平台上，可以随时更新，打破了原有纸质载体叙事报告的比较长的生产周期。

使用博客平台进行叙事研究还可以帮助研究者突破有限的圈子，在网络上得到来自全国的同行和专家教授的帮助引领；教育领域的专家学者可以通过对这些范例的理性分析，为实践找到相应的理论做支撑，让更多的教育工作者调整自己的教育教学行为和办学理念，使理论起到直接指导实践的作用。教师写自己的教育叙事并结合博客发表交流，是理论和实践相结合的切入点，研究者与被研究者之间可以展开充分的交流，创造出更多的智慧。

黎加厚教授在2004年曾经针对利用博客进行教育叙事提出一些建议,具体如下:

- 重在思考:教育叙事研究不是简单地"镜像"纪录生活,而是观察与思考生活,因此教师自己首先要养成思考的习惯。
- 注意观察:观察教学情景的发展变化,并记录保存观察的原始资料。
- 提出问题:要善于从身边的平淡事中发现问题和精彩,养成教育研究的敏感性。
- 写作构思:基于真实的课堂教学实践,要抓住有意义的"教学问题"、"教学冲突",有一个照亮整个文章的主题。
- 注意避免:不要将教育叙事变成强迫和负担,有灵感和激情的时候马上记下来,以免思绪稍纵即逝。

二、维基

(一) 维基简介

维基是"Wiki"的中文音译,来源于夏威夷语的"wee kee wee kee",本是"快点快点"的意思。Wiki是一种在网络上开放、支持多人协同创作的超文本系统,是由"Wiki之父"沃德·坎宁安(Ward Cunningham)于1995年所创。Wiki系统可以实现创造并改变HTML网页的功能,并记录及编目所有改变,因此可以提供还原改变的功能,并让使用者很容易地追踪Wiki的持续变化。

使用Wiki系统的网站称为维基网站,维基网站由一组供浏览、编辑的主题网页构成,这些主题网页包含了维基网站的传播内容。维基网站允许任何访问网站的人对网站内容进行浏览、创建、增加、删除和发布的操作,每个维基网站的使用者具有信息传播者和受传者的双重身份。维基网站包含支持协作式写作的工具,特别适合团队合作的写作方式。

维基百科,英文名为"Wikipedia",这个单词是网站核心技术"Wiki"及百科全书"encyclopedia"复合而成的新词。维基百科于2001年1月15日正式成立(见图8-3),是一个内容可公开编辑,且多语言的网络百科全书,由非营利组织维基媒体基金会负责营运。因为维基学习者广泛参与共建、共享,维基百科也被称为"创新2.0时代的百科全书"和"自由的百科全书"。目前维基百科已经成长为全球最大的网络百科全书,是互联网上最受欢迎的参考资料查询网站,并且逐步从一个大百科全书演变成综合性网络媒体。

中文维基百科是维基百科协作计划的中文版本,于2002年10月24日成立,每天有数十万访客做出数十万次编辑,并创建数千篇新条目。截至2010年6月30日,中文维基百科已拥有314 167条条目,累计编辑次数达13 708 705

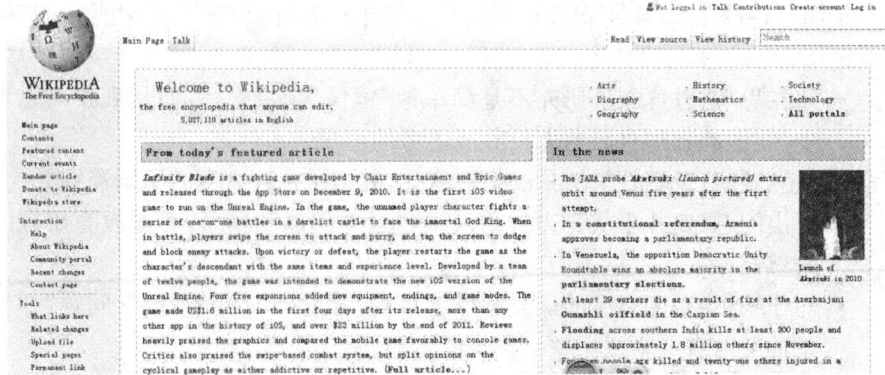

图 8-3 维基百科首页

次。此外还设有其他独立运作的中文方言或版本,包括闽南语维基百科、粤语维基百科、文言文维基百科等。

与维基百科相似的中文维基网站还有百度百科(http://baike.baidu.com/)、互动百科(http://www.baike.com/)等。其中,百度百科是百度公司推出的百科全书平台,强调学习者的参与和奉献精神,充分调动互联网学习者的力量,积极进行交流和分享。同时,百度百科实现与百度搜索、百度知道的结合,从不同层次上满足学习者对信息的需求。互动百科是全球最大的中文百科网站,它以词条为核心,与图片、文章等其他媒体形式共同构筑一个完整的知识搜索体系。

与博客的个人言论及自我发布相比,维基网站是通过群体写作建立起来的开放式网络社区,也是一种全新的网络媒体发布模式。而与传统纸质百科全书相比,维基百科内容完整、时效性强,是知识社会条件下学习者参与、大众开放、协同创新的生动诠释。

(二) 维基的使用

作为一般学习者,可以直接使用网络上已有的维基网站,如中文维基百科、百度百科等,如果有一定的技术基础,还可以使用一些开源软件搭建自己的维基系统。

下面以教育大发现维基网站(http://wiki.socaillearnlab.org/)为例(见图8-4),介绍如何使用现有的维基系统。

1. 注册学习者并编辑学习者页

有些维基网站需要学习者登录后才能编辑词条,登录后学习者可以拥有更多的权限。点击教育大发现网站首页面"登录/创建账户"就可以创建一个新的学习者。以创建的学习者登录维基网站后,可以看到个人的学习者名、参数设置、贡献等个性化的内容。

第八章　知识管理工具

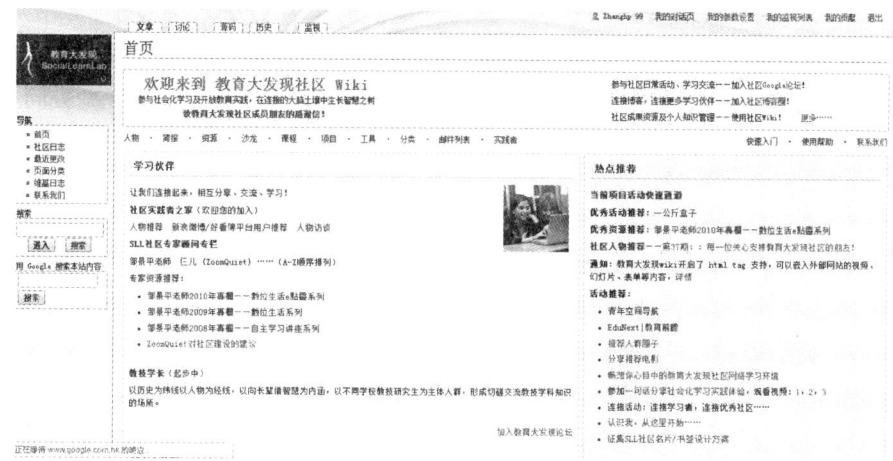

图 8-4　教育大发现首页

点击学习者名,可以打开学习者页,点击"编辑"可以编写学习者页中的内容。编辑完成后点击"保存页面",将内容保存(见图 8-5)。

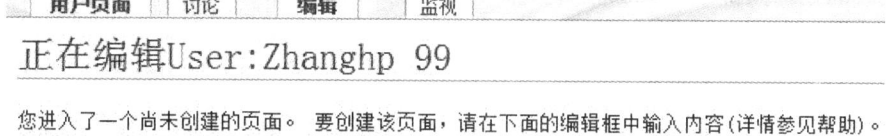

图 8-5　编辑学习者页

2. 查看页面

维基网站首页有很多超链接,点击这些超链接可以打开相应的页面。有些链接是站内链接,指向该维基网站内的页面;有些是站外链接,指向外部页面。

3. 编辑页面

通过首页的链接打开某个具体页面后,点击页面上的"编辑"标签,可以参与编辑页面;点击"历史"标签,可以查看哪些人参与了页面的修改;点击"监视"标签,可以通过接收邮件了解页面编辑修改的状况。

4. 使用 tag

通过给文章添加特定的 tag 标签可以将同类的文章组织起来。在每个页面下方都有一个添加 tag 的文本框,编辑时输入适当的 tag,点击"Add Tags"即可给页面添加标签。

(三) 维基在教育中的应用

由于维基具有协同工作、群体编辑的特点，在教育领域中也越来越多地被应用。目前，维基在教育教学中的主要应用体现在教学资源库建设、网上协同写作、教师协同备课等各个方面。

1. 维基支持的教学资源建设

当前网络学习资源建设仍然相对滞后，学习者日益增长的学习需要和资源匮乏、零散、无序之间存在矛盾，而维基网站是一种知识的积累、共享、交流、传播和再创造的平台，通过这个平台我们可以实现相关学科、课程或者某个主题的教学内容、教学资源、教学成果和教学案例的系统管理，建立教学资源库、专题知识库和教学案例库等。维基网站不仅可以提供参考资料的链接，还提供更多的评价和更广泛的背景材料，而且维基是开放的，学习者也可以参与到资源的建设中，成为学习资源的重要来源。教师和学生还可以对他人的资源进行修改或补充，通过共同完善和不断积累，使资源不断得到充实、丰富和完善。

例如"学习元"（http://lcell.bnu.edu.cn），是由北京师范大学搭建的教育技术学科的平台（见图 8-6）。教育技术领域的专家、教师、学生，和其他对此感兴趣的任何人都可以添加教育技术领域的术语词条。如果觉得不完整、不精确、不严密，任何人都可以修改，使之完善。这样集众人智慧，日积月累逐渐形成一个完整的、严密的和相对权威的专业知识系统。对该领域的学习者来说，它是一

图 8-6 学习元平台首页

个很好的学习资源,可以提供查询、阅读等。类似的还有"东行记——教育技术百科"(https://ethouse.wiki.baihui.com)。

2. 网上协同写作

维基网站是一种多人协作的写作工具,支持面向社群的协作式写作。每一个人既是阅读者,同时又是书写者;每个人都可在web的基础上,对共同主题的维基文本进行创建、扩展、探讨,或浏览、更改别人写的文本等;而且创建、更改、发布的代价远比HTML文本小,特别适合读书会、项目开发、写书、翻译、资料整理等。

High School Online Collaborative Writing(http://schools.wikicities.com/)是一个支持高中学生在线协作创作的Wiki平台,它包括的主题非常广泛,里面的文章也各具特色。这是在传统的学生作文刊物中看不到的情形:学生自由写作,不限题材和主题,一些有特点的文章也不会因为编辑的原因而被阻限。

Wikiville(http://www.wikiville.org.uk)项目由英国的John Bidder建立,目的是让孩子们从自己的角度和用自己的语言描述自己的家乡。这是一个非常精彩的项目,2006年上线,它鼓励世界各地的学生和教师参与进去,中国大陆及中国香港、台湾地区的学生也是计划的一部分。21世纪的学生正在用他们家乡的生活构造一个全球化的故事,Wikiville给了他们这样一个机会(尕藏草,郭绍青,2007)。

国内也有教师将维基应用于中小学的作文教学和大学英语写作训练中,通过基于维基的作文教学实践,老师们普遍感到维基激发了学生的写作热情,给学生一种语言表达、抒写真情的自我感、归属感和成就感。学生在维基网站上撰写、修改作文、发表评论、参与讨论,其学习主体性和责任感增强(蒋丽清,2006;张天荣,2008)。

3. 教师协同备课

教师协同备课是指教师通过协同效应,将原本没有或隐性的教学资源通过整体和个体间的有机协作开发出来,实现教学效果的非线性增长。教师通过协同备课,实现1+1>2的理念,即系统整体的价值大于各子系统部分价值的总和[①]。教师协同备课改变了教师原本孤立的备课、教学和研究状态,教师可以通过交流探讨,提高教学水平和专业素养,形成教师共同体。

维基支持的教师协同备课为教师共同体的知识管理、教学研究提供了全新的网络环境和方便操作的途径。例如,在中央电化教育馆"十一五"全国教育技

[①] 黄宜梁.论计算机网络协同小组教学模式与应用[J].福建广播电视大学学报,2006(1).

术研究重点课题——《网络环境下隐性知识管理与教师专业化发展研究》平台上的"教师协同备课专题"中,开展过针对《雷雨》的协同备课。参加协同备课的老师来自全国各地29所中小学,这些教师在不同时间和不同地点进入以维基平台为支撑的"教师协同备课专题"。在站点的页面中,一位教师针对《雷雨》一课拟定教学目标、教学重点及难点等项目,参与备课的其他教师思考和斟酌后进一步提出与课程相关的其他备课重点,教师之间共同修改备课专栏,添加、规划所需的各个项目内容。在确定备课中的部分关键内容时,备课项目的词条经过多位教师的反复修改和争论,很多教师就难点的问题进行多次质疑。修改记录显示,参与的教师对于备课项目做过20次以上的修改,多名教师为此做出贡献。大家从不同角度审视一个问题,多个过程交错反复,最终实现备课内容的完善(杨静,2009)。

第三节 概念图与思维导图

概念图和思维导图都是思维的可视化工具,即运用一系列图示技术把本来不可见的思维(思考方法和思考路径)呈现出来,使其清晰可见。相对于文字说明的方式,思维可视化可以有效提高信息加工及信息传递的效果,更有利于理解和记忆。我们可以使用这两种工具来帮助我们分析问题、整理思路。

其中,概念图用来组织和表征知识,表达概念间的逻辑关系;思维导图是一种放射状的辐射性的思维表达方式,主要是借助可视化手段促进灵感的产生和创造性思维的形成,强调人们的思想发展的过程的多向性、综合性和跳跃性。

一、概念图

概念图(Concept Map)最早是由康乃尔大学的诺瓦克(J. D. Novak)博士提出的一种教学技术,是一种知识及知识之间关系的网络图形化表征,也是思维可视化的表征。

（一）概念图的定义

诺瓦克博士认为:"概念图是用来组织和表征知识的工具。它通常将某一主题的有关概念置于圆圈或方框之中,然后用连线将相关的概念和命题连接,连线上标明两个概念之间的意义关系。"概念图以直观形象的方式进行表达和思考,非常接近人的自然思维过程。概念图同时运用学习者的多种智能,包括词汇、图像、数字、逻辑、韵律、颜色和空间感知,使抽象思维形象化、可视化,将大脑左右两半球的功能协调起来。

一幅概念图一般由"节点"、"链接"和"文字标注"组成:

(1) 节点:由几何图形、图案、文字等表示某个概念,每个节点表示一个概念,一般同一层级的概念用同种符号(图形)标识。

(2) 链接:表示不同节点间的有意义的关系,常用各种形式的线连接不同节点,这其中表达了构图者对概念的理解程度。

(3) 文字标注:可以是表示不同节点上的概念的关系,也可以是对节点上的概念的详细阐述,还可以是对整幅图的有关说明。①

概念图运用层级结构的方式表示概念之间的关系,最具概括性的概念在最上端,其他不同层级的概念依次排列在下方。概念之间的关系通过交叉连接来表示,在新知识的创建中,交叉连接表明了知识创造的跳跃性。见图8-7。

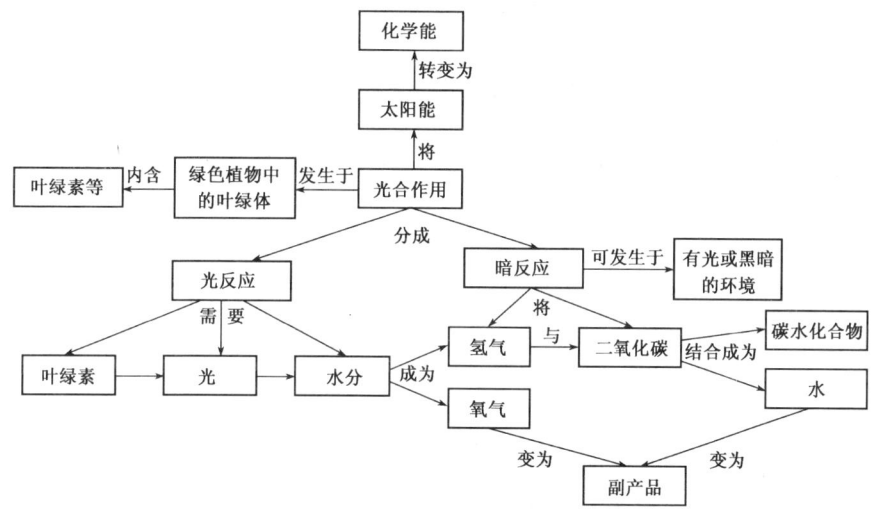

图8-7 "光合作用"概念图实例

概念图的依据是奥苏贝尔的有意义学习理论,奥苏贝尔认为,影响课堂教学中有意义接受学习的最重要的因素是学生的认知结构。而认知结构是由学生能回想起的事实、概念、命题、理论等构成的。概念图通过在概念之间建立关系,可以重新建构知识体系。学生认知的过程就是建立概念图的过程,这与建构主义的观点相一致,建构主义的同化和顺应作用在构造概念图的过程中体现在对

---

① 钟毅平,叶茂林主编.认知心理学高级教程[M].合肥:安徽人民出版社,2010.

概念图的节点的增加和对已有概念图结构的修改。教学中,通过引导学生建立新知识与原有知识结构的关系,可以促进新知识的学习,完善学生的认知结构。

(二) 概念图的功能

在企业中,概念图被广泛应用于头脑风暴、复杂概念的传达及团队间的沟通交流,促进愿景分享与互相理解。在教学中,教师与学生也可以使用概念图来帮助个人的教与学。

1. 整理加工信息

教师可以借助概念图归纳、整理教学思路。概念图在教学设计过程中,会将教师头脑中的教学内容、教学理论和教学经验以可视化的形式表现出来,使教学的重难点和适当的教学方法得以清晰表达。

对于学生来说,概念图可以将原来认知结构中的概念知识可视化,可以通过彼此的位置、连线等重建知识的联系,也可以发现现有知识结构的不完备。

2. 表达知识

借助概念图表达知识不但形象直观,而且简明扼要,特别是能够反映出构图者对知识的独特理解和表达方式。教师展示教学内容时使用概念图,学生既能直观地观察到概念,又看到了教师的思维过程;学生还可以使用概念图帮助自己分析知识的结构。

3. 学习交流

在远程协作和师生交流中使用概念图,可以将彼此的思想和对问题的看法非常清晰准确地进行传达,帮助大家聚焦主要问题,而且通过学生对自己的理解的表达,还可以激发学生的创意。

4. 教学活动中进行反思

教学反思是教师专业发展的有效途径,概念图可以帮助教师建立各个知识点之间及各知识点与整体知识体系之间的关系,也可以对教学活动的过程、教学活动中各个要素的作用进行梳理。

5. 有效评价

概念地图作为一种评价工具,能有效地记录学习者的概念形成过程。通过对单元学习开始之前、单元学习过程中和单元学习结束时学生所绘制的概念地图进行比较,可以很容易地发现学生在概念理解上的变化和认知上的变化。绘制概念地图的过程也是一个很好的自我反思与自我评价的过程,可以帮助学习者发现个人认知结构中的缺陷,促进对概念的进一步理解。

(三) 如何创建概念图

概念图可以用纸笔绘画,也可以使用一些特制的绘制软件绘制。除了常用的 Word、PowerPoint、Visio 外,还有一些专门用来制作概念图的工具,如 Inspiration 软件公司的 Inspiration 软件就是绘制概念图的强大工具。

1. 创建概念图的过程

一是根据选择的内容,列出可能涉及的概念。

二是对概念进行排序。按照奥苏贝尔的理论,把含义最广、最有包容性的概念放在图的顶端,作为关键概念。从关键概念开始,把所有列出的概念从大到小、从一般到具体进行分类排序,在这个过程中,可以继续增加更多的概念,将最具体的概念放在最底层。

三是连接概念。用线条把概念连接起来,并用连接词语注明连线,连接词语应说明两个概念之间的关系。常用于描述关系的连接词语有"由……组成"、"包括"、"取决于"、"引起"、"由……造成"、"受……影响"等。

四是确定各级连接的指向。当把概念连接起来以后,就要用箭头表示概念间的关系,概念间的连线可以是单向、双向或无方向的。

五是把说明概念的具体例子写在概念旁。

2. 使用软件工具创建概念图

Inspiration 是美国 Inspiration 公司开发的一种专用概念图软件,界面直观、易用,可以非常形象地表达抽象的思维及复杂概念之间的关系。教师和学生可以利用 Inspiration 来组织和管理知识概念、命题和各类教学信息;在学科教学中可以应用 Inspiration 进行概念图的制作、复杂思维的表征,以及图表和大纲的制作。

Inspiration 9.2 版本能够提供图表形式和大纲形式两种工作环境。图表形式有利于显示各要点之间的联系;大纲形式有利于组织书写文件的要点。此外,还新增了演示文稿管理器,可以直接将内容转化为演示幻灯片。

(1) 启动软件,进入初始界面

在界面中(如图 8-8 所示),有 3 种模式可以选择,分别是"Diagram"(图表)、"Outline"(大纲)和"Map"(地图)。

对软件不太熟悉的初学者可以点击界面上的"Templates",使用已有的模板,或者点击"Learn to use"了解如何使用这个软件。"Learn to use"提供了学习文件、范例和学习视频。

本文主要以"Diagram"模式为例来学习 Inspiration 的使用。

进入"Diagram"模式后,主界面如图 8-9 所示。

图 8-8 Inspiration 初始界面

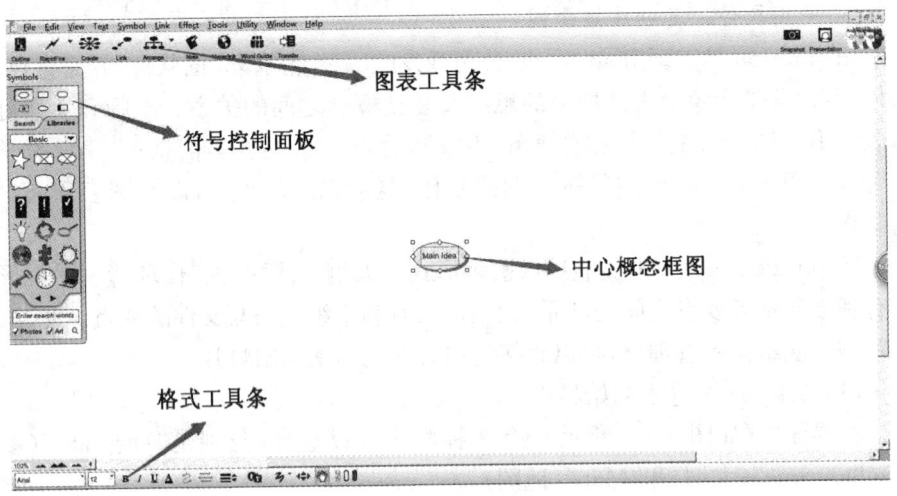

图 8-9 软件主界面

(2) 确定中心概念

点击符号控制面板中的图形,在编辑区输入两个概念"化学反应"和"物理反应"。

(3) 确定其他各次级概念

选中刚刚输入的中心概念"化学反应",点击图表工具栏中的创建新符号按钮  中的"左上"分支,产生次级符号,输入"新的物质形式"。按照同样的方

法,添加其他的次级概念和第三级概念,如图 8-10 所示。

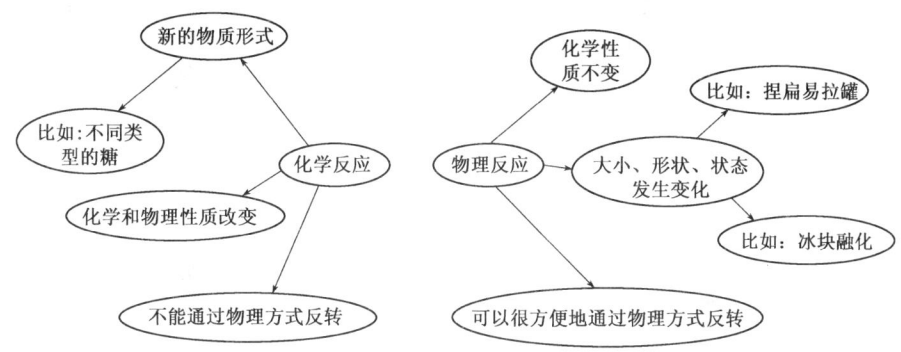

图 8-10 不同的概念

(4) 设置符号形状和符号图形

在输入次级概念的过程中,为了快速捕捉多个想法而不考虑它们的先后顺序,可以使用工具栏上的"Rapid Fire"按钮。即选中"化学反应"符号,点击"Rapid Fire"按钮,在中心概念"化学反应"后出现了符号 ⚡,在这个符号后直接输入次级概念"任何物质"并按回车键,Inspiration 会自动在"化学反应"周围添加内容为"任何物质"的新符号,接着我们再输入其他几个概念。

在添加符号时,形状默认为椭圆蓝底,如果想替换为其他形状或图形,可以在选中符号后,在符号控制面板中点击新符号形状或新符号图形。符号形状和符号图形的外观可以通过格式工具条中的按钮进行设置。我们在制作时可以使用符号控制面板中的不同符号和 library 中的各种图标,使概念图多样化,如图 8-11 所示。

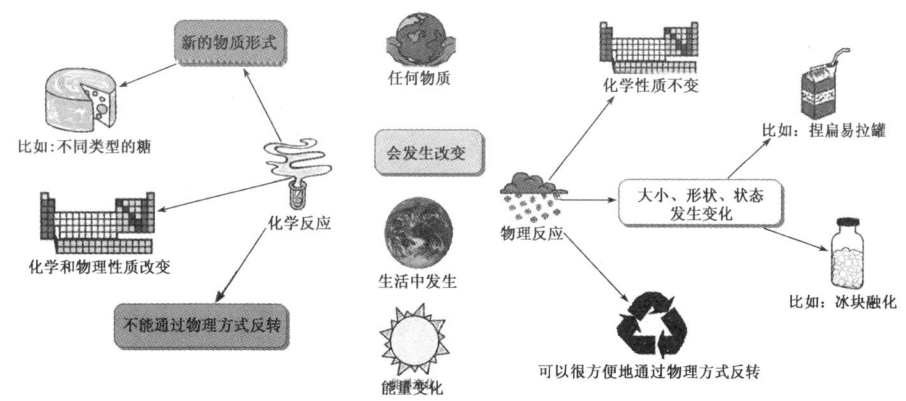

图 8-11 编辑符号状态

(5) 添加连接线

在"物理反应"、"化学反应"与其他概念之间添加连接线。选中"化学反应"符号,点击"link"按钮,并指向"任何物质"符号,当"任何物质"符号周围出现绿色边框时放开鼠标,会建立从"化学反应"到"任何物质"的连线。

点击概念图上的某个连线,选择"Link"—"Single Curve",可以把直线改成曲线。点击曲线上的圆点可以改变曲线弯曲方向。如果要修改连线的粗细程度、颜色等,可以通过格式工具条中的按钮进行。

(6) 添加连接词

点击两个符号之间的连线,输入相应的连接词,如图 8-12 所示。

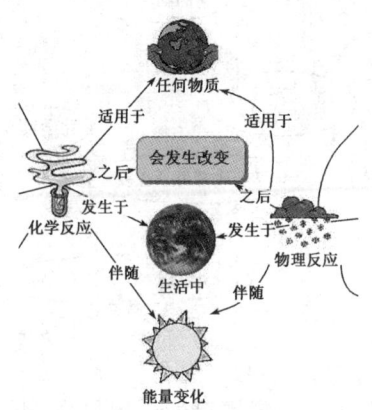

图 8-12 添加连接线和连接词

(7) 文件保存

概念图编辑完成后,点击"File"—"Save"将文件保存为源文件的形式,扩展名为.isf。如果想保存成普通图像文件格式,需要在"File"菜单中选择"Export",然后在相应的对话框中进行设置。

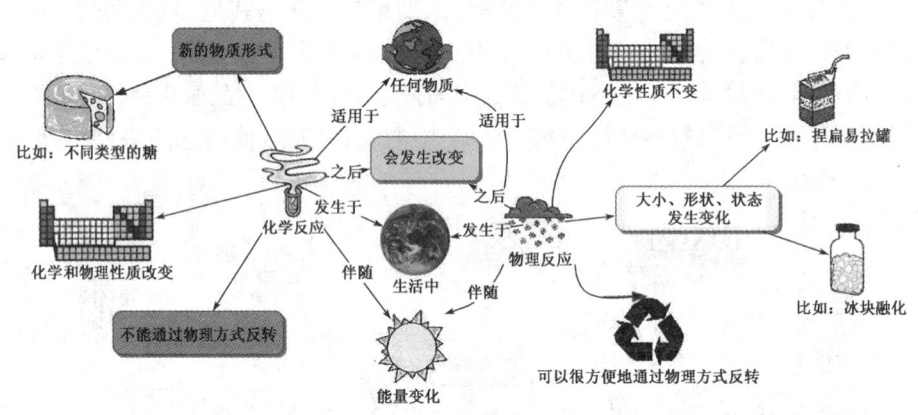

图 8-13 概念图完成

以上是 Inspiration 软件的基本操作,除此之外,工具栏上的其他图标或者其他菜单命令也可以使用,我们还可以插入外部图像文件作为符号。

二、思维导图

思维导图最初是20世纪60年代英国著名心理学家托尼·巴赞创造的一种笔记方法。和传统的直线记录方法完全不同,思维导图大多是通过带顺序标号的树状的结构来呈现一个思维过程,将放射性思考(Radiant Thinking)具体化。它和概念图一样在各个领域中有着广泛的应用,如美国波音公司在设计波音747飞机的时候就使用了思维导图(如图8-14所示)。波音公司的Mike Stanley博士曾说如果使用普通的方法,设计波音747这样一个大型的项目要花费6年的时间。但是,通过使用思维导图,他们的工程师只使用了6个月的时间就完成了波音747的设计。"使用思维导图是波音公司的质量提高项目的有效组成部分之一,这帮助我们公司节省了一千万美元。"

图8-14 波音公司使用的思维导图墙

(一) 什么是思维导图

思维导图,又叫心智图,是表达放射性思维的有效的图形思维工具,它把各级主题的关系用相互隶属与相关的层级图表现出来,把主题关键词与图像、颜色等建立记忆连接。思维导图利用色彩、图画、代码和多维度等图文并茂的形式来增强记忆效果,使人们关注的焦点清晰地集中在中央图形上,允许学习者产生无限制的联想,这使思维过程更具创造性。

科学研究已经充分证明，人类的思维特征是呈放射性的，进入大脑的每一条信息、每一种感觉，以及每一个记忆或思想（包括每一个词汇、数字、代码、食物、香味、线条、色彩、图像、节拍、音符和纹路），都可以作为一个思维分支表现出来。它呈现出来的就是放射性的立体结构（如图8-15所示），所有的思维分支互相连接，构成头脑中的"个人数据库"。托尼·巴赞在研究大脑的力量和潜能过程中，注意到伟大的艺术家达·芬奇在他的笔记中使用了许多图画、代号和连线，同时他还发现人类头脑中的每一个脑细胞及大脑的各种技巧如果能被和谐而巧妙地运用，将比彼此分开工作更高效。托尼·巴赞开始用他总结出来的方法训练一群被称为"学习障碍者"、"阅读能力丧失"的学生，这些被称为失败者或曾被放弃的学生，很快就有了很大提高，其中有一部分甚至成为同龄人中的佼佼者。1971年托尼·巴赞开始将他的研究成果集结成书，慢慢形成了放射性思考（Radiant Thinking）和思维导图法（Mind Mapping）的概念。

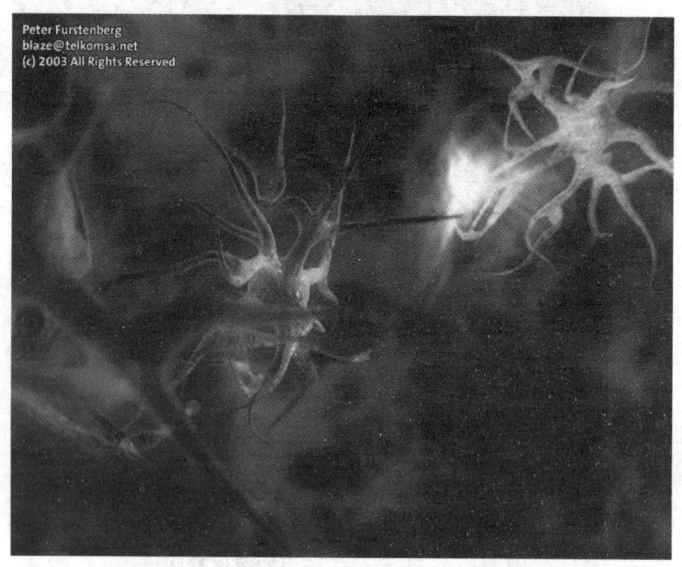

图8-15　神经元——放射性思维的对应结构

思维导图的放射状的思维架构和大脑信息存储模式非常巧妙地吻合在一起，它是目前最接近人的大脑的学习模式和思考方式的工具和技术。这种特点体现在以下几个方面：① 思维导图主要是借助可视化手段促进灵感的产生和创造性思维的形成，类似于大脑神经元网络分布的图形。② 思维导图是通过带顺序标号的树状的结构来呈现一个思维过程，是将放射性思考（Radiant Thinking）具体化的过程。③ 思维导图是放射性思维的表达，也是人类思维的自然功能,强调左右大脑的协调合作。在整理自己思维的过程中,尽量多使用形象的图,使用容易辨识的符号,单一的文字并不是大脑自然适应的思考方式。④ 思维导图是基于对人脑的模拟,它使用了大脑喜欢的思考方式,因此思维导图是多色彩的。⑤ 强调以立体方式思考,将彼此间的关系显示出来。如在某项目上有新要点,可在分支上再继续。⑥ 具有强烈的个人色彩,在基本原则相同的前提下,每个人绘制的思维导图有强烈的个人风格。

托尼·巴赞提出思维导图的理论,是为了希望人们通过对思维导图的使用,促进思维的发散和深入,最终促进创造性思维的形成。实验证明,学习者使用思维导图,可以提高学习速度和效率,激发联想与创意,还可以帮助学习者形成系统的学习和思维的习惯。具体表现为:① 使用思维导图进行学习,可以促使学习者把主要精力集中在关键的知识点上,提高学习效率,增进理解和记忆能力。② 思维导图中关键知识点之间的连接线会引导学习者积极主动思考,快速系统地整合知识,发展创造性思维和创新能力。③ 思维导图具有极大的可伸缩性,它顺应了我们大脑的自然思维模式,可以使我们的主观意图自然地在图上得以表达出来,并能够将新旧知识结合。④ 创作思维导图时使用颜色、形状,把关键字和颜色、图案联系起来,可以激发我们的右脑,发挥大脑的整体功能。

(二) 思维导图的应用领域

思维导图可以应用于我们工作、学习、生活的任何领域,可以帮助我们做计划、记笔记,也可以作为团队沟通和头脑风暴的工具。应用思维导图做笔记、写作、准备演讲、管理时间、做规划和组织会议,分别如图 8-16 至图 8-21 所示。

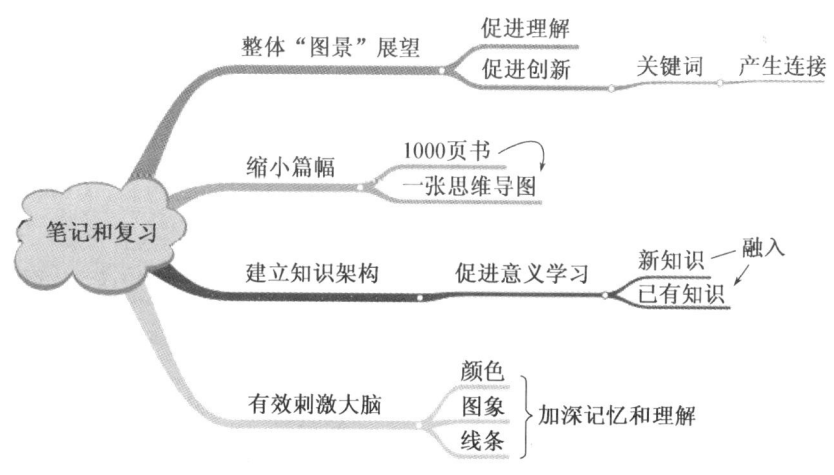

图 8-16　用思维导图做笔记

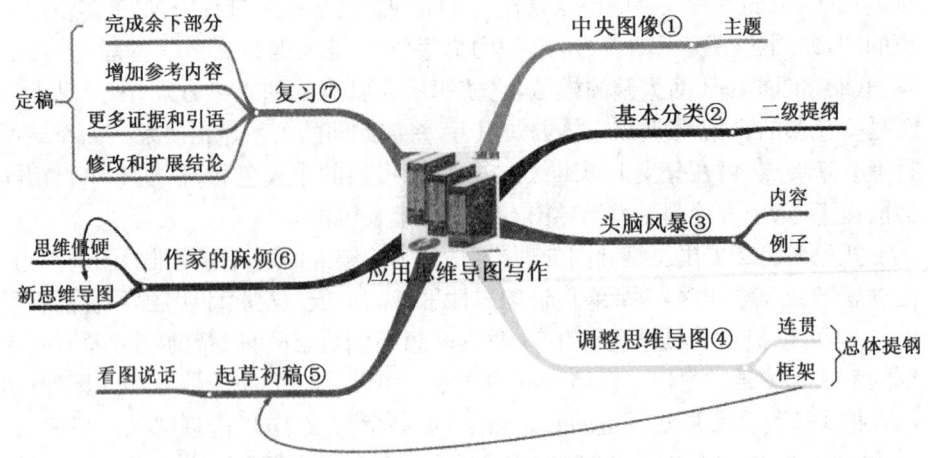

图 8-17 思维导图用于写作

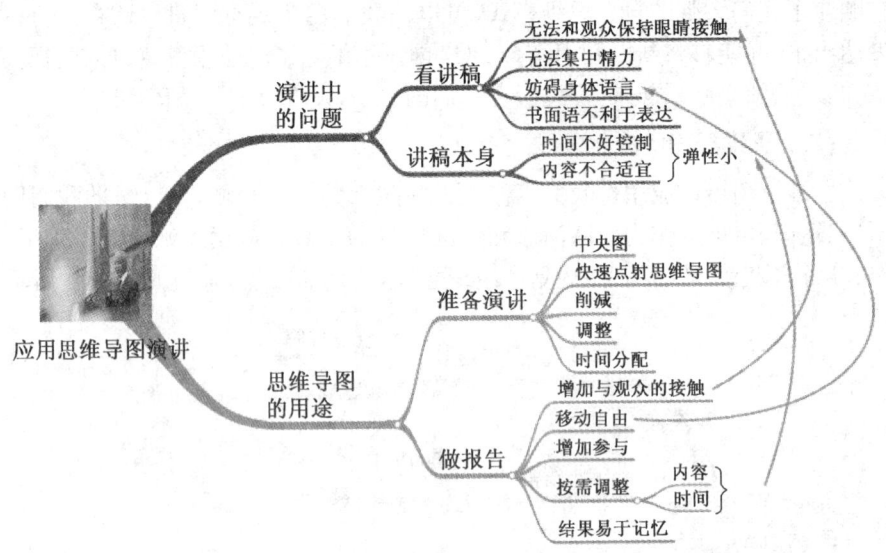

图 8-18 用思维导图准备演讲

第八章 知识管理工具

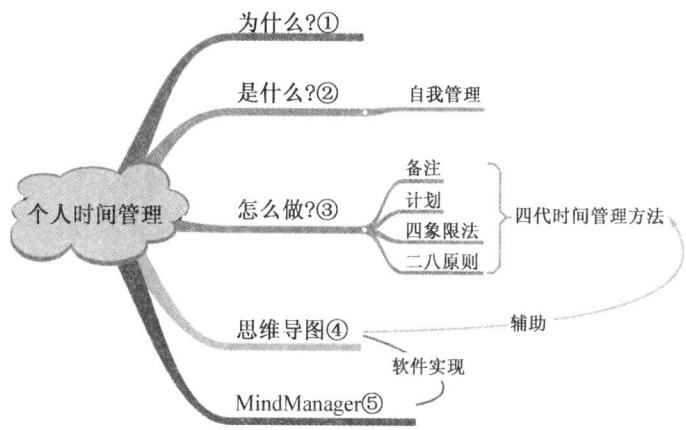

图 8-19 用思维导图管理时间

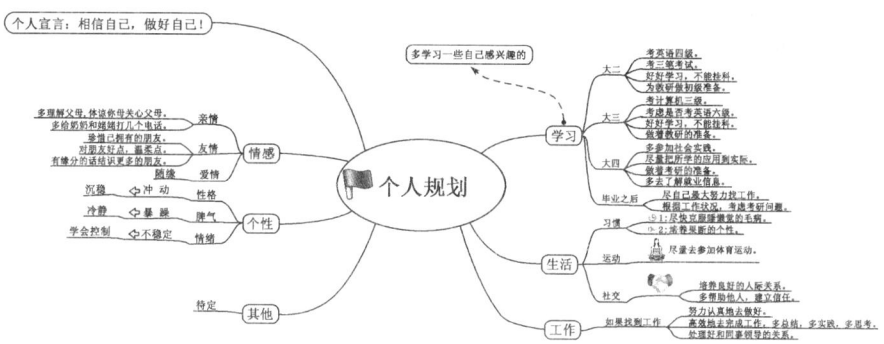

图 8-20 用思维导图进行个人规划

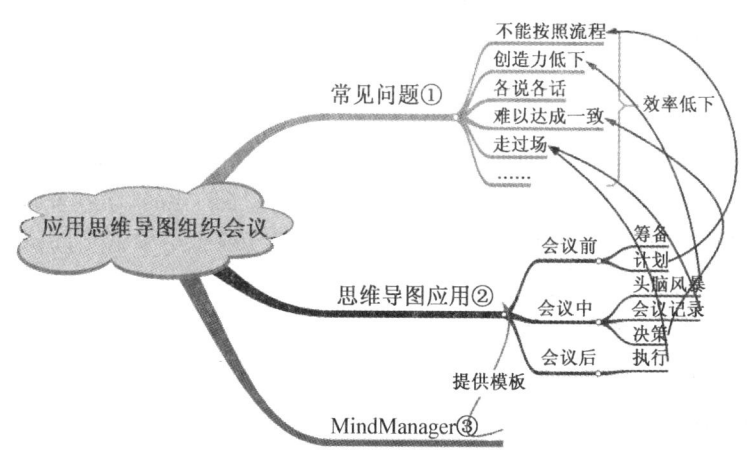

图 8-21 用思维导图组织会议

(三) 思维导图的教学应用

世界上已有许多国家将思维导图应用在教育中,并在提高教学效果方面取得了显著成效,如英国、美国、澳大利亚、新加坡等。其中新加坡已经将思维导图作为从幼儿园至大学的必修课程之一;美国学校使用的教案,也大部分应用了思维导图的方法;在英美国家来华参加国际学术会议的专家学者的报告中,可以看到他们对思维导图的应用。[①] 教学中使用思维导图,主要体现在以下几方面:

1. 帮助师生掌握正确有效的学习方法策略

思维导图可以帮助师生掌握正确有效的学习方法策略,促进教学的效率和质量的提高。在整理和绘制思维导图的过程中,关键词和核心内容的查找可以更好地帮助教师和学生们加强对所学知识的理解和深化。

比如,高中物理第一章"运动学",前几节要学习大量的物理概念。虽然物理情境很现实,但是物理量很抽象,老师在上课时,可以用关键词解释各物理量的含义,以不同颜色呈现各物理量之间的内在联系和思维关系,这样可以为之后描述各种运动情境和学生学好运动学公式打下良好基础(杨昆,2015)。

2. 帮助建立系统完整的知识框架体系

思维导图可以帮助建立系统完整的知识框架体系,使整个教学过程和流程设计更加系统、科学有效。利用思维导图进行课程的教学设计,会促成师生形成整体的观念,进一步加强对所学和所教内容的整体把握,而且可以根据教学过程和实际情况做出合理的调整。

3. 教学过程中促进师生间的交流与沟通

在应用思维导图教学的过程中,以学生为主体,教师做引导,可以让学生有更大的发挥自我的空间,充分发挥学生学习的主观能动性和创造天赋。

4. 发展并挖掘个体的独特性

思维导图可以发展并挖掘个体的独特性,从而最大限度地做到因材施教。通过学生的思维导图作品,能够发现每个学生的知识结构,了解其对课程的理解和认识程度,从而做出对应的指导。

比如在学习初中二年级的《徐霞客和〈徐霞客游记〉》这篇课文时,由于课文既介绍了徐霞客的生平及出游情况,还介绍了徐霞客的作品《徐霞客游记》,很大一部分学生不能很好地把握整篇课文,对课文内容没有一个清晰的认知。采用思维导图的方式,可以使学生对文章内容和思想感情有很好的把握。本文的中心是"徐霞客",作者从三个方面来介绍徐霞客,首先是介绍名、号、生卒年、籍贯、

---

① 四个领域思维导图应用案例详解[DB/OL]. http://mt.sohu.com/20150727/n417599020.shtml. 2015 - 12 - 02.

评价及家庭情况,接着是出游情况,最后是游记成书经过及其文学、科学价值,每一方面又分几个小点来写(如图8-22所示)。

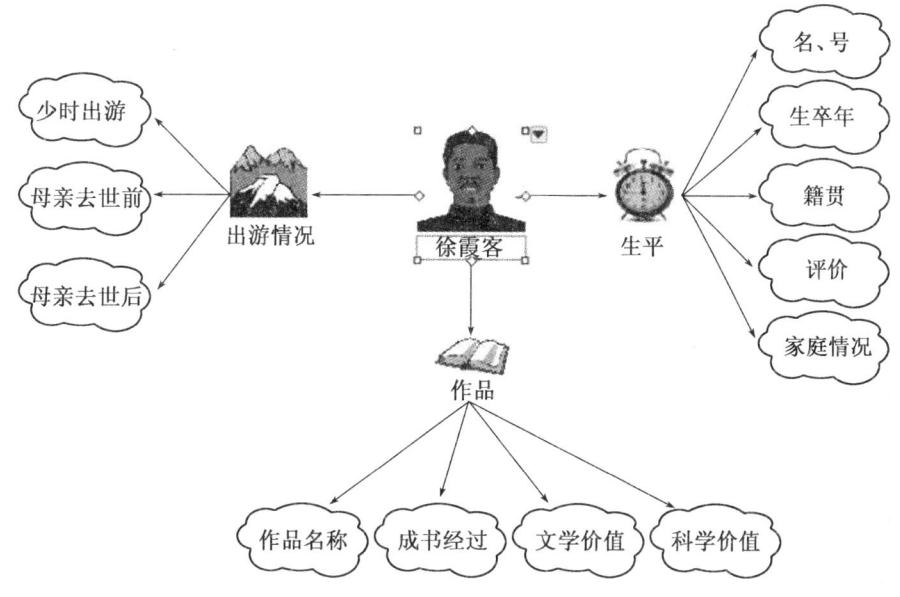

图8-22 "徐霞客"思维导图

教师课前事先制作本课的思维导图。在课上边讲解边展示,通过图形、线条、符号等方式连接呈现,将知识可视化,直观地给出课文的主要结构和层次,帮助学生整体分析文章的结构、段落和重点。除了教师的呈现讲解外,还可以让每位学生制作出自己的思维导图,这样既强化了学生的记忆,理清了学生的思路,教师又可以从中判断出学生对知识掌握的准确程度(邱相彬、曾红丽,2011)。

(四) 思维导图的创作过程

1. 思维导图的绘制步骤

绘制思维导图时,可以按照以下的过程来进行:

第一,在纸中央写出或画出主题,要注意清晰及有强烈视觉效果。

第二,向外扩张分支。从中心将有关联的要点分支出来,想象用树形格式排列题目的要点,分支最好维持五到七个。

第三,使用"关键词"表达各分支的内容。使用思维导图的目的是要把握事实的精粹,方便记忆,因此不要把完整的句子写在分支上,多使用关键的动词和名词。

第四,使用容易辨识的符号、颜色、文字、图画和其他形象表达内容,图像愈生动活泼愈好。

第五，用箭头把相关的分支连起来，以立体方式思考，将彼此间的关系显示出来。

绘制思维导图时要注意：

➢ 建立自己的风格——思维导图并不是艺术品，能帮助你记忆，才是最有意义的。

➢ 重画能使思维导图更简洁，有助于长期记忆——同一主题可多画几次，不会花很多时间，但你会很快把这个主题牢牢地记住。

➢ 尽量发挥视觉上的想象力，利用自己的创意来制作自己的思维导图。

2. 使用软件工具绘制思维导图

绘制思维导图的软件工具有很多种，比如 MindManager、XMind、FreeMind、MindMapper 等。其中 MindManager 由美国 Mindjet 公司开发，用户界面直观友好，功能丰富，而且该软件同 Microsoft 软件无缝集成，可以快速将数据导入或导出到 Microsoft Word、PowerPoint、Excel、Outlook、Project 和 Visio 中，所以越来越多的学习者选择使用它。

（1）打开主程序，双击模板或者点击右下方的创建，创建新图表（如图 8-23 所示）。

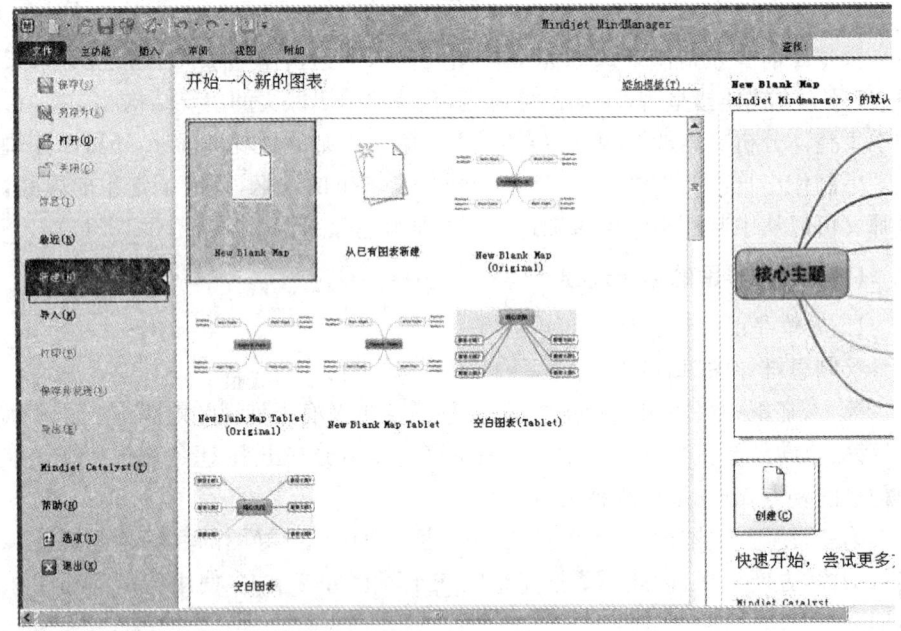

图 8-23 开始界面

(2) 填写中心词,在核心主题上填上中心词。

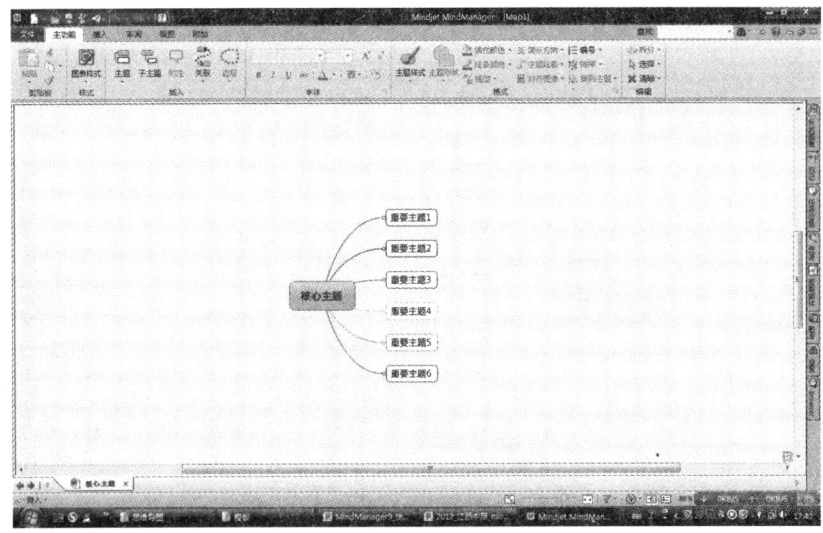

图 8-24　添加中心词

(3) 插入一级分支,也就是核心主题后面的重要主题。选中核心主题,按 Enter 键或点击工具栏的子主题,即可生成一个一级分支。选中分支,按 Delete 键即可删除。

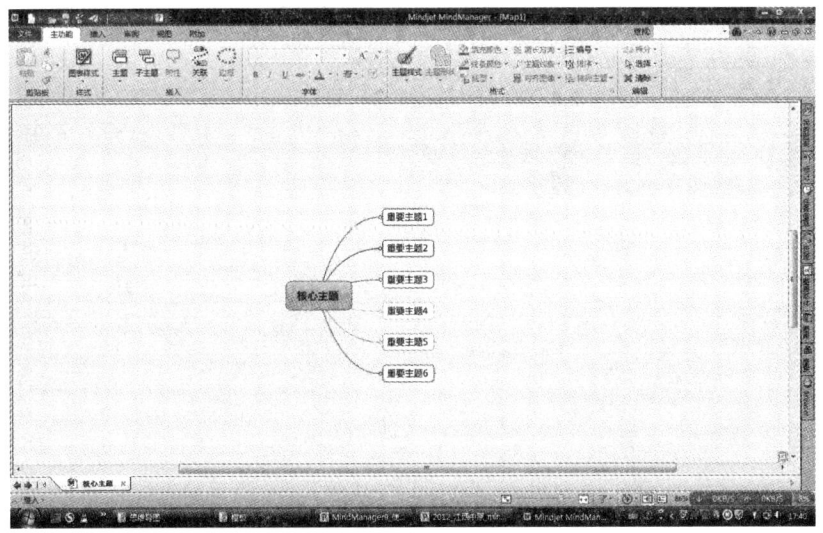

图 8-25　添加一级分支

(4) 插入二级分支，选中一级分支，即重要主题，按 Insert 键或点击工具栏的子主题，即可生成一个二级分支。

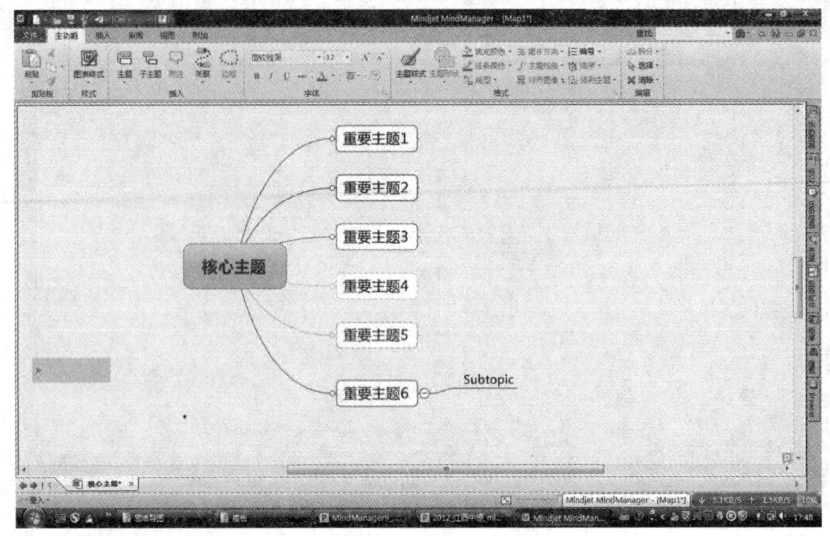

图 8‑26　添加二级分支

(5) 格式化核心主题。选中核心主题，右键点击格式化主题。格式化子主题的方法和核心主题的设置一样。

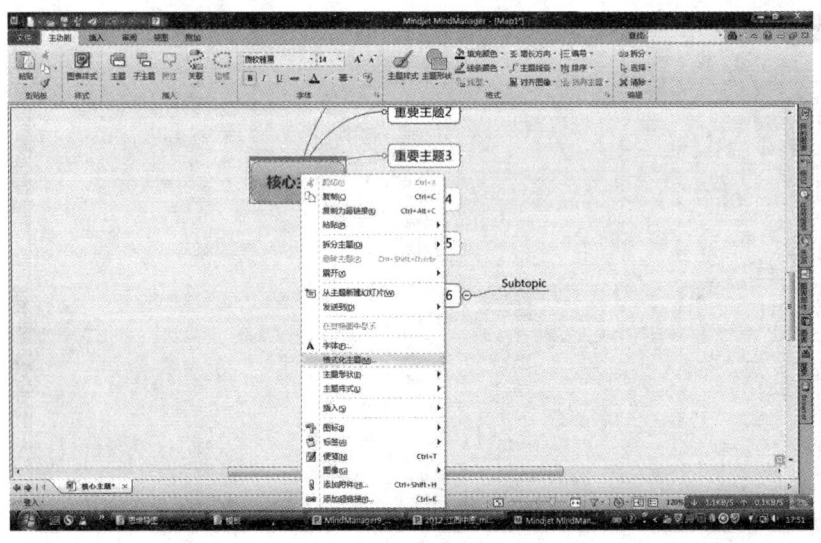

图 8‑27　格式化主题

进入格式化主题页面后,就可以对主线条及填充颜色、图片与文字排列、尺寸、线条弧度样式,以及子主题布局、线条粗细与阴影效果进行设置。

(6) 插入其他元素:

插入关联线:右击子主题,点击插入,会出现一个下拉框,可以进行插入操作。还可以插入附注、关联线、边框等。

插入图标:右击主题,点击图标,即可进行选择,也可以在右边的图库中选择。

添加便笺:右击主题,选择便笺,即可插入便笺,也可以用同样的方法添加附件、超链接、图片等。

快速插入文件夹和文件:只需复制所需的文件或文件夹,想放在哪个主题下,即选中那个主题,进行粘贴。

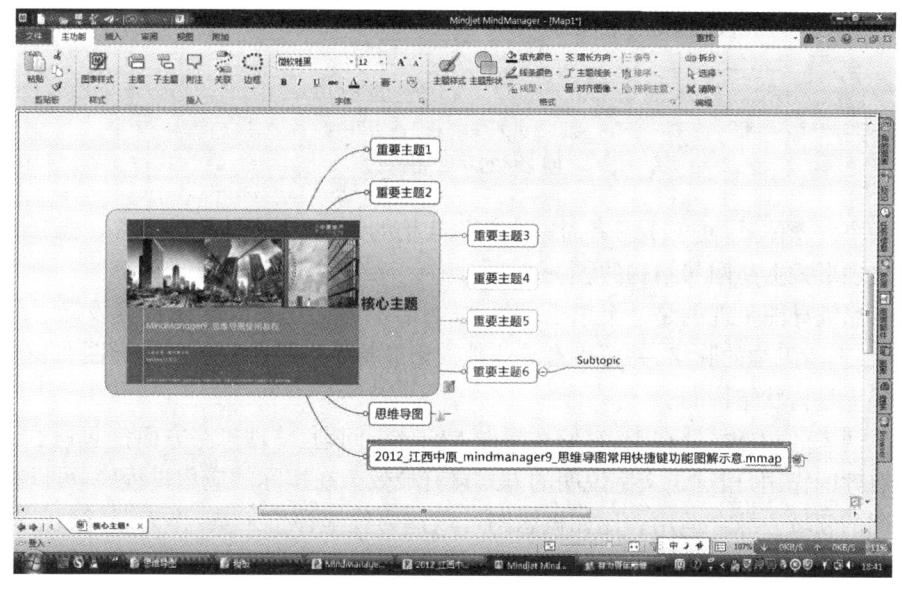

图 8-28 添加其他元素

(7) 修改背景。在空白处右击,选择背景,可以进行背景选择。见图 8-29。

(8) 保存、导入、导出。点击工具栏左上角文件选项,在弹出的对话框中选择相应的操作。

三、概念图与思维导图的区别

概念图能够表示知识体系中概念与概念之间的关系,以及学习者认知结构中已有的概念及相互关系,构造清晰的知识网络。使用概念图能直观快速地把

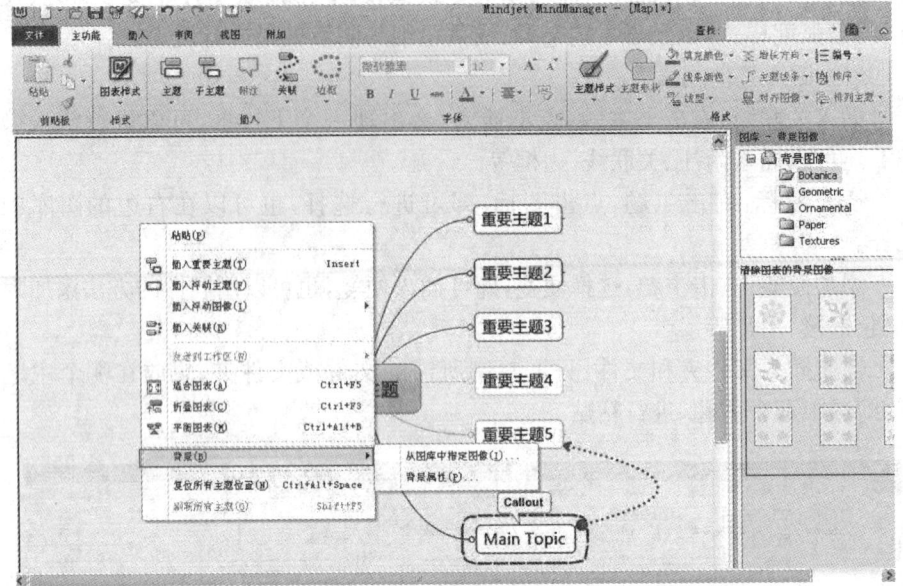

图 8-29　背景修改

握一个概念体系,便于学习者对整个知识架构的掌握,促进知识的迁移。概念图在表现形式上是网状结构的。

思维导图呈现的是一个思维过程,学习者能够借助思维导图提高发散思维能力,理清思维的脉络,并可供自己或他人回顾整个思维过程。思维导图在表现形式上是树状结构的。

两者的相近之处在于,它们在帮助人们分析问题、整理思路方面都起到了积极有效的作用,相对于文字说明的方式卓有成效。在实际的应用过程中,可以在不同的领域去综合运用。比如概念图可以作为教学评价工具,作为课堂教学的先行组织者(Advance Organizer)、概念体系整理、网络课程导航等;概念图还是一个很好的表示复杂关系的工具。思维导图主要应用在记笔记、准备报告及论文写作中。

而目前的工具软件如 Inspiration、MindManager 等,虽有一定的侧重(前者侧重概念图的制作,后者侧重思维导图的制作),但都一定程度上综合了两者的需求。

参考文献

[1] 彼得·F.德鲁克等著.知识管理[M].北京:中国人民大学出版社、哈佛商学院出版

社,1999.

[2] Steve Barth. Personal toolkit：A framework for personal knowledge management tools[DB/OL]. http://www.kmworld.com/Articles/Editorial/Features/Personal-toolkit-A-framework-for-personal-knowledge-management-tools-9416.aspx,2015-9.

[3] 黎家厚.教育叙事研究、Blog与教师的成长[EB/OL]. http://blog.sina.com.cn/s/blog_4cb2f8b4010008ji.html,2015-11.

[4] 王海燕,底亚楠.博客支持的成熟型教师教学反思个案研究[J].电化教育研究,2013(1)：118-120.

[5] 杨昆.思维导图在不同课型中的应用[J].中小学管理,2015(5):38-40.

第九章　常用学科工具

学科工具是一种重要的学科教育教学资源，是实现信息技术与具体学科整合的基础，不同学科有不同的工具软件。学科工具与普通应用软件相比，具有很强的学科实用性，可以根据不同学科的教育目标和教学内容，解决某些专门领域的问题，支持学科的教与学。即使是同一学科，不同的工具软件也各有侧重点，因此，学科工具具有学科专业性、功能性、教育性等特点。当然，同一种工具软件也可能应用于不同的学科中。

本章将根据基础教育学科的分类，介绍不同学科中常用的工具软件。

第一节　数学学科软件

《全日制义务教育数学课程标准》（简称《标准》）中指出，数学是研究数量关系和空间形式的科学。数学与人类的活动息息相关，不仅是自然科学和技术科学的基础，而且在社会科学与人文科学中发挥着越来越大的作用。数学教育一方面要使学生掌握现代生活和学习中所需要的数学知识与技能，一方面要充分发挥数学在培养人的科学推理和创新思维方面的功能。

在各个教学段中，《标准》安排了四个方面的内容："数与代数"、"图形与几何"、"统计与概率"和"综合与实践"。每个部分都有具体的教学内容和教学目标，在不同的教学段中，我们可以利用不同的学科软件。

一、空间与图形软件

华罗庚曾经说过："数缺形时少直觉，形缺数时难入微。"在空间与图形的学习中，可以通过信息技术工具，将抽象的数学表达式与直观的图形契合起来，有助于学生的学习，几何画板就是其中一种。

(一) 几何画板

几何画板是一个优秀的专业学科平台软件,代表了当代专业工具平台类教学软件的发展方向。该软件由美国 Key Curriculum Press 公司制作出版,1996 年人民教育出版社汉化发行。该软件的功能几乎涉及课程标准中空间与图形内容中各个模块,几何画板软件具有精确的数字化描述和动态的参数交互功能,能够动态地表现出几何对象的位置关系、运行变化规律,甚至物理学科中也可以用得到。

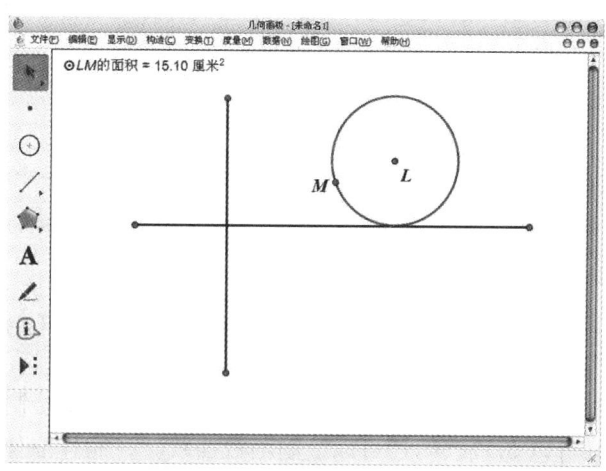

图 9-1　几何画板

1. 电子作图

几何画板可以作为一个电子作图工具,利用它的工具箱提供的工具,模拟直尺、三角板、圆规,做出点、线段、射线、直线、圆等几何图形,并可以在各几何元素旁标注字母,也可以在画板上任何地方注释文字。计算机的快速精确计算和图形处理功能,使几何画板软件作图既快又精确,而且在几何画板中,可以利用"作图"菜单中提供的各种功能,由系统自动产生出交点、平行线、垂直线、圆弧、抛物线等几何图形。

2. 动态演示

几何画板能够准确地、动态地表现几何问题,为充分展现几何元素在运动状态下保持几何关系的不变性,提供了方便的动态演示,使学生对一些几何性质和定理理解得更快、更深刻。例如"任意三角形"这一概念,过去教师只能在黑板上画几个三角形,再用语言补充,而用几何画板可以拖动三角形的任意一个顶点,动态地演示出"任意三角形"这一概念。

3. 显示和探求轨迹

轨迹是几何中一个重要知识点,传统教学中,学生只能根据对问题的分析和最终的结果去想象出轨迹生成的过程,而几何画板的动态功能,可以直观地演示出轨迹生成过程,不仅使分析、过程、结果都一目了然,而且便于整体把握数学内在规律,还可以由此发现许多新的规律。

4. 课件开发

几何画板又可以作为课件开发工具,帮助教师大大扩展几何教学的能力,而且不需要教师具备程序设计知识。在备课时,用几何画板事先编制好要讲的内容,系统自动记录绘制的过程和内容,然后将它们保存,上课时调出文件,系统就会自动演示教师制作的过程。

5. 辅助学习

几何画板为学生提供了一个自由、开阔的"做数学"的环境。它可以作为学生研究几何关系,猜测、发现和验证几何方法,探索几何规律的一个电子"实验室"。学生可以在画板上画出各种几何图形,验证有关的几何性质(刘胜利,2010)。

(二) 其他工具

除了几何画板之外,还有其他的一些几何图形绘制与分析工具,比如:

1. 3D 数学教学平台

3D 数学教学平台是一个设计数学课件的工具,可方便绘制点线面构成的 3D 几何图形并可以 3D 旋转,还可以绘制函数曲线。在制作立体几何课件的时候可以使用。

3D 数学教学平台采用了三维动画设计技术,可从不同角度展示立体几何元素之间的联系,基本可以满足立体几何的大部分要求,主要功能包括:绘制三维图形,取定比分点,作垂线,标示字母等,所有立体图形都可左右、上下 360 度旋转,无限放大、缩小。新版本软件还集成了立体几何中主要定理、定义的演示,如:三垂线定理、异面直线所成角、二面角及其平面角等。如图 9-2 所示。

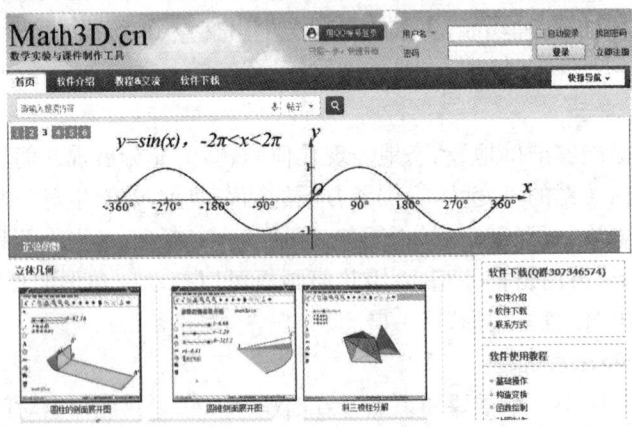

图 9-2 3D 数学教学平台

2. 立几画板

立几画板是用于立体几何图形制作的应用软件,它界面友好、操作方便、功能强大,是教师和学生学习立体几何部分的良好工具。软件图元类型丰富、图形直观性强、计算快捷准确;既可以从多种角度观察形体,进行视变换;也可以对图形进行旋转、平移、缩放等点变换,在变化中寻求规律。如图 9-3 所示。

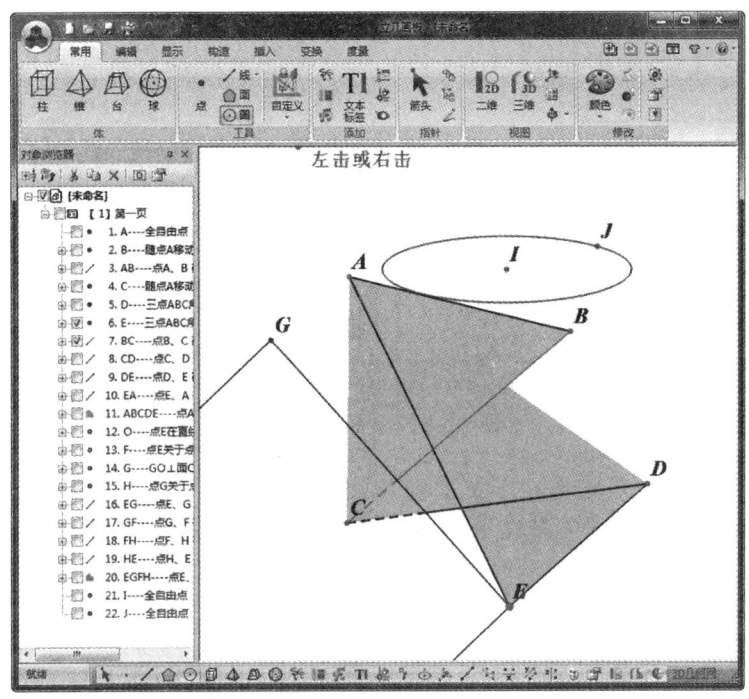

图 9-3 立几画板

3. GeoGebra

GeoGebra 是自由且跨平台的动态数学软件,包含了几何、代数、表格、图形、统计和微积分。该软件是课堂直观展示以及学生实验操作的理想工具,获得过多项国际大奖。

二、函数学习工具

数与形是数学的两个基本对象,它们在一定条件下可以相互转化,数形结合不仅是一种重要的解题方法,也是一种重要的思维方法。数学函数作图软件可以很好地将数与形结合起来。Equation Grapher 就是一种函数图像绘制与分析的工具,如图 9-4 所示。

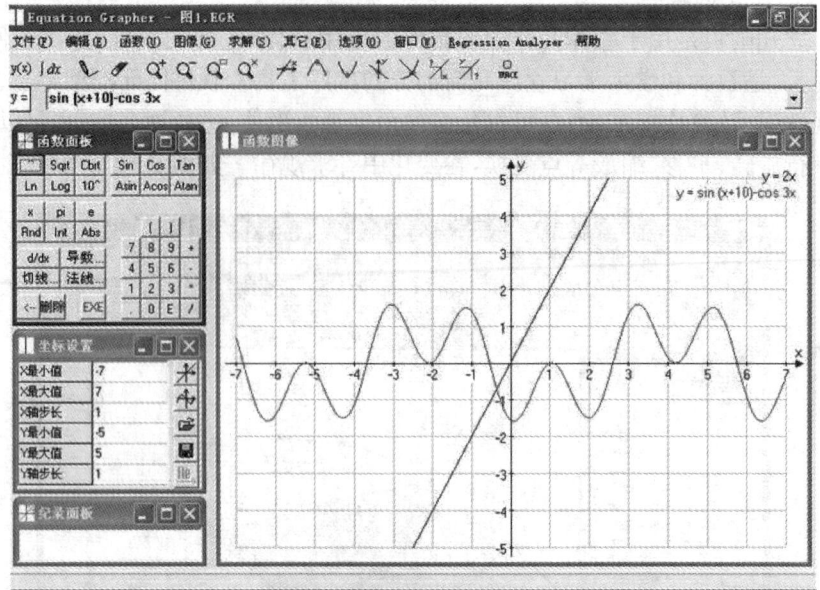

图 9-4　Equation Grapher

在 Equation Grapher 中,只要输入函数方程式,就可以画出曲线图,并用 12 种不同的颜色来区别。该软件还可以进行函数分析,画完一幅图后,程序可自动寻找根、极值点、交叉点,同时带有计算功能,可以让软件自动寻找函数的最大值、最小值,还可以完成根据 x 求 y 值或根据 y 求 x 值等运算。

三、公式编辑工具

MathType 是一个强大的数学公式编辑器,与常见的文字处理软件和演示程序配合使用,能够在各种文档中加入复杂的数学公式和符号,帮助用户快速建立专业化的数学技术文档。MathType 汉化版修正了部分对中文的支持,对 Word 或 WPS 文字处理系统支持相当好,实现所见即所得的工作模式。它可以将编辑好的公式

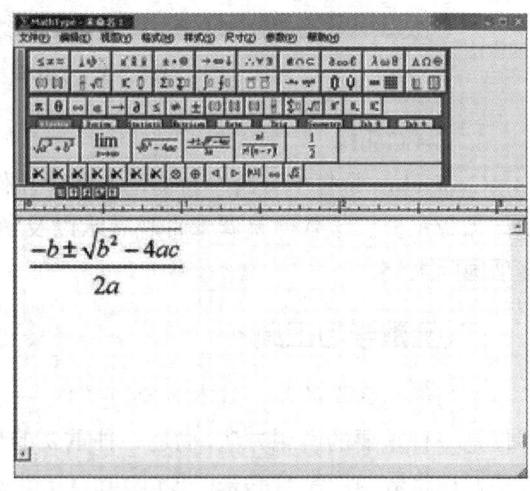

图 9-5　MathType 6.0 公式编辑器

保存成多种图片格式或透明图片模式,可以很方便地添加或移除符号、表达式,是教师编辑数学试卷、论文、幻灯演示等数学资源的得力工具。如图 9-5 所示。

四、其他通用数学软件系统

下面介绍的这几种通用的数学软件系统,功能非常强大,已经远远超出基础教育数学学科教学的需要,不仅在高等教育的数学教学中使用,也应用于科学研究、工程分析和建模等领域。

(一) MATLAB

MATLAB 是 matrix 和 laboratory 两个词的组合,意为矩阵工厂(矩阵实验室),是由美国 mathworks 公司发布的主要面对科学计算、可视化以及交互式程序设计的高科技计算环境。它将数值分析、矩阵计算、科学数据可视化以及非线性动态系统的建模和仿真等诸多强大功能集成在一个易于使用的视窗环境中,为科学研究、工程设计以及必须进行有效数值计算的众多科学领域提供了一种全面的解决方案,并在很大程度上摆脱了传统非交互式程序设计语言的编辑模式,代表了当今国际科学计算软件的先进水平。

MATLAB 由一系列工具组成,这些工具方便用户使用 MATLAB 的函数和文件,其中许多工具采用的是图形用户界面。随着 MATLAB 的商业化以及软件本身的不断升级,MATLAB 的用户界面也越来越精致,更加接近 Windows 的标准界面,人机交互性更强,操作更简单。而且新版本的 MATLAB 提供了完整的联机查询、帮助系统,极大地方便了用户的使用。

(二) Maple

Maple 是目前世界上最为通用的数学和工程计算软件之一,被广泛地应用于科学、工程和教育等领域。

Maple 系统内置高级技术解决建模和仿真中的数学问题,包括世界上最强大的符号计算、无限精度数值计算、创新的互联网连接、强大的 4GL 语言等,内置超过 5 000 个计算命令,数学和分析功能覆盖几乎所有的数学分支,如微积分、微分方程、特殊函数、线性代数、图像声音处理、统计、动力系统等。用户通过 Maple 产品可以在单一的环境中完成多领域物理系统建模和仿真、符号计算、数值计算、程序设计、技术文件、报告演示、算法开发、外部程序连接等功能,满足各个层次用户的需要。

(三) Mathematic

Mathematic 是 1988 年美国 Wolfram Research 公司开发的一个著名的数学分析型软件,以符号计算见长,也具有高精度的数值计算功能和强大的图形功能。它显示数学表格和图形的功能使用户对问题的理解更加形象和具体。Mathematic 是人—机对话式软件,使用者在 Mathematic 的 notebook 环境中,只要在计算机上输入数学符号、公式,系统可以立即进行处理,然后返回结果,用户不必关心中间的计算过程,其交互性能非常好。

第二节 语文学科软件

基础教育阶段语文课程的教育目标是使学生获得基本的语文素养,具有适应实际需要的识字写字能力、阅读能力、写作能力、口语交际能力,丰富语言的积累,培养语感,发展思维。这都是以语文教学中的识字认字为基础的。认识笔画笔顺、认识生字、知道汉字读音是语文教学的最基本的部分,在教学的过程中,我们可以利用多媒体技术创设语境、利用软件强化记忆、利用动画效果展现汉字演化过程或者汉字笔画书写顺序等。

一、汉字笔顺演示软件

汉字笔顺演示软件通过动画效果展示汉字笔顺书写的过程,并呈现了文字的拼音、部首、笔画数、笔顺等信息,还带有字义解释和相关成语。安装后教师可以使用该软件辅助汉字的教学,学生也可以课后使用,反复练习强化。如图 9-6 所示。

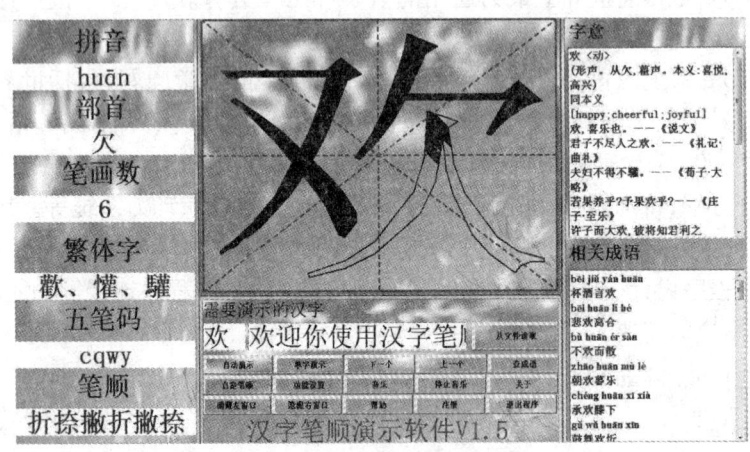

图 9-6 软件界面

第九章 常用学科工具

除了软件程序以外,还有一些网站也提供了在线的汉字笔顺演示文件,比如 http://www.shuifeng.net/Dic/Html/index002.htm 这个网站,提供了常用汉字的拼音和笔顺。如图9-7所示。

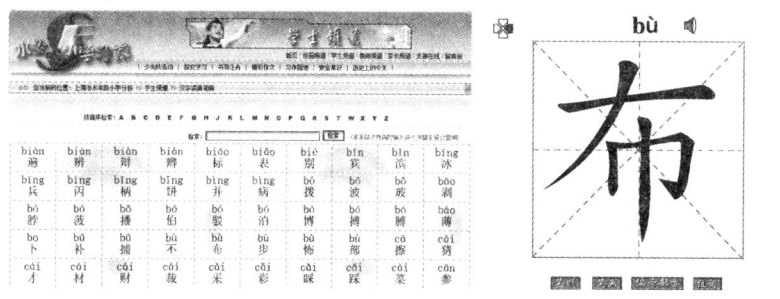

图9-7 在线资源

二、汉字转拼音软件

汉字转拼音软件可以将汉字转换成拼音,便于文字识别及阅读,虽然 Office 办公软件中的 Word 也可以实现汉字注音,但是相比起来,该软件功能更强大一些。不仅可以根据文字转换成普通话的读音,还可以转换成粤语的读音,并且可以对转换后的结果进行多样化的设置,比如可以设置转换后为声调注音模式、数字声调模式,转换的结果为注音符号等,还可以编辑多音字。如图9-8所示。

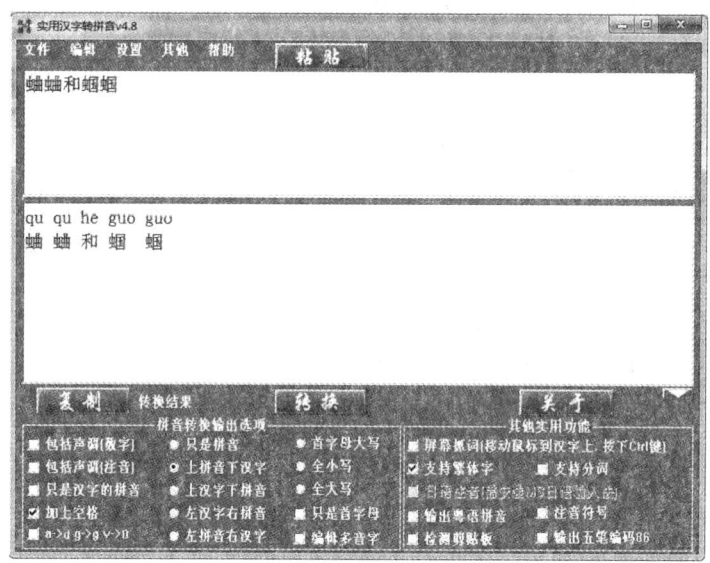

图9-8 汉字转拼音软件界面

193

三、悠悠课堂教学软件和平台

悠悠课堂多媒体教学软件以基础教育课程标准为基础,针对小学各科教学的特点,从课堂教学和学生自学的实际需求出发,通过生动的动画、游戏等再现课文情景、演示教学内容,并提供多种形式的练习,充分发挥了多媒体图像、文字、声音、视频、动画的整合优势。我们可以通过网站 http://www.dotawow.net/index.html 获得使用这些资源。如图9-9所示。

图9-9 悠悠课堂软件截图

其中小学语文的部分包含了小学语文教材的课文、识字课及拼音课,包含了学习区、扩展区和练习区三部分。学习部分以标准普通话有感情地朗读课文,使学生理解和温习课文;生字学习部分通过字义、组词、造句和结构辨析,使学生能更加快捷地理解和掌握本课生字。拓展学习部分呈现与课文内容相关的文章和中国古代诗歌,拓展学生的视野,培养学生的文学底蕴。每课后还围绕当堂所学内容呈现不同形式、不同深度的练习。

除了这些软件工具以外,在语文教学中还可以使用各种辅助记忆的计算机软件、识字游戏软件、电子词典、手机APP等。

第三节 英语学科软件

英语课程的学习是学生通过英语学习和实践活动,逐步掌握英语知识和技能,提高语言实际运用能力的过程。使学生掌握一定的英语基础知识和听、说、读、写技能,形成一定的综合语言运用能力是基础教育阶段英语课程的主要任务之一,也是最基本的要求。在英语学习的过程中,我们同样可以借助一些学科工具。

一、词汇记忆软件

词汇学习是第二语言习得的基础,培养学生英语词汇自主学习能力,帮助学生高效背诵词汇,快速拓展词汇量是英语教学的重要任务。

研究表明,词汇记忆软件对于提高学生的词汇学习效率是有帮助的。按照记忆的研究情况,英语单词记忆软件基本上可以分为"背词典"、"单词助记"和"记忆管理"三个层次,其中"背词典"属于较低层次,即用软件代替词典,省去查词典时间;"单词助记"是将单词深度加工策略融入词汇记忆方法中;"记忆管理"则是较为准确地利用遗忘曲线进行循环记忆和复习,对于大量单词记忆进行有效的循环记忆管理和精确的复习安排。另外,多媒体词汇记忆软件图文并茂,使枯燥的词汇记忆过程变得轻松愉悦,能有效提高学生的学习积极性,使学生获得成就感、增强自信心。

词汇记忆软件可以在电脑上使用,也可以在其他终端设备包括手机上使用,比较常用的有百词斩、扇贝单词、知米背单词、我爱背单词等。

- 百词斩:百词斩是一款"图背单词软件",软件为每一个单词提供了趣味的配图和例句,覆盖了从初高中、四六级、考研到雅思、托福、SAT、GMAT、GRE等全部英语考试词表。
- 扇贝单词:扇贝单词上的学习记录,会自动通过网络同步,客户端上主要以词汇复习为主,但是通过浏览器可以使用更加丰富的功能,包括自行添加单词、例句和笔记,阅读原版新闻等。如图9-10所示。
- 知米背单词:除了智能的学习计划安排外,每个单词会搭配短句,使学习者在应用场景中记单词,这样不仅记住了单词,还能学会它的用法,对写作也有帮助。

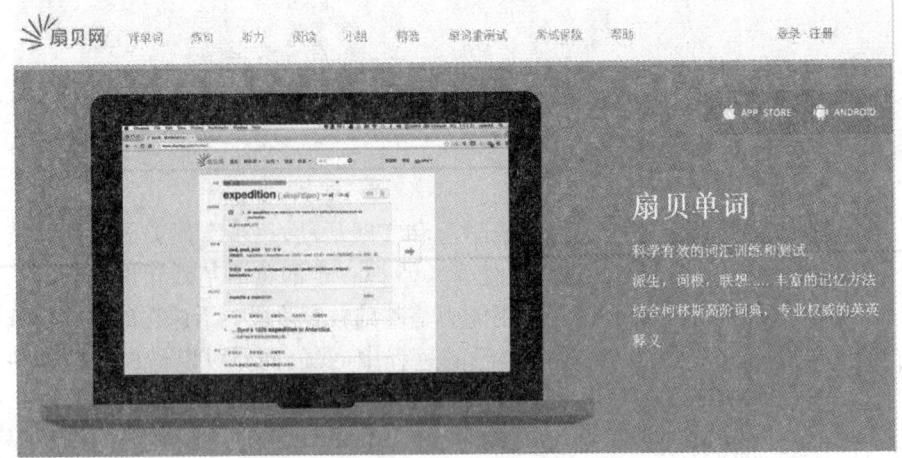

图 9-10 扇贝网官网

在词汇学习的过程中,教师必须意识到自己的角色不仅仅是词汇讲授者,更是词汇学习策略的传授者。学生固然可以借助词汇记忆软件来记忆词汇,但更重要的是教师应在课堂上多讲授词汇记忆策略,并积极培养学生自我管理的元认知策略。

二、听力口语练习软件

《英语课程标准》提出:英语学习要改变过去教学过分重视语法和词汇的做法,强调从学生的学习兴趣、生活经验和认知水平出发,倡导体验、实践、参与、合作与交流的学习方式和任务型的教学途径,发展学生的综合语言运用能力。因此,英语教师应重视学生的听力理解和口语会话水平的培养。但是由于教学时间不足、听力材料匮乏以及教师本身口语发音问题等方面的原因,现在学生在英语学习上,听、说的能力还是大大低于该学科的其他能力,不少学生都存在学"聋哑"英语的现象。

这种现象可以利用一些听力、口语练习平台和软件来改善。比如科大讯飞的畅言智能语音教具系统、浪劲英语听力试卷自动生成器、自然英语语音软件,等等。不管是英语学习网站上的在线资源,还是计算机软件或者手机 APP,一般都具有真人语音朗读、跟读、会话、有声课件制作、听力考试制作等功能,有些适合在课堂上单向播放,有些适合于学生自主学习。

(一)每日英语听力

每日英语听力是专门的听力训练软件,有手机版和电脑版,内容包括中高考英语、四六级英语、英语新闻、英语小说等,利用真实语境的例句来深入了解掌握英语。软件中的每篇文章都配有原文对照,可以自主设置关闭译文,听力进行时可以在阅读模式和听写模式之间切换。如图9-11所示。

图9-11　每日英语听力电脑版

(二) 能飞英语软件

能飞英语学习软件通过看电影的方式学习英语,资源包括英文电影、美剧、英文歌曲、动画片、英文演讲等多种类型。学习者可以灵活控制字幕,便利地进行文字学习、复读、听写、配音、角色扮演,可以抽取生词和重点等进行复习和测试,可以无限时长对任意片段进行配音。

(三) MY English Teacher(MyET)

我的英语口语家教是一套帮助学习者增进英语口语能力的交互式软件。通过MyET所提供的多样化课程,学习者一方面可以学到最适合的课程,聆听和模仿英语老师的发音与腔调,学习地道口语;另一方面,通过网络以及人机模式,帮助学习者克服由时间、地点、心理、资金等产生的学习障碍,达到学习英语口语的最佳效果。同时,MyET拥有强大的成绩管理功能,可以帮助老师掌握学生学习的情况。如图9-12所示。

图 9-12　MyET

（四）手机 APP

- 有道口语大师：由网易有道推出的英语口语应用，分不同的级别，基于网易强力的大数据技术背景，还有热门书籍《把你的英语用起来》作者提供的素材和 CCTV 主持人董默涵的朗读示范。
- 英语流利说：英语流利说是 App Store 里非常受欢迎的口语练习软件。可以跟着朗读模仿、录音。每一句都会有分数显示，发音错误的地方以红色标示，便于了解自己的发音。
- 爱卡微口语：爱卡微口语是一款英语学习应用，由创始人袁鹏经营的"英语口语控"微博演变而来，其主打理念为"微英语"和"微教育"，充分体现了"微"的概念：每个分类每天只提供一句学习内容，播放时间压缩至 1 分钟以内。

三、翻译类软件

机器翻译是一种综合利用人工智能技术与计算机技术的新兴的技术，它最早由法国科学家 G. B. 阿尔楚尼在 20 世纪 30 年代初提出。机器翻译的问世，在一定程度上可以帮助人们更好地学习语言。目前，越来越多的学生将机器翻译软件应用到英语学习中来。

常用的在线翻译词典和网站：

- 金山词霸：http://www.iciba.com，适用于个人的免费翻译软件，支持中、日、英三语查询,有取词、查词、查句、全文翻译、网页翻译等功能。
- 海词在线翻译词典:http://www.dict.cn,免费提供超过500万不重复词条的海量专业词库和智能查词服务、背单词服务、每日更新快乐英语、海词课堂等学习栏目。
- 有道词典:http://dict.yodao.com,提供在线翻译、网络释义、海量例句、屏幕取词、单词发音、网络单词本等功能。
- 百度词典:http://dict.baidu.com,速度快、单词全,可查询单词,也可整句翻译。
- 必应在线翻译:http://www.bing.com/translator,由微软亚洲研究院研发,支持超过四十多种语言之间的互译,不仅会翻译输入的文字,还会出现辞典进行扩展,可以朗读、发送翻译结果。必应还可以输入网页网址,进行网页的翻译。如图9-13所示。

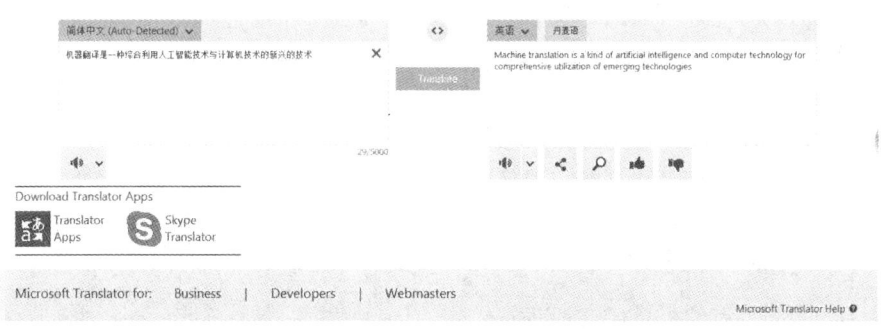

图 9-13 必应在线翻译

这些常用的在线翻译词典和网站,既可以提供单个单词的查询,也可以提供整个句子的翻译,为英语学习节省了大量的查找时间,但是需要注意的是,机器翻译软件有其自身的局限性,目前还无法综合、归纳理解自然语言所需的词法、语义、上下文等知识,只是部分地实现了机助人译、人助机译等功能,所以在使用的时候不能完全依赖机器翻译软件,否则将会对英语学习产生负面影响。

第四节 科学学科软件

学生对科学的兴趣是学习科学最直接和持久的内部动力,对学生今后的发展至关重要,科学的核心是探究。科学教育应该从学生的实际出发,注重创设学习科学的情境,激发好奇心与求知欲,"给学生提供充分的科学探究机会,让学生通过手脑并用的探究活动,体验探究过程的曲折和乐趣,学习科学方法,发展科学探究所需要的能力并增进对科学探究的理解"。一些科学学科软件,借助了各种多媒体和虚拟现实技术,有助于激发学生的学习兴趣,并提供科学探究的环境。

一、仿真物理实验软件

仿真物理实验软件是一种全开放性的物理实验仿真软件,面向中学物理课堂。仿真实验软件与常规的物理教学软件不同之处在于,它不但可以演示逼真的实验动画,还可以在演示的同时提供相关的实验实时数据;不仅单纯演示现成的实验,还可以提供一个实验器具完备的虚拟综合性实验室,学生可以亲自动手创建所能想象的所有实验(高能物理除外)。通过动手实验,可以让学生更加深刻地

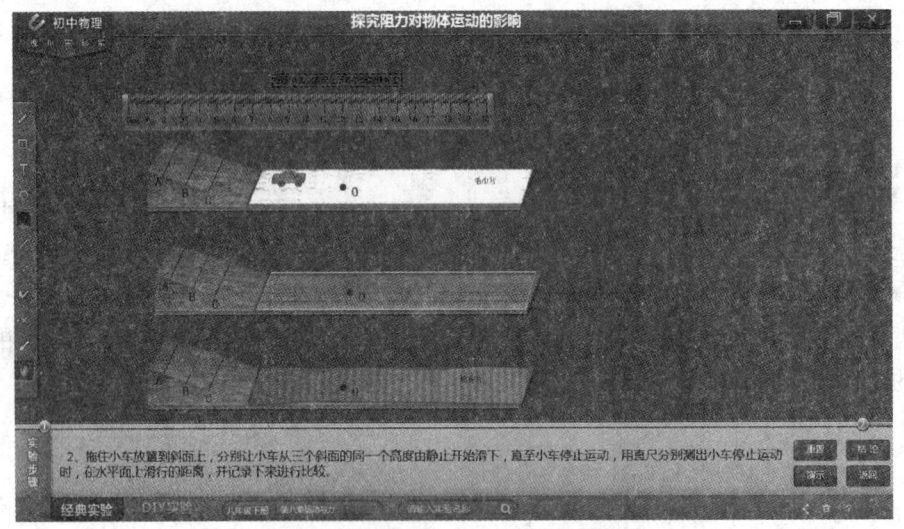

图 9-14 NOBOOK 仿真物理实验室

认识物理现象,理解物理规律,激发物理学习兴趣。这类的仿真物理实验软件很多,比如金华科仿真物理实验室、NOBOOK仿真物理实验室(如图9-14所示)等。

二、物理画板

金排物理画板是一款基于Word平台的作图工具,专门用于物理教师进行电子备课、试题编辑、课件制作,它包含200多个物理图形和符号,弥补了Word不便输入各种物理图形符号的缺憾。

第一次使用时,需要将Word"宏安全性设置"设置为"中"或"下",然后启动"物理画板",在Word出现的宏对话框中,点击"启用宏",在Word界面上会出现如图9-15所示的工具条,使用时只要用鼠标单击所需要的图形,在Word编辑窗口中即可出现相应的图形,然后根据需要可对该图形进行缩放、旋转、平移、拖放、线条粗细、填充颜色等各种操作,如图9-16所示。

图9-15 物理画板工具条

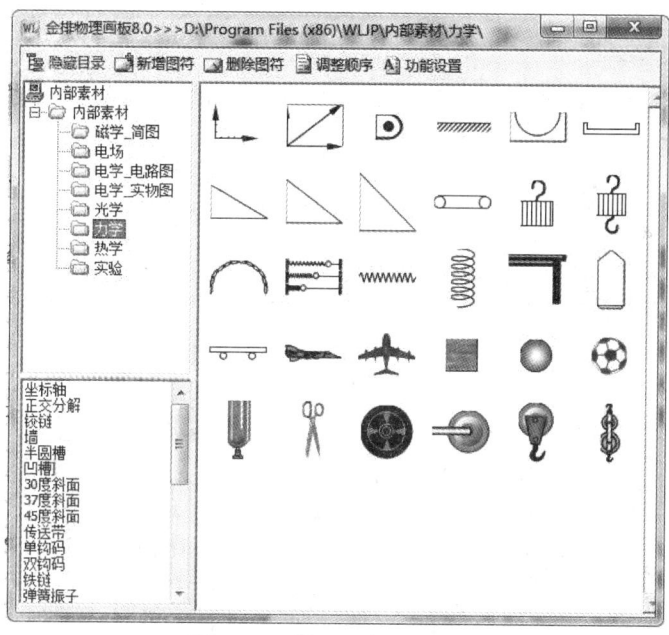

图9-16 物理画板工具窗口

三、化学仿真实验软件 Model ChemLab

Model ChemLab 是加拿大 Model Science Software 公司开发的一种交互式化学实验模拟软件,它能形象地显示化学实验仪器,提供预先设置好的化学实验,还能根据使用者的需要,借助实验室向导工具的帮助,创造新的模拟实验,是目前化学实验教学中非常实用的计算机软件。

Model ChemLab 可以模拟很多常规化学实验,如缓冲溶液原理、酸碱滴定、天平称量、原油的蒸馏、原电池反应和比热的测定等,特别值得一提的是该软件还能模拟一些普通实验室不能实现的反应,如 Dumas 法测定分子的质量和氧化还原反应动力学等,并实现可视化。实验过程中可以观察到参加反应的物质的物理化学参数和性质,注册版本还可以观察到它们的结构。拿模拟酸碱滴定来说,它可以实现反应全过程的可视化,包括操作、指示剂颜色的变化和滴定过程中的 PU 值和溶液性质的变化以及同步的酸碱滴定曲线和反应数据,并可将曲线和数据直接复制到 Word 和 WPS 中进行编辑。如图 9-17 所示。

类似的软件还有美国 Corel 公司开发的 Corel ChemLab 仿真实验软件,这个软件专门针对高中水平的学习者,提供 30 多个预设实验,可以进行自主设计性、探究性实验。

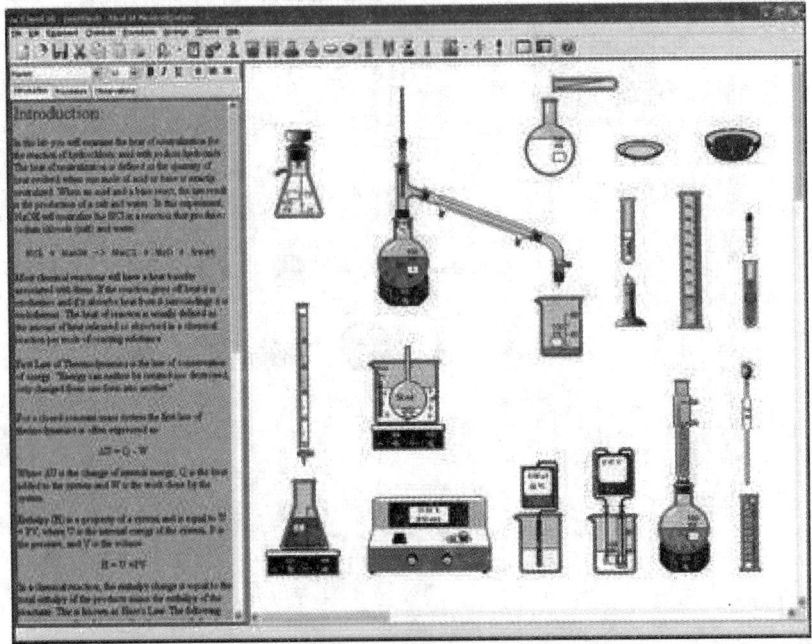

图 9-17 Model ChemLab

四、超级化学助手

超级化学助手把信息技术和化学学科教学整合到一起,便于化学教师在编辑文档、试卷时输入化学物质名称、化学分子式和各种化学符号。超级化学助手集成了大部分初、高中的化学仪器,并且所有的仪器可以进行组合、拆分和重新修改,它还包含大量的常用符号、有机物结构式、结构简式、苯环结构(图形)、苯环符号、高聚物、取代基模型等。软件还提供了微小调整工具栏,可以对所有图形进行调整,还可以将自己绘制或组合的图形、仪器加入到其中。

五、动感化学元素周期表

动感化学元素周期表是一款化学方程式配平工具,功能强大:方便查询各种化学元素的详细信息;针对不同的方程式采用不同的算法,运算速度极快,数据准确、全面;独创元素记忆游戏;完善的演示功能,适合课堂演示。

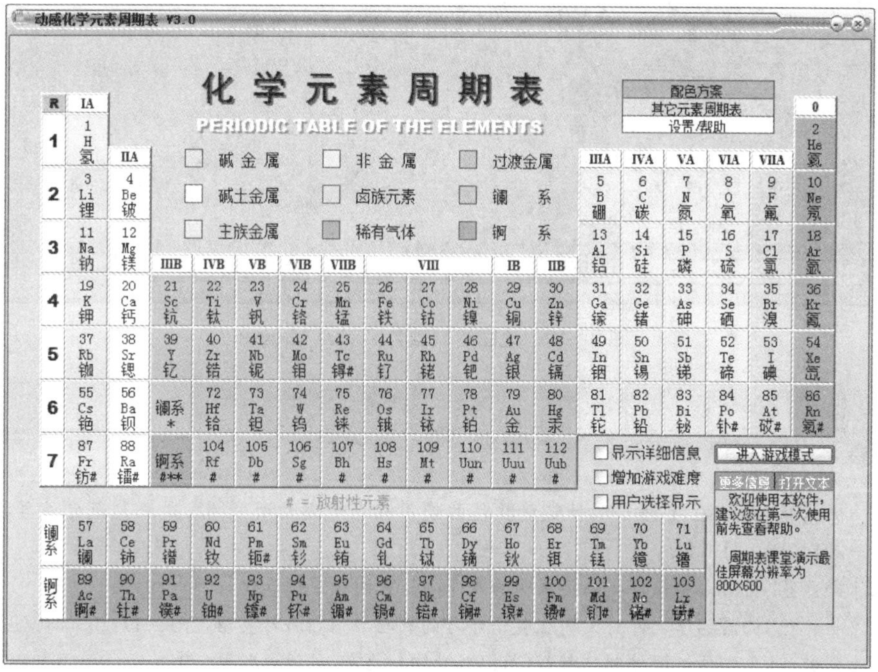

图9-18 动感化学元素周期表

六、地图绘制软件

Global Mapper 是一款地图绘制软件,不仅能够将数据(例如:SRTM 数据)显示为光栅地图、高程地图、矢量地图,还可以对地图做编辑、转换、打印、记录 GPS 及利用数据的 GIS(地理信息系统)功能,新版本还增加了直接访问 USGS(美国地质勘探局)卫星照片 TerraServer 数据库和 Global Mapper 内部的地形图及以真实的 3D 方式查看地图的功能。如图 9-19 所示。

图 9-19　地图绘制软件 Global Mapper

参考文献

[1] 尹菲菲,裴正薇.英语辅助性翻译软件的使用及影响因素研究[J].成都师范学院学报,2014(12):41-45.

[2] 孙萍芬.利用语音软件提高英语听力水平[J].中国教育信息化,2012(20):65-66.

[3] 崔林艳.机器翻译软件对大学生英语学习的利与弊[J].海外英语,2011(4):103-104.

[4] 刘胜利.几何画板课件制作教程(第三版)[M].北京:科学出版社,2010.

[5] 郑小军,王屹.化学工具软件及其在教育中的应用[J].化学通报,2003(8):553-559.

第四编 整合课程的技术

第十章 信息技术与课程整合概述

随着信息技术手段的日益发展与普及,社会生活的各个领域都不可避免地受到这一信息化发展巨大浪潮的影响。信息技术和信息化成为推动社会发展的巨大力量,信息化的发展水平业已成为衡量和评价社会进步和国家竞争力的重要指标。微型计算机、因特网、远程教育、网络课程等一系列信息技术手段和方法为学习者开创了崭新的学习环境。教育领域历来都是各种新技术创新应用的试验场,各国都竞相出台了以信息化为明显特征的教育振兴计划,如:美国教育部教育技术办公室在 2010 年 3 月 5 日发布了《2010 国家教育计划》(NETP2010),其主题为:"改变美国教育:技术使学习变得强大"。我国《国家中长期教育改革和发展规划纲要(2010—2020 年)》指出:"信息技术对教育发展具有革命性影响,必须予以高度重视。"《教育信息化十年发展规划(2011—2020 年)》提出"探索现代化信息技术与教育的全貌深度融合,以信息化引领教育理念和教育模式的创新,充分发挥教育信息化在教育改革和发展中的支撑与引领作用"的教育信息化工作方针。

NETP 2010 围绕如何运用技术使学习变得更加丰富和深入而展开,如图 10-1 所示。有关将技术整合到课堂中的问题报告也都加以了回应。报告认为,技术已经成为学生实现有意义学习的关键,通过技术能够连接教师、家长、同伴、导师,学校的固定物理空间正在逐渐消解。

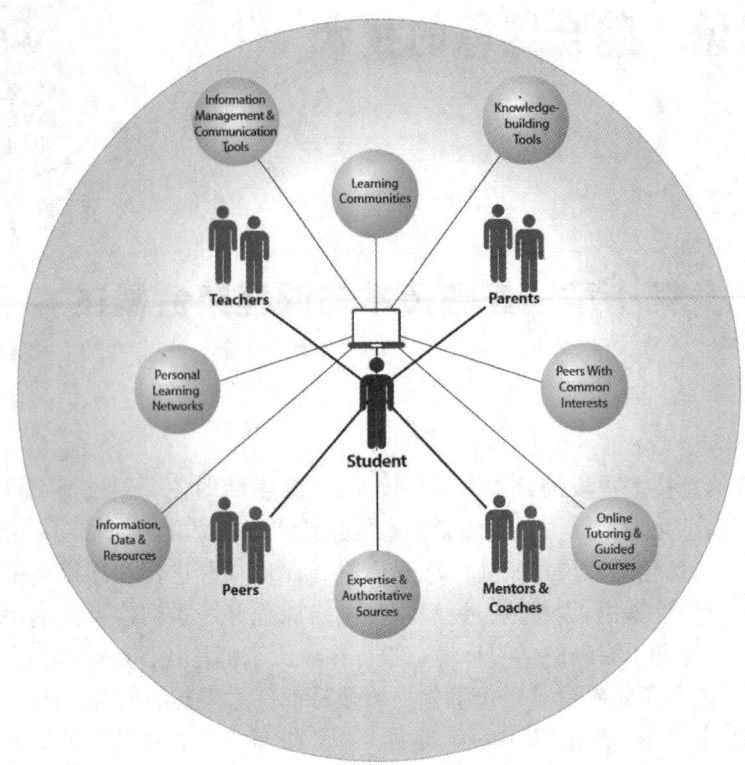

图 10-1 技术赋能学习模型图

第一节 信息技术与课程整合概况

一、信息技术与课程整合的背景

信息技术的迅速发展更替,给教育领域带来了巨大的发展和冲击。我们现在所熟知的各项技术,早已如火如荼地在教育领域展开应用。但是反观与之相适应的教育教学方法,在很多方面都与新技术不协调不匹配。我们甚至于感到虽然我们使用的是最新的技术工具,但是教育教学方法却依然停留在工业革命时期业已发展完善的相关理论及方法上。教育部在 2001 年颁发的《基础教育课程改革纲要》中指出:"大力推进信息技术在教学过程中的普遍应用,促进信息技术与学科课程的整合,逐步实现教学内容的呈现方式、学生的学习方式、教师的教学方式和师生互动方式的变革,充分发挥信息技术的优势,为学生的学习和发展提供丰富多彩的教育环境和有力的学习工具。"

(一) 技术发展与成熟

尼古拉·尼葛洛庞蒂在《数字化生存》中所预言的:"计算不再和计算机有关,它决定我们的生存。庞大的中央计算机——所谓'主机'(mainframe)——几乎在全球各地,都向个人电脑俯首称臣。我们看到计算机离开了装有空调的大房子,挪进了书房,放到了办公桌上,现在又跑到了我们的膝盖上和衣兜里。不过,还没完。下一个1 000年的初期,你的左右袖扣或耳环将能通过低轨卫星(low-orbiting satellite)互相通信,并比你现在的个人电脑拥有更强的计算能力。你的电话将不会再不分青红皂白地胡乱响铃,它会像一位训练有素的英国管家,接收、分拣、甚至回答打来的电话。大众传媒将被重新定义为发送和接收个人化信息和娱乐的系统。学校将会改头换面,变得更像博物馆和游乐场,孩子们在其中集思广益并与世界各地的同龄人相互交流。地球这个数字化的行星在人们的感觉中,会变得仿佛只有针尖般大小。"《数字化生存》在这部分向我们展望了计算机设备的小型化和多样性、可穿戴设备的流行、计算机设备的智能化、学校学习模式的巨大革新以及"地球村"的形成。这是20年前的预言,但是我们发现很多预言业已成为现实,还有一些正朝着这些目标行进。阿尔文·托夫勒(Alvin Toffler,1980)认为:"随着时光流转,世界已完全被三次科技革命浪潮所塑造,这三次浪潮犹如汹涌澎湃之潮汐,后浪推前浪,无法停歇。第一次是农业革命;第二次是工业革命;第三次便是信息革命,它在席卷我们的同时,也预兆着一种新的生活方式的来临。"

1. 网络基础设施的发展普及

根据中国互联网络信息中心(http://www.cnnic.cn)2017年7月提供的《中国互联网络发展状况统计报告》,截至2017年6月,我国网民规模达到7.51亿,半年共计新增网民1 992万人。互联网普及率为54.3%,较2016年底提升1.1个百分点,我国网民规模增长趋于稳定。

截至2017年6月,我国手机网民规模达7.24亿,较2016年底增加2830万人。网民使用手机上网的比例由2016年底的95.1%提升至96.3%,手机网民规模继续保持稳定增长。

截至2017年6月,我国网民仍以10~39岁群体为主,占整体的72.1%:其中20~29岁年龄段的网民占比最高,达29.7%,10~19岁、30~39岁群体占比分别为19.4%、23.0%。与2016年底相比,40岁及以上中高龄群体占比增长1.7个百分点,互联网继续向这个年龄群体渗透。

这些数据都明确显示我国互联网络已经呈现出基本成熟的发展态势。而在此基础之上深入开展后继的应用和服务会成为今后互联网发展的主要方向。

2. 技术支持工具的发展成熟

学习与绩效技术中心网站（C4LPT Centre for Learning & Performance Technologies）作为全球著名的学习工具软件统计分析网站，每年都会评选出年度顶尖的 100 个学习工具（Top 100 Tools）。其 2013 年的年度顶尖 100 个学习工具及其分类如表 10-1 所示，从中我们可以看到以 YouTube、Wikipedia 等为代表的公共学习网站；以 Moodle、Adobe Captive、Blackboard 为代表的教学工具；以 Facebook、Google Wave、Ning 为代表的社会协作空间；以 Twitter、Tweetdeck 等为代表的微博应用工具等。这些工具很多都被我们广泛应用，尤其是很多社会化媒体和效能工具也被大量应用于教育教学领域。总之，随着新技术的发展更替，我们的社会生活的各个方面都受到这股技术潮流的巨大冲击。教育领域也应当抓住这一发展契机，努力进入一个全新的发展阶段。

表 10-1 Top 100 学习工具分类表

序号	类别名称	说明	典型工具
1	公共学习网站	提供丰富的参考文献、指南、课程、电子书以及问题讨论区等，并支持在线和移动设备两种方式	YouTube, Wikipedia, WikiHow, OpenLearn
2	教学工具	用以创建、传递、管理学习内容以及追踪学习行为，提供正式的社会学习环境	Moodle, Adobe Captivate, Articulate, Blackboard
3	社会协作空间	提供公共社会网络和工具，用以创造学习协作小组或学习社区	Facebook, Google Wave, LinkedIn, Google Apps, Google Groups, Ning, Yammer
4	微博应用工具	支持即时信息服务和个性化网站接收、发送以及评价信息	Twitter, Tweetdeck, Screenr, HootSuite
5	网络会议、虚拟世界工具	用以支持会议直播、屏幕共享和虚拟世界之间的传递	Google Earth, Adobe Connect, Second Life
6	文件管理和文档内容呈现	用以创建、管理以及共享文档、PDF、电子书、演示文稿和电子表格等	Google Docs, Dropbox, OpenOffice, Prezi
7	博客、网络和维基工具	用以创建博客、网络终点以及维基，并提供它们之间的交互支持	WordPress, Google Sites, PBworks, Wikispaces

(续表)

序号	类别名称	说明	典型工具
8	图片、音视频工具	用以创建、编辑以及管理图片、符号、音频、播客与视频等	Jing, Audacity, Animoto, Camtasia, Snagit
9	通信工具	支持同步和异步通信活动,主要包括邮箱、时事、短信、即时、在线、讨论区等工具	Gmail, Skype, Google Wave, Microsoft Outlook
10	其他协作与共享工具	支持学习过程中深入的协作与共享活动	Prezi, Delicious, diigo, Voicethread
11	个人效能工具	提供个人学习与工作空间,以提高个人学习与工作效率	Google Search, Bing, iGoogle, Evernote, Google Calendar, Freemind
12	浏览器、播放器和阅读器	支持网络访问、内容查看与阅读	Google Reader, Firefox, Google Chrome, Internet Explorer

(二) 国内外发展现状

"信息技术与课程整合"是由早期的计算机辅助教学发展而来。自1959年美国IBM公司研究出第一个计算机辅助教学系统以来,信息技术教育大体上有以下三种不同的应用方式。即:CAI(Computer-Assisted Instruction,计算机辅助教学);CAL(Computer-Assisted Learning,计算机辅助学习);ITCI(Information Technology and Curriculum Integration,信息技术与课程整合)。

1. 国内研究现状

(1) 研究着眼点

在信息技术与课程整合的早期阶段,理论研究主要集中于整合的概念、内涵以及目标作用等。可以将信息技术与课程的整合归纳为两大类。一类是小整合观,这种观点认为信息技术与课程整合等同于信息技术与学科教学整合,信息技术主要作为一种工具媒介和方法融入教学的各个层面中,认为整合就是将信息技术作为一种工具来有效地促进教师的教和学生的学,强调信息技术对课程教学任务完成的重要作用。这种观点是信息技术与课程整合实践中的主流观点,一线教师的整合实践基本以这种观点为指导。第二类是大整合观,该观点认为信息技术与课程整合是指将信息技术融入课程的整体中,从而改变课程内容和结构、变革整个课程体系。主要是教育技术专家及部分学者持有此类观点,他们倾向于从课程整体的角度去探讨信息技术的地位和作用。在整合的后期有部分专家探讨信息技术与课程整合的理论基础,如建构主义学习理论、混合学习理论等。在整合的实践过程中研究较多的是具体课程或单元与技术整合的方式方法。这些学科案例研究成果大多呈现出可移植性不强的特质,因为相关结论囿于特定环境。

教学模式和学习模式的研究也是我国研究者关注的重要研究领域。相对而言,教学模式方面的研究较突出。信息技术与课程整合的教学模式主要有:基于多媒体课室教学环境的多媒体辅助课堂教学模式;基于网络教室的任务驱动式教学模式,也叫研究性学习教学模式;基于网络资源环境的主题探究协作交流式教学模式,也称为探究性学习教学模式;基于专题网站的自主探究式,即自主性学习教学模式。

学科案例方面研究较为丰富,但呈现冷热不均的态势。整合学科以中小学语文、数学、英语等重点学科为主,与政治、化学、物理、生物、历史、地理、信息技术课程等学科的整合所占比例远远低于前述学科。究其原因,主要是资源的丰富程度的差异、学校政策倾向、学科内容特征差异等。

整合方面的评价研究虽然也有涉及,但较为薄弱。有关师资培训方面的研究大多还停留在多媒体课件的演示与制作上,培训的内容和模式相对滞后。

(2) 存在的问题

对于信息技术与课程整合方面的文章稍加梳理,我们不难发现存在这样一些问题:

第一,理论研究虽然数量繁多,但进行深入探讨甚至提出具有一定高度的理论模型的寥寥无几。2004年之前研究内容主要涉及:整合的概念、开展整合的方法途径、实施整合的主要条件以及难点和策略等几个基本问题。针对性非常强就是为整合而研究。经过2005年的调整,信息技术与课程整合的理论研究呈现不断拔高和泛化的现象。很多研究者把教学结构改革、课程信息化等内容全部都纳入信息技术与课程整合的体系中。理论研究不断拔高,重新陷入教育技术"无所不包"的怪圈。

第二,整合模式研究混乱,广大一线教师实施整合时无所适从。理论的拔高和实践的泛化无限扩大了信息技术与课程整合所涵盖的内容,只要教师在课堂上应用了计算机或者其他的信息技术工具,就认为是进行了信息技术与课程整合的实践。实则很多实践课例依然采用最为传统的教学模式。各种各样的整合模式层出不穷,一线教师按照研究出来的模式进行整合时却发现这些整合模式无非都是些"花架子",根本无从着手。

第三,信息技术与课程整合在理论研究与实践探索中存在严重跟风现象。从 e-Learning、WebQuest、Blend Learning、Mobile Learning 到 Moodle,整合的研究讨论可说是热点频出。一线教师也是忙得不亦乐乎，唯独苦了认为最应该是教学主体的学生。

2. 国外研究现状

国外主要围绕信息技术如何促进学生学习，主要从"整合"的本质、信息技术的运用及理解、信息技术对教师以及教师专业发展的影响三个维度，对整合加以研究和探索。

（1）"整合"的本质

一开始在学校中运用技术并不是教育本身的初衷，而是商业发展的刺激。计算机在商业上带来的经济复苏，使教育者们认为以计算机为主的技术能够提高教学效率。然而，现实中的计算机的运用始终都差强人意。对技术的态度开始是"教学主义(instructionism)"盛行，当时使用技术的目的就是为了提高教师教授学科知识的课堂教学效率。教学主义认为技术与知识之间存在一定联系。这种联系表现为通过技术，人们能够获得知识。随后，对技术的态度由技术传递知识转变为技术是学习的工具。由此，西方学者对技术的考量角度，逐渐开始聚焦于学习，从学习工具、学习环境的角度理解技术、开发技术。这与在课程中运用技术的视角恰恰相反，因为该着眼点的直接结果则是灌输知识。

胡柏和瑞拜尔(Hooper,Rieber)于1995年首次提出整合的概念。他们认为整合具有五个层次。即熟悉(familiarization)、使用(utilization)、整合(integration)、重新定位(reorientation)和革新(evolution)。他们认为使用技术的过程就是一个从适应(adapt)到创新(innovate)的过程。而整合即指："在技术的支持下，实现活动的融合。将技术视为认知工具，融入学习者的收集、测试、表征学习材料过程中。"Micheal Spector则认为："整合就是将技术整合到学习和教学中。"整合的最终目的是希望技术的工具理性消失在全新的课程教学中，即通过什么样的教学方法能够使技术的价值理性最大地发挥出来才是信息技术与课程整合的关键。国外的信息技术与课程整合始终都以"技术的运用是否能够带来新的教学、课程方法和理念，技术的运用能否激发真正学习的发生"为研究主线。

（2）信息技术的运用及理解

研究信息技术种类与功能的代表性成果《教学技术与媒体》详细介绍了应用于不同"教学系统"和不同"教学形式"中的各种技术，诸如游戏、合作环境、模拟等等。《教育通信与技术研究手册》（第三版）中涉及数字的和非电子的技术、智能的和非智能的技术、计划编制和评价技术，以及适用于实施的技术，即陈述了上游技术（分析、计划和设计）与下游技术（开发、部署、评价）。这些都显示了国外研究者关注信息技术实际运用的研究偏好。此外，国外研究者偏向于从社会适应、社会认同、职业生涯发展、终身学习技能方面去理解信息技术对学习的影响和意义。相关研究成果如《学习的未来：教育、技术与社会变化》和《远程和数字化学习的转型：学习革新、技术与社会挑战》等。

在信息技术的理解方面，国外学者普遍认为："信息技术的运用将为学校教育带来前所未有的机遇。技术日渐成为赋予学生无限力量的途径；感官多样化的、无处不在的、交叉学科的技术已经完全融入我们生活的方方面面；技术为超越课堂实现互动和探索提供了途径。我们设计学习体验的方式必须要反映出革新和创造力作为专业技能的日益重要性；我们对学习环境的理解方式在改变，学习环境的物理概念已经被打破。学生进行学习的空间变得愈发群体驱动化。"他们所持的研究技术的学习取向，值得国内研究者借鉴和反思。

（3）信息技术对教师以及教师专业发展的影响

从十九世纪末开始，每一次的信息技术变革对教育带来的冲击毫无疑问也会使教师产生各种不适应症，技术在日常教学中的有效应用最终还是落实到教师身上。Shulman(1987)将教师的知识归纳为学科内容知识；一般教学法知识；课程知识；学科教学知识；关于学生以及特征的知识；教师周遭环境的知识；关于教育目的、价值及教育哲学与历史渊源的知识。在此基础上，米什拉和克赫勒(Mishra&Koehler, 2006)提出了"整合技术的学科教学法知识"（TPCK），即强调教师专业知识发展中信息技术的关键作用。要想在课程教学中充分释放和发挥信息技术的潜力，转变教师对信息技术的认识、更新教师的信息技术理念和相关知识至关重要。

3. 国内外研究现状比较

2000年左右，乔纳森的《学会用技术解决问题》、《通过技术进行有意义的学习》等就信息技术与课程整合的实质、层次进行了系统研究。国外的信息技术与课程整合研究随后转向更有教育实践意义的实践研究领域。其研究着眼点如下：运用丰富的研究视角和跨学科研究方法对具体技术的实际教学运用；如何引导教师获取"整合技术的学科教学法知识"的培养途径；信息技术与课程整合的社会、文化情境；个体学习经验与实现整合的关系；新型课程的构建等。

我国的很多研究者将建构主义作为支撑信息技术与课程整合的利器，但对建构主义的理解较为笼统，甚至成为一种符号化的意识形态。更为严重的研究现象是，对教育中的建构主义充满了误解和曲解。

国内教育学界对信息技术研究的视角主要局限于纯理论意义上的价值思辨和工具意义上的应用功能探究。缺乏在人与技术的关系视角中对信息技术进行解释和研究的路径，需要将对信息技术的认识深入到由个体建构的日常生活世界中，从而设计信息技术与课程整合的新模式。国外研究文献中强调具体社会情境对个体知识建构的影响力,反映弄清"教育是如何在人与社会间展开,并最终促进人的全面发展"才是教育研究的终极目标。

笔者又在CNKI学术趋势中以"信息技术与课程整合"为关键词进行分析,得到与之相关的"学术关注度"图表(如图10-2所示)和"用户关注度"图表(如图10-3所示)。其中"学术关注度"图表的纵轴为收录量,"用户关注度"图表的纵轴为下载量。从中我们可以一窥该主题发展的端倪。就学术关注度来说,该主题在2009年和2011年达到了顶峰,现在呈现明显回落。就用户关注度而言,

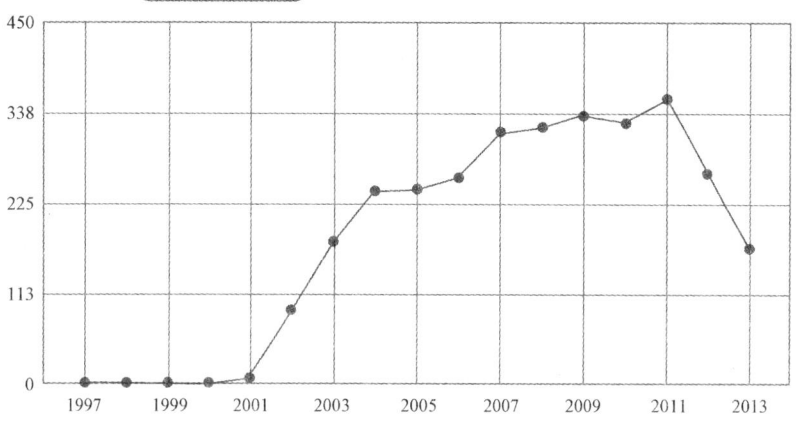

图10-2 "信息技术与课程整合"学术关注度

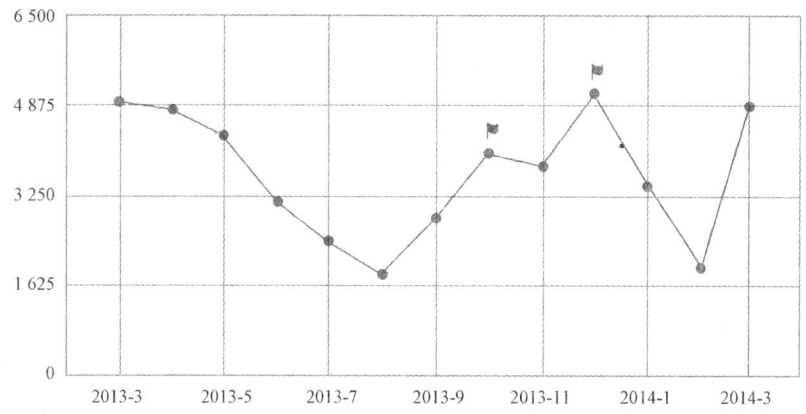

注: ▶ 表示标识点数值高于前后两点,且与前一数值点相比增长率大于30%。

图10-3 "信息技术与课程整合"用户关注度

从 2013 年开始,该主题又重新呈现出较高的关注度,尤其是呈现出了跃升性的增长。大致分析,我们也可推论,这一主题就目前来看,并非学术领域关注的热点。当然在大量研究主题涌现的前提之下,这一情况不足为奇,况且"信息技术与课程整合"还是教育领域老生常谈的话题。但是,再去仔细分析用户关注度,我们亦有惊喜。因为,这一主题的下载量呈现爆发式增长,这就说明有很多对于这一主题的重新思考和解读。

伴随我国基础教育信息技术硬件环境的基本形成,有关信息技术与课程改革的研究逐渐展开。信息技术和课程整合的研究方向归纳起来有:信息技术与课程整合的理论;信息技术与课程整合的技术与技术观;信息技术与课程整合的资源;信息技术与课程整合的学科实践;信息技术与课程整合的研究取向;信息技术与课程整合的困境。

二、信息技术与课程整合理论探究

(一) 信息技术与课程整合的理论

主要关注信息技术与课程整合的理论来源以及内涵、层次、策略、模式、意义。

1. 理论来源

在理论来源的问题上,何克抗教授认为在建构主义思想指导下可以形成一套新的比较有效的认知学习理论,并在此基础上实现比较理想的建构主义学习环境。与此同时,建构主义理论成为信息技术与课程整合研究的主导理论之一。

2. 内涵

信息技术与课程改革的内涵,也有学者将其理解为是对信息技术与课程整合的定义。何克抗教授提出:所谓信息技术与课程整合(或信息技术与学科教学整合),就是通过信息技术有效地融合于各学科的教学过程来营造一种信息化学环境,实现一种既能发挥教师主导作用又能充分体现学生主体地位的以"自主、探究、合作"为特征的教与学方式,从而把学生的主动性、积极性、创造性较充分地发挥出来,使传统的以教师为中心的课堂教学结构发生根本性改变——由教师为中心的教学结构转变为"主导—主体相结合"的教学结构。李克东认为:信息技术与课程整合是指在课程教学过程中把信息技术、信息资源、信息方法、人力资源和课程内容有机结合,共同完成课程教学任务的一种新型的教学方式。此外,还有学者从复杂系统角度进行解释:信息技术与课程整合子系统是一类复杂系统,这个系统的构成包括信息技术、课程、教学过程和学与教的主体以及相关的环境和资源等。

3. 层次

所谓的层次即指整合的层次。第一层次是把信息技术作为学生必须掌握的学习内容,即信息技术课程;第二层次是教师可以利用信息技术进行教学,即教学工具;第三层次是学生可以利用信息技术进行学习,即认知工具。此外,还有研究者将信息技术与课程整合划分为:学习目标层面、教与学的工具层面和学科课程层面。

4. 策略与模式

策略与模式的探讨是理论研究中最为丰富的一方面内容,主要还是围绕促进学生的学和教师如何更有效地教进行学习资源设计,以及教学模式而展开。诸如"多媒体辅助课堂教学模式"、"研究性学习"教学模式、"探究性学习"教学模式、"WebQuest"教学模式,都成为 2008 年以前信息技术与课程整合的研究重点。

5. 意义

对于信息技术与课程整合的意义,研究者和一线教师间存在明显差异。一线教师的主流观点为:将在课程中运用信息技术理解为信息技术可以使教学资源更清晰丰富、教学形式更生动多样、教学结构和学习方式更合理科学、教学效率大大提高、教学效果明显优化;研究者则认为:信息技术应用于课堂的过程不是一个单纯的技术问题,而是教师教育素养、学科素养和信息技术应用整合的过程,最终的目标是实现学生学习方式和教师教学方式的根本变革。信息技术与课程整合的意义在于"培养创新人才的重要途径乃至根本措施"。

(二) 技术观与技术运用状况

1. 技术观

认识论直接影响着研究者对研究问题的判断和理解,因此在任何研究中都能找到其认识判断所立足的认识论基础。

在对技术的理解上,华东师范大学课程与教学研究所吴刚教授认为:在发展着的信息技术中早已蕴含着我们需要去领悟的教育新理念,是信息技术为我们提供了新的教育理念并激发我们的教育想象力,而不是教育理念提供了信息技术发挥的方向。基于信息技术的教育改革就是揭示内含于信息技术中的新观念并使其彰显为课程改革的基本理念。而与之相对应的观点则认为:我国的基础教育尤其是义务教育阶段的当代改革,在经历了改革开放 30 年来从微观方法手段的更新到宏观体制理顺再到课程、信息技术等主题变革的多次转换之后,逐渐聚焦于学校这一中观意义上的基础性的分析单位。处于学校层面的改革实践,大致可以分为两大类型。一是由教学、课程、信息技术、组织管理及教师专业发展某一维度的切入而引发的相关性改革,虽有一定力度但未能触及学校的结构、形态和整体品质,总体上属于局部的改革。这一类型的改革或可称为"非转型性变革"。

同时,祝智庭等学者用生态观来解释技术的角色。技术的作用是帮助培植和发展新型的学习生态圈,形成丰富、有力的物质性的学习环境,并扩展和改善人际社会互动。

总体而言,对信息技术的潜能和价值的理解还相当滞后。其直观表现就是新技术的教育运用研究始终都没有成为信息技术与课程整合研究的主流,只能游走在这一研究方向的边缘。

2. 技术运用状况

有研究者通过统计发现,从 2001 年到 2008 年间,当有关信息技术与课程整合的理论研究文献占到样本比例的 39.5% 时,新技术的研究和应用的文献仅为 0.9%。"虽然技术问题在我国教育技术界受到了突出的关注,但更多处在技术应用水平上,教育技术学界身在创新性技术的研究上相对还很不足。"目前,对信息技术与课程整合的技术研究主要还是集中于具体学科视角中的技术研究和通用技术应用,如"交互式电子白板"的应用研究。在具体学科教学的技术研究中,技术的选择和运用虽然都具有明确的科学性,但是缺乏对学习者的技术偏好倾向以及技术接受程度的关注。

三、信息技术与课程整合实践摸索

(一) 信息技术与课程整合的实践倾向

在信息技术与课程的实践中主要存在两种倾向性。一种是"课程"的研究倾向,另一种是"技术"的研究倾向。以华东师范大学高文教授为首的课程研究团队以"课程"为研究倾向展开相关研究。"课程"中蕴含着"学习"的研究倾向。通过运用以建构主义理论为基础的"课程"研究倾向,研究者们试图重新回答什么是学习,什么是学习环境,如何在个体经验基础上建构知识。而"技术"的研究倾向则主要强调技术在信息技术与课程整合中的主导作用。

(二) 资源建设成为整合的重要内容

1. 资源建设的重要性

《国家中长期教育改革和发展规划纲要(2010—2020 年)》明确提出:要加快教育信息化进程,强调加快教育信息基础设施建设,加强优质教育资源开发与应用,鼓励学生利用信息手段主动学习、自主学习,增强运用信息技术分析解决问题的能力。2012 年 3 月,教育部颁布的《教育信息化十年发展规划(2011—2020 年)》也提出:以优质教育资源和信息化学习环境建设为基础,以学习方式和教育模式创新为核心,努力为每一名学生和学习者提供个性化学习、终身学习的信息化环境和服务。资源包括一切有关教学的外在环节和内在环节,包括整合过程中所需的教学资源、学习资源和拓展资源等。资源的丰富性、实用性和易得性是整合过程的重要组成因素。有学者将教育信息资源的建设上升到战略高度,他们认为:教学信息资源的建设关系到学校教育信息化的成败。

伴随我国中小学课程改革的实施,对信息技术与课程整合的资源研究已经逐步由"对教材的媒体化"转变为通过资源的建设,营造启发学习、协作学习、建构学习的学习环境上。"电子书包"的出现和初步使用,正是试图改变中小学教学资源中的无差异性、教材化、交互性差等缺陷。有学者认为:电子课本与电子书包是教育资源的新形态、新载体和新的学习环境,有利于教育改革,促进教育均衡发展,构建学习型社会与终身学习体系。

2. 资源建设使用现状和发展思路

就目前我国信息技术与课程整合的资源运用现状看,"校校有网络,网网不连通;家家有资源库,库库不共享。盲目投资,重复建设现象随处可见"。

有研究者提出,当下及未来的信息技术与课程整合的资源建设,主要应该从以下两个方面展开:

(1) 开发信息化产品,提升信息化教学的灵活性与适应性。面向农村学校开发廉价实用的教育信息化产品,如手持设备、点读机、平板电脑、智能手机等,研究学习内容的智能推送技术、探索新媒体如物联网、社会性学习网络等对农村教育教学的支持和应用模式,使其能方便地获取教育资源,从而减少农村地区和贫困地区对教育信息化经费高投入的依赖性,提升其利用信息技术开展教学革新的灵活性和适应性。

(2) 进行学习行为分析,弥合"信息鸿沟"。通过挖掘师生教与学的行为特征和需求,进行教育技术产品的开发,或者对现有产品进行功能扩展和创新,增强技术的专用性,降低技术使用门槛,以达到缩小城乡中小学信息技术使用的差距,弥合"信息鸿沟",促进城乡教师和学生信息化教学、学习能力均衡发展的目的。

3. 信息技术与课程整合的学科实践

影响信息技术与课程整合的学科实践的三个支持性要素是教育教学基础理论(包括:学习理论、教学理论和课程理论)、对新技术的认识和理解、国家级教育发展政策及纲要。教育部在2001年颁发的《基础教育课程改革纲要》中明确提出:大力推进信息技术在教学过程中的普遍应用,促进信息技术与学科课程的整合,逐步实现教学内容的呈现方式、学生的学习方式、教师的教学方式和师生互动方式的变革,充分发挥信息技术的优势,为学生的学习和发展提供丰富多彩的教育环境和有力的学习工具。

我国信息技术与课程整合的学科实践主要有三个阶段。第一阶段是"学习信息技术",以开设专门的信息技术课程为特征。第二阶段是"用技术学习",将信息技术融合到具体的学科实践中,牵涉到整个课程的信息化。包括:如何把信息技术融合到各科教学中;如何利用信息技术手段积极改造课堂生活、改变学生的学习方式;如何利用信息技术设计、开发和管理各种教学资源,建构信息化教学环境等。该阶段反映出乔纳森"学会用技术解决问题"的建构主义思想在我国教育技术学界的深刻影响力。第三阶段是"创新性使用技术",转变教学模式和教育现状。

我国众多著名学者都直接引领和参与了信息技术与课程整合的学科实践,为该领域的实践操作积累了丰富的理论知识和实践操作经验。由何克抗教授、李克东教授等牵头组织的"小学语文'四结合'教学研究改革试验"课题已经开始初步试验信息技术与课程整合的设想。该课题把小学语文的识字、阅读、作文教学与计算机教育有机地整合在一起,做到:"识字教学、阅读理解、作文训练、计算机应用"四结合。该项目历经近10年,初步建构起全新的识字、阅读和作文教学模式。由华东师范大学丁钢教授领衔研制的"学科教学创新的课堂分析系统"中包括了中学的数学、语文、外语、科学(物理)四个学科的多媒体技术的学科教师课堂教学网络分析软件(Classroom Analysis for Subject Instruction,CASI),能够实现教学诊断、自我反思、资源支撑、分析报告、自行建构等功能。

四、信息技术与课程整合问题

信息技术与课程整合在开展的过程当中存在的主要问题表现为以下几个方面:

(一) 技术本位观

即教师忽视了信息技术和课程整合的最终目的,而将其表现为纯粹的"为了技术而技术",或者"为了整合而整合"。其基本表现为唯技术主义,过度依赖技术,忽视信息技术与教学内容、教学目标、教学方式之间的适恰性的机械套用等。

很多人一味或过多关注技术应用的多寡,忽视对学科教学内容和教学方式的研究,不加选择地将信息技术用于所有教学内容和教学活动。甚至很多教师觉得脱离课件就无法正常进行授课,这些都说明在教学活动开展过程中需要以系统视角关注教学过程各个要素,不能只着眼于技术这单一要素。

技术本位观在教学过程中过分重视"人机互动",忽视人际交往,忽略了在教学过程中应当展开的人文关怀。

(二)师生角色定位不够清晰

1. 学生主体地位理解不当

在教育信息化不断推进的过程中,很多教师也认同以学生为主体的必要性,但在具体实施过程中却存在很大偏差。

在教学过程中不考虑实际授课对象的年龄阶段和特征,一味追求教学形式的新颖性,出现教学过程中以学生为主体的绝对化倾向。比如在授课中放任学生到网络当中搜索信息而不加以规范和引导,对学生的学习造成了困惑。这是对学生学习的误导,也是教师对于信息素养培养理解偏差的直接表现。

有些教师习惯于开展小组学习的学习形式,但在实施过程中缺乏密切的关注与诱导,造成协作的无效性或者某些学生不能真正深入到群体活动之中;同时对于进度不同的学生没有进行有效分层引导。

以上这些存在的问题都是未能实施深度整合所造成的,很多课程整合流于形式,教师只关注表面化的要素和内容,并没有深入分析整合的目的和意义。有些学校甚至出现公开课、展示课以整合为名采用所谓新颖的教学形式,而常规授课时完全是传统的教学形式和方法。这些都反映了教师对教学知识掌握程度较低及其适用的方法理解存在偏差。

2. 教师主导地位的错位

很多教师难以摆脱传统的以教师为主导的课堂授课模式,以信息技术手段实施原来的"填鸭式"教学,学生在这一过程中依然是被动的记忆和掌握所谓的"知识",信息技术沦为实施知识单向灌输的工具。这些都是没有将学习主动权交还给学生的直接表现,也是很多教师没有准确理解整合实质的直接体现。

在教学中还有很多教师导向存在偏差,比如将信息等同于知识;过度重视知识、能力主导,忽视情感、价值观的培养;教学情境创设偏离教学目标,重活动形式,轻活动效果;评价内容和方式单一,不能与教学内容紧密结合。

(三)教学资源建设存在误区

教学资源建设过程中依然无法摆脱以"教"为主线的这一思路,很多教学资源变成了课堂授课的简单录制和播放,忽视了凸显以"教"为主线的资源设计与建设。同时低水平资源重复建设,优秀资源不能有效共享。对网络资源过分依赖,忽视与其他教学资源的有效整合。各种教育资源之间实质性地形成了信息化孤岛,不能共享和利用。对于各种资源缺乏完整而严谨的评价机制,这些也给各级各类教师、学生和家长在资源收集和使用时带来了难度。

第二节 信息技术与课程整合内涵

一、信息技术与课程整合概念

(一) 相关概念

1. 国内学者的定义

对于信息技术与课程整合的内涵,国内教育技术及相关领域的专家学者从未停止过探讨。他们结合我国的教育现状和教学改革目标,提出了各自的见解,并且随着信息技术和教学条件的改进而不断修正。目前,主要存在以下观点:

李克东教授认为,信息技术与课程整合是指在课程教学过程中把信息技术、信息资源、信息方法、人力资源和课程内容有机集合,共同完成课程教学任务的一种新型的教学方式。

黄甫全教授认为,通过信息技术与课程的互动性双向整合,促进师生民主合作的课程与教学组织方式的实现和以人的学习为本的新型课程与教学活动方式的发展,建构起整合型的信息化课程结构、课程内容、课程资源以及课程实施等。

何克抗教授认为,所谓信息技术与学科课程的整合,就是通过将信息技术有效地融合于各学科的教学过程来营造一种新型教学环境,实现一种既能发挥教师主导作用又能充分体现学生主体地位的以"自主、探究、合作"为特征的教与学方式,从而把学生的主动性、积极性、创造性较充分地发挥出来,使传统的以教师为中心的课堂教学结构发生根本性变革,从而使学生的创新精神与实践能力的培养真正得到落实。

目前对信息技术与课程整合内涵的认识主要分为两种:一种是将信息技术作为一种工具应用于学科课程教学中,促进教师的教和学生的学,这是"小整合观";另一种是在课程开发中将信息技术的内容融合到课程的结构、内容、资源和方法中,创建信息化课程体系,这是"大整合观"。

当前的信息技术与课程整合基本处于"小整合观"阶段,其内涵可采用何克抗教授的观点,具体表述为:信息技术与课程整合是信息技术与学科课程教学的一种双向、互动的有机融合,即不仅要将信息技术作为一种工具促进课程的学习和教学,而且要培养学习者的信息素养。其实质是利用信息技术营造一种新型的教学环境,实现一种以"自主、探究、合作"为特征的教与学方式,改革传统的课堂教学结构,从而培养学习者的创新精神和实践能力。

2. 国外学者的定义

美国教育技术 CEO 论坛的第三年度(2000)报告为"信息技术与课程整合"给出的比较公认的定义是:"数字化学习的关键是将数字化内容整合的范围日益增加,直至整合于全课程,并应用于课堂教学。……为了创设生动的数字化学习环境,培养 21 世纪的能力素质,学校必须将数字化内容与各学科课程相整合。"

(二)整合的特点

以数字化学习为核心的信息技术与课程的整合,不同于传统的学习方式,具有如下几个鲜明的特点:其一,学习是以学生为中心的,学习是个性化且能满足个体需要的。其二,学习是以问题或主题为中心的。其三,学习过程是进行通信交流的,学习者之间是协商的和合作的。其四,学习是具有创造性和再生性的。其五,学习是可以随时随地的、终身的。

美国教育技术 CEO 论坛报告认为,通过把数字技术与课程整合的方式,将数字化内容有效地与课程进行整合,创造数字化的学习环境,把数字化资源和数字化学习方式纳入学生的学科课程学习过程中,学校才能有效运用信息技术的各种不同形式,实现对信息技术的充分运用,使学生能够用合作、富有创意和生动的方式进行学习,从而达到培养学生创造精神和创造能力的教育目标。

二、信息技术与课程整合目标

信息技术与课程整合的宏观目标可以定义为:"建设数字化教育环境,推进教育的信息化进程,促进学校教学方式的根本性变革,培养学生的创新精神和实践能力,实现信息技术环境下的素质教育与创新教育。"具体可以概述为:

(一)培养学生获取、分析、加工和利用信息的知识与能力

为学生打好全面、扎实的信息文化基础,培养学生的信息素养与文化素养,其内涵包括:

(1)信息获取。包括信息发现、信息采集与信息优选。

(2)信息分析。包括信息分类、信息综合、信息查错与信息评价。

(3)信息加工。包括信息的排序与检索、信息的组织与表达、信息的存储与变换以及信息的控制与传输等。

(4)信息利用。包括如何有效地利用信息来解决学习、工作和生活中的各种问题。例如能不断地自我更新知识、能用新信息提出解决问题的新方案、能适应网络时代的新生活等。

(5)信息意识。指对信息的深度感知,如对信息内容的批判与理解能力、运

用信息能力,具有融入信息社会的态度和能力。

(二) 培养学生具有终身学习的态度和能力

具有主动吸取知识的愿望并能付诸日常生活实践,要将学习视为享受,而不是负担;要能够独立自主地学习,能够自我组织、制订并执行学习计划,并能控制整个学习过程,对学习进行自我评估。

(三) 培养学生掌握信息时代的学习方式

信息技术的飞速发展,对人类的学习方式产生了深刻的变革作用,学习者将从传统的接受式转变为主动学习、探究学习和研究性学习,学习者必须学会利用资源进行学习;学会在数字化情境中进行自主发现的学习;学会利用网络通信工具进行协商交流、合作讨论式的学习;学会利用信息加工工具和创作平台,进行实践创造的学习。

(四) 培养学生的适应能力、应变能力与解决实际问题的能力

在信息时代,知识量剧增,知识成为社会生产力、经济竞争力的关键因素;知识的更新率加快,陈旧率加大,有效期缩短。另外,知识的高度综合性和各学科间相互渗透,出现更多的新兴学科、交叉学科,由此带给人们难以想象的社会生活、经济生活、政治生活和人类一切领域内深刻而广泛的冲击波和影响力。在这种科学技术、社会结构发生剧变的大背景下,适应能力、应变能力与解决实际问题的能力,将变得至关重要。

三、信息技术与课程整合的意义

(一) 信息技术与课程整合促进课程改革的深化

随着信息化时代的到来,如何培养具有较强的创新精神和较高的信息素养的人才已成为当前教育改革面临的重要课题。原教育部部长陈至立指出:"21世纪信息技术对教育的影响将是不可估量的。它不仅带来教育形式和学习方式的重大变革,更重要的是对教育思想、观念、模式、内容和方法产生深刻影响。为争取在日趋激烈的国际竞争中占据主动地位,我们必须加快在中小学普及信息技术教育、实现信息技术与课程整合的步伐,努力实现教育信息化。"可见,加强信息技术教育、实现信息技术与课程的整合成了不断深化中国教育改革的重要途径。

信息技术与课程整合就是要改变"以教师为中心"的教学结构,构建新型的、既能发挥教师主导作用又能充分体现学生主体地位的"主导—主体相结合"的教学结构,充分调动学生的主动性、积极性和创造性,强调研究性学习、探究性学习、协作性学习和自主性学习等多种学习方式的统一,从而使"培养创新型人才"

这一信息时代素质教育的目标落到实处,而这恰恰正是当前中国教育改革的立足点所在。在此意义上说,信息技术与课程整合对于革新传统教学结构,深化教育改革有着很深远的意义,主要表现在以下几个方面:一是新型的教学媒体提供了课程教学内容表现形式与教材模式的多样化。二是信息技术促进了教学手段的现代化和教学模式的变革。三是信息技术与课程整合把教学媒体扩展为新的教育环境,并引起了教学结构的变化。四是信息技术与课程整合提高了师生的信息素养。五是信息技术与课程整合导致了整个教育目标与评价体系的变化。

(二)信息技术与课程整合是优化学科教学的需要

自 20 世纪 90 年代中期以来,各地对信息技术与课程整合的实验不断增加,并取得了良好效果,起到了优化学科教学的作用。

1. 为学科教学提供了现代教育观念和背景

以计算机为核心的信息技术能够使各种教学信息资源(包括教的理论、学的理论、教学内容、教学方法等)、各种先进的教学媒体之间具有高度的灵活性和可重组性,使教师与学生有多种选择,只有充分体现了面向新世纪的尊重人、以人为主体的教育思想,教育的终身化、民主化、个性化才有可能真正成为现代教育观念体系的核心部分。同时,信息技术能及时带来国际社会教育发展和改革的新动向、新成果,为人们的教育观念现代化提供基础和外在条件;由信息技术带来的教育内容、教育手段、教育制度等方面的巨大变化,促使人们重新审视教育中的一系列问题,为教育观念现代化提供了内部动力;在信息技术的影响下,人们的生活方式等多方面都会逐渐发生深刻的变化,并引起人们在观念上的变革,从而潜在地推动教育观念的现代化,为学科教学的开展和优化提供了活性土壤。

2. 丰富了学科教学内容

信息技术与学科课程整合的过程中,自然丰富了学科教学内容,主要表现在三个方面:

(1) 可以提供大量的教学内容及教学辅助信息。信息技术解决了大信息量和超大信息量的记录、存储、传输、显示、累加等问题,并且实现了实时的和非实时的交流机制和反馈机制,为教学资源的共享、链接、上传、下载提供了一个完整的平台。

(2) 可以提供多媒体的、综合性教学内容。在信息技术与课程整合的同时,信息化的教学内容可以包含各种媒体形式,比如图形、动画、图像、声音、视频等多种媒体信息,使教学内容的呈现图文并茂、丰富多彩。

(3) 对教学信息进行最有效的组织与管理。超文本(hypertext)按照人脑的联想思维方式,利用网状结构非线性地组织管理信息,对教学信息能进行最有效的组织与管理,使各种教学信息的联系更紧密,也更容易,有利于学习者进行创

造性的主动学习。

3. 提供进行教与学的有效工具和手段

以计算机为核心的信息技术可以为各学科教学提供形象直观、丰富有趣的交互式学习环境和多媒体教材,能使学习者的多种感官同时进入学习过程,形成参与性的、探索性的独立学习方式,有利于激发学生的学习兴趣,使学生产生强烈的学习欲望,触发学习动机,从而促进学习者的认知主体作用的发挥。同时,信息技术为教师提供多种教学工具,教师可根据学科特点的不同,有针对性地选择有效的教学工具和手段。

(三) 信息技术与课程整合是培养创新型人才的有效途径

信息技术与课程整合,不是把信息技术仅仅作为辅助教或辅助学的工具,而是强调要把信息技术作为促进学生自主学习的认知工具、情感激励工具和丰富教学环境的创设工具,利用信息技术所提供的自主探索、多重交互、合作学习、资源共享等学习环境,把学生的主动性、积极性充分调动起来,使学生的创新思维和实践能力在整合过程中得到有效的锻炼。由此可见,信息技术与课程整合是改变传统的教学结构、实施创新人才培养的一条有效途径,也是目前国际上基础教育改革的趋势与潮流。

1. 创造个别化学习环境

信息技术融于教与学的过程中,以计算机、网络为代表的信息技术是教师的得力助手,同时也为学生打开了一片具有丰富学习资源的广阔天地。借助信息技术,提供相关学科的预备知识及开阔视野所需要的扩展知识,学生可以进行程度较深的自学,有能力的学生可以将学习范围扩展到标准课程之外,实现因材施教。另一方面,基于信息技术的学习资源内容丰富,并且具有交互的特性,可以激发较差生的学习兴趣,允许他们以适合自己的节奏学习。信息技术可以鼓励学生在学习活动中表现得更加活跃。

2. 有效培养学生的信息能力

21世纪的教育所面对的是信息技术飞速发展、信息资源极大丰富的信息时代,信息成为一种战略性资源,对信息的获取、分析、处理、发布、利用等方面的能力日益成为现代人基本的生存能力,整合信息技术和学科教学,有利于培养学生的信息能力。一方面,超文本特性与网络特性的结合实现信息共享,有利于实现能培养合作精神并促进高级认知能力发展的协作式学习,有利于实现能培养创新精神和促进信息能力发展的发现式学习,培养学习者共同生活的意识和能力。

另一方面,学习者可以经常在Internet信息海洋中自由地探索、发现,并对所获取的大量信息进行分析、评价、优选和进一步的加工,然后再根据自身的需要加以充分的利用,在这个过程中学习者本身将得到关于信息能力方面的最好的学习与锻炼,使学习者能够运用信息并具有融入信息社会的态度和能力。

另外,信息技术与课程整合还可以使学习者具有强烈的社会责任心,具有良好的与他人合作共事的精神,使信息技术的应用能推动社会进步,并为社会做出贡献。

3. **培养学生具有终身学习的态度和能力**

学习资源的全球共享,虚拟课堂、虚拟学校的出现,现代远程教育的兴起,使人们可以随时随地通过互联网进行学习,学习空间获得大范围扩展。教育信息化还为人们从接受一次性教育向终身学习转变提供了机遇和条件。终身学习就是要求学习者能根据社会和工作的需求,确定继续学习的目标,并有意识地自我计划、自我管理、自主努力,通过多种途径实现学习目标。要实现终身教育和终身学习,信息技术与课程整合是一条有效的途径。它能增强学生的批判性思维、合作技能和解决问题的能力,能使教学个性化、学习自主化、作业协同化,使培养出的学生具有终身学习的态度和能力。

4. **培养学生掌握信息时代的学习方式**

在信息化学习环境中,人们的学习方式发生了重要的变化。学习者的学习不再是依赖教师的讲授与课本的学习,而是利用信息化平台和数字化资源,师生之间开展协商讨论、合作学习,并通过对资源的收集利用,探究知识、发现知识、创造知识、展示知识的方式进行的。

因此,通过信息技术与课程的整合,要使学生掌握以下信息时代的学习方式:即利用资源进行学习;学会在数字化情境中进行自主发现的学习;学会利用网络通信工具进行协商交流、合作讨论式的学习;学会利用信息加工工具和创作平台,进行实践创造的学习。

第三节 信息技术与课程整合的原则与方法

一、信息技术与课程整合的原则

信息技术与课程整合不等于信息技术与课程混合,其中影响信息技术整合效果的因素有很多。在利用信息技术之前,必须做好"三件"建设(南国农,2002):首先是硬件建设,主要是信息技术设备、设施的建设;其次是软件建设,即课程和教材的建设;第三是潜件建设,即整合理论和方法的建设,这个建设是起

决定作用的。教师要掌握一定的信息技术,清楚信息技术的优势和不足,以一定教育理论为指导,根据学科教学和教学对象需求,设法找出信息技术在哪些地方能优化教学效果。具体说来,应该遵循以下基本原则:

(一)运用正确的教育理论指导信息技术与课程整合的实践

现代学习理论为信息技术与课程整合奠定了坚实的理论基础。推及到实践中没有一种理论显现出普遍的合理性,也没有任何一种理论成为唯一的指导理论。行为主义认为需要机械地记忆知识或具有操练和训练教学目标的学习有其合理成分;认知主义主要体现在激发学生的学习兴趣、控制和维持学生的学习动机;建构主义提倡给学生提供建构理解所需要的环境和广阔的建构空间,让学生自主地、发现式地学习。在信息技术与课程整合的应用中,应该兼顾各种理论的合理成分,根据教学对象、教学内容及教学媒体等多种变量,灵活地运用理论并指导实践。

(二)根据教学对象选择整合策略

人类的思维类型可按抽象思维、具体思维、有序思维和随机思维进行组合。不同的学习类型和思维类型的人学习成效与他们所选择的学习环境和学习方法有关。有的学生不能主动地对外来信息进行加工,喜欢有人际交流的学习环境,需要明确的指导和讲授。而有的学生在认知活动中,更愿意独立学习、个人钻研,更适应结构松散的教学方法或个别化的自主学习环境。因此,信息技术与课程的整合应该根据不同的教学对象,实施多样化、多元化和多层次的整合策略。

(三)根据学科的特点构建整合的教学模式

每个学科有其固有的知识结构和学科特点。如语文和英语教学的一个任务是培养学生运用语言的能力,训练学生在各种不同的场合下,用正确的语言,很好地与别人交流。为此我们应该利用信息技术,模拟出接近生活的真实的语境,提供给学生反复练习的机会。数学属于逻辑经验科学,主要由概念、公式、定理、法则以及它们的应用问题组成,数学教学的重点应放在开发学生的认知潜能上,可以通过给学生创设认知环境,让他们经历由具体思维到抽象思维,再由抽象思维到具体思维的思维过程,完成对数学知识的建构。而物理学和化学是与人们生活、生产密切相关的学科,应注意学生的观察能力、解决问题的能力和亲自做实验的动手能力等。对那些需要观察自然现象或事物变化过程的知识,形象和直观的讲解有助于学生理解和记忆,但对培养学生的操作能力来说,如果用计算机的模拟实验全部代替学生亲手实验,则违背了学科的特点,背离了培养动手能力的学科教学目标。因此,对于不同的学科,既有相同的整合原则,也应该根据学科的特点采用不同的整合策略和整合方式。

(四)加强学生的动手活动

信息技术是一个应用性很强的实践领域,而非纯理论性领域,因此要求学生积极参与、积极探究和合作,更要求学生亲身体验、具体操作、反复练习。实际上,信息技术与课程整合可以十分有效地为学生提供一个充分发挥主体性的舞台,提供一个全面发展的空间。

(五)应用信息技术手段建设丰富、优质的学科教学资源

信息技术是一种综合技术,涵盖的内容非常广泛,它的发展由许多单元技术所支撑。因此,"信息技术"与"计算机技术"是两个不同的概念,信息技术的范围十分广泛,包括多种媒体,例如摄像机、电视机、录音机、照相机等。应该要求学生掌握多种媒体的功能和操作方法,利用多种媒体制作电子作品。没有丰富的、高质量的教学资源,就谈不上学生的自主学习,更不可能让学生进行自主发现和自主探索;教师主宰课堂、学生被动接受知识的状态就难以改变,新型教学结构的创建也就无从说起;新型教学结构的创建落不到实处,创新人才的培养自然也就落空。

目前,很多教师和教育研究人员已经开始了信息技术与课程整合的实验、探索,他们在自己的工作岗位上积累了宝贵的经验和财富,但是,信息技术与课程整合是一个漫长的、历尽艰辛的过程,需要我国所有教育工作人员的全体努力和不懈追求。因此,在当前我国积极推进教育现代化、信息化的大背景下,倡导和探索信息技术和课程整合的教学,对于发展学生的"信息素养",培养学生的创新精神和实践能力,有着十分重要的现实意义。由于"教无定法",谁也不可能提出一套适合所有学科的"包医百病"的整合方法,且不同学科要实现与信息技术的整合都需要信息技术环境的支持,因而需要遵循共同的指导思想与实施原则。只要掌握了这种指导思想与实施原则,各学科的老师就可以在教学实践中结合相应的学科创造出多种多样、实用有效的整合模式与整合方法来。

二、信息技术与课程整合的方法

"信息技术与课程整合"是实施教育信息化的核心与关键。自20世纪90年代中期以来,美国对"信息技术与课程整合"途径与方法的研究大致可划分为三个发展阶段:第一阶段——WebQuest(基于网络的探究)阶段(大致从20世纪90年代中期至2003年);第二阶段——TELS(运用技术加强理科学习)阶段(大致从2003年至2008年);第三阶段——TPACK(由"学科内容、教学法和技术"这三者整合而成的一种新知识)阶段(大致从2008年至今)。

（一）WebQuest

WebQuest模式由美国圣地亚哥州立大学的伯尼·道奇（Bernie Dodge）和汤姆·马奇于1995年提出。其定义为：一种以探究为取向、利用因特网上的资源来开展课程单元的教学活动，在这种教学活动中，学习者交互过程中所使用的全部或部分信息都是从因特网上获得的。

我们可以将WebQuest理解为"基于网络的探究性活动"，这种整合模式可以有效激发学生到网上去查找相关资料并在此基础上开展自主探究活动的积极性。在这类课程计划中，呈现给学生的是一个特定的情景或者一项任务；课程计划中为学生提供了一些网上的信息资源，要求学生通过对信息的分析与综合得出创造性的解决方案。为了便于开展这种教学活动，WebQuest还要为教师提供固定的设计模板和有关的规则及指导，便于教师们学习实施这种整合模式的教学设计，因而操作性强，容易实施。

WebQuest的内涵具有以下三个方面的特征：第一，WebQuest的主题（这类课程计划的主题）是"一个需要解决的问题或者一个需要完成的项目"，即现实生活中的真实任务；第二，在WebQuest这类活动中，"学生使用的全部或大部分信息都是从网上获取"，所以WebQuest能有效激发学生上网查找相关资料的积极性，这也是WebQuest模式的主要特征之一；第三，由于WebQuest为教师提供有固定结构的教学设计流程模板和一系列的指导信息，这就为一线教师提供了一种便于实施这种整合课程教学设计的脚手架，从而使广大教师易于上手、易于操作。

伯尼·道奇认为WebQuest的实施应包含下面七个步骤：

第一，设计一个合适的课程单元。为设计这样的课程单元需要考虑四个方面：应与课程标准一致；能取代原来令人不满意的课；能有效地利用网络；能促进学生更深层次地理解。

第二，提出一个能促进高级认知发展的任务。按照伯尼·道奇的观点，促进高级认知发展的任务可以划分为：复述、汇编、神秘性任务、编写新闻、设计、创造性作品、达成一致、劝说、认识自我、分析、判断和科学任务等12种类型。任务（即探究的主题）是WebQuest模式中最重要的组成要素之一，它为学生的学习、研究活动提供基础。

第三，开始网页设计。为便于教师进行网页设计，自1995年开始，WebQuest即向广大教师提供设计模板，使用模板可以从WebQuest网站[①]下

---

① http://www.spa3.k12.sc.us/WebQuests.html

载。这种设计模板具有以下特点:包含 WebQuest 的基本结构,模板的每一部分都给出帮助你设计 WebQuest 的具体策略。例如,第一步是草拟任务和标题,并写出一份能引起学习者兴趣的引言。

第四,完成评价。在评价的设计环节中,教师应给出评价指标,这有助于理清思路,同时在考虑评价指标时还有可能对任务做进一步修改。

第五,制订学习活动过程

第六,以文字形式记下所有活动内容

第七,检查并改进

除了伯尼·道奇提出的、包含上述七个实施步骤的 WebQuest 模式以外,在多年实际推广应用 WebQuest 的过程中,还形成了其他一些实施步骤或实施环节略有不同的 WebQuest 模式(例如,包含引言、任务、过程、资源、评价、总结等六个步骤的 WebQuest 模式,以及包含引言、任务、过程、评价、结论等五个环节的 WebQuest 模式)。

(二) TELS

TELS 实际上是美国国家科学基金会于 2003 年秋天启动的"运用技术加强理科学习(Technology Enhanced Learning in Science)项目"的简称。该项目力图通过理科课程设计、教师专业培训、评估和信息技术支持等四个环节的研究与实践,来促进信息技术与理科教学的有效整合,从而显著提高中学生的理科学习成绩,最终达到运用技术加强理科学习的目的。

TELS 整合模式的基本内涵有两个主要特征:

第一,特别关注课程设计。如上所述,为满足中学理科教学的需要,实现信息技术对理科教学的支持,TELS 项目为中学理科设计了有信息技术环境支持的 18 个主题课程模块,其中初中和高中各有 9 个主题模块。

TELS 项目想把类似 WebQuest 的、基于网络的探究性学习引入课堂教学,以便能更有效地实现信息技术与学科教学的"课内整合"。这是因为,到了 21 世纪初,美国教育界的专家、学者已普遍认识到:WebQuest 这种课外整合模式,鼓励学生围绕自然界或社会生活中的实际问题进行自主学习、自主探究,对于学生的创新精神与创新能力培养非常有利。但由于 WebQuest 强调的是解决实际问题,而实际问题都具有综合性和跨学科性质,且主要是课外活动,所以需要花费较多的时间;加上它是针对某个具体实际问题,因而对于中小学各学科基础知识的系统学习与掌握,往往不如传统课堂教学。这样,随着 WebQuest 的流行,不仅不能保证提高学科的课堂教学质量,甚至还可能削弱。不过,如果能够在坚持课堂教学的前提下,适当吸纳 WebQuest 模式的优点,从而使学科基础知识的学习与创新精神、创新能力的培养二者有机结合起来,将有可能达到既培养学生的创新精神与解决实际问题的能力,又显著提升课堂教学质量与学生综合素质的效果,与此同时,还可以把课内整合模式提升到一个新的层次。

第二,特别关注信息化学习环境的创设与营造。这与 TELS 项目力图把类似 WebQuest 的、基于网络的探究性学习引入课堂教学,以便能更有效地实现信息技术与学科教学的"课内整合"设想密切相关——要想在课堂教学过程中开展这类探究性学习,当然离不开基于计算机软件的各种学习工具和教学资源的支持,也就是"信息化学习环境"的支持。为此,在实施"TELS 整合模式"之前,必须先下大力气研究、开发能支持理科教学的、基于计算机软件的各种学习工具和相关的信息化教学资源。

TESL 模式的实施有这样几个基本环节,即理科课程设计、教师专业培训、评估和信息技术支持等四环节。

1. TELS 的理科课程设计

课程是教学实施的关键,为满足中学理科教学的需要,实现信息技术对理科教学的支持,TELS 项目为中学理科设计了有信息技术环境支持的 18 个主题课程模块(初中和高中各有 9 个主题模块),如表 10-2 所示。

表 10-2 TELS 项目的中学理科主题课程模块

初级中学	高级中学
地球科学	生物学
主题1——全球变暖:地球; 主题2——火成岩(Igneous Rocks)	主题1——鸟翅膀的进化; 主题2——改善社区哮喘问题; 主题3——减数分裂(Meiosis)——下一代:多样化生存
生命科学	化学
主题1——减数分裂(Meiosis)与细胞形成过程; 主题2——探索海底世界; 主题3——简单遗传	主题1——化学反应; 主题2——我们如何循环利用旧轮胎; 主题3——事件的阶段与阶段的变化; 主题4——汽车使用汽油会成为历史吗?
物理科学	物理学
主题1——体验速度; 主题2——氢燃料小汽车; 主题3——热力学:探索身边环境; 主题4——狼的生态学与人口管理	主题1——安全气囊; 主题2——模拟静电

2. TELS 的教师专业培训

为了达到 TELS 项目的上述目标,须对参与项目的教师进行专业培训,以帮助教师理解和把握 TELS 的设计思想与课程要求。培训任务由 TELS 项目的设计者和研究者承担；培训内容主要是如何运用信息化环境下的各种学习工具与教学资源来支持、促进中学生的理科学习，以达到有效提高中学理科教学质量的目标；培训方式是举办讲习班和个别辅导相结合。

3. TELS 的评估

对 TELS 项目进行评估的目的，是想检验通过该项目的课程计划和信息化环境下学习工具与教学资源的支持，能否有效实现信息技术与理科教学的整合，从而提高中学生的理科学习成绩。为了检验信息技术与理科教学整合的有效性，TELS 项目组结合各学科的主题模块制定了学生应达到的具体而详细的知识能力标准，在此基础上拟定了一套标准化的基准测试题。测试科目覆盖初中的地球科学、生命科学、物理科学以及高中的生物学、化学、物理学。

4. TELS 的信息技术支持

TELS 项目中的信息技术支持，主要体现在：为了项目的实施，项目研究组与有关企业合作，大力开发基于计算机软件的各种学习工具和信息化教学资源，以便为课堂教学创设、营造生动的信息化学习环境，使复杂、抽象的科学现象可视化，从而帮助和促进学生对科学知识、概念的理解与掌握。TELS 项目中的信息化学习环境包括"基于网络的科学探究环境"（Web-based Inquiry Science Environment，简称 WISE）和"互动学习升级系统"（Scalable Architecture for Interactive Learning，简称 SAIL）两大部分。借助 WISE 和 SAIL 能有效地实现下列教与学的功能：教师可方便地完成 TELS 课程内容的设计、修改、完善与上传；学生可按事先拟定的"探究学习主题"，在该信息化学习环境中，通过设计、实验、辩论、批判和解决问题等方式，让学生既能深入理解有关学科的知识、概念，又能运用这些知识、概念去解决实际问题；便于学习小组之间的协作；便于师生之间的互动。

（三）TPACK

密歇根州立大学的 Matthew J. Koehler 和 Punya Mishra 为 TPACK 给出的定义是：这是一种"整合技术的教师知识的框架"，该框架建立在 Shulman 的学科教学知识（PCK）基础之上，并加入了技术知识；它是"学科内容、教学法和技术"这三种知识要素之间的复杂互动，是整合了这三种知识以后而形成的一种新知识形式。三种知识要素之间的互动如图 10-4 所示。

Matthew J. Koehler 和 Punya Mishra 强调，教学过程中不仅要同时关注学科内容、教学法和技术这三个知识要素，更要关注这三者之间的交互——这种交互将形成四种新知识，即学科教学知识（PCK）、整合技术的学科内容知识（TCK）、整合技术的教学法知识（TPK）和整合技术的学科教学知识（TPACK）。

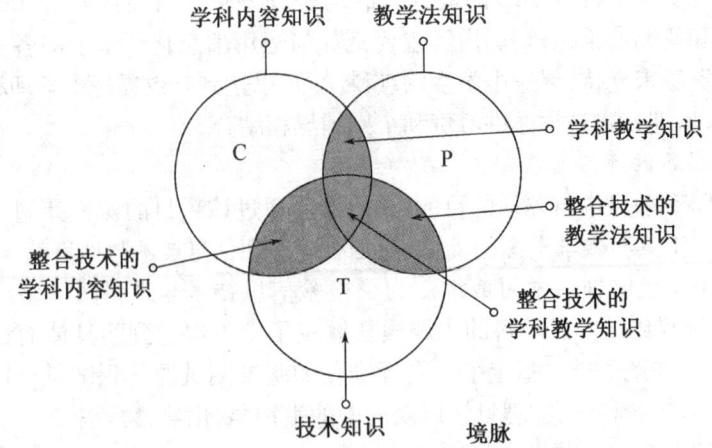

图 10-4 TPCK 框架及其知识要素

其中 TPACK 的内涵已如上述,另外三种知识的内涵可简要说明如下:学科教学知识(PCK)是指适用于具体学科内容教学的教学法知识。整合技术的学科内容知识(TCK),按照 Matthew J. Koehler 和 Punya Mishra 的解释,这种知识涉及"在技术和学科内容之间彼此相互限制的方式"。整合技术的教学法知识(TPK)是指当有具体技术应用于"教与学"过程的条件下,"教与学"应如何有效开展的知识(包括对相关技术工具可提供哪些教学功能以及对这些功能的适用性及局限性的了解)。

由前面的 TPACK 定义可以看出其内涵具有以下三方面的特征:

第一,CK 是教师应当具备且必须具备的全新知识,它的贯彻、实施离不开教师,所以在推广、应用 TPACK 过程中,必须强调教师是教学改革的积极参与者,课堂教学的设计者与实施者;在教学过程中教师应起引导和监控作用。这种观点对教师教育和教师专业发展具有重要的指导意义。

第二,TPACK 涉及学科内容、教学法和技术三种知识要素,但并非这三种知识的简单组合或叠加,而是要将技术"整合"(即"融入")到具体学科内容教学的教学法知识当中去。这就意味着:对 TPACK 的学习、应用,不能只是单纯地强调技术,而是应当更多地关注信息技术环境下的"教与学理论"及方法(即信息化"教与学"理论及方法)。

第三,TPACK 是整合了三种知识要素以后形成的新知识,由于涉及的条件、因素较多,且彼此交互作用,因此 Matthew J. Koehler 和 Punya Mishra 认为这是一种"结构不良"(Ill-Structured)的知识;这种知识将要解决的问题(即信息技术整合于学科教学过程所遇到的问题),都属于"劣性问题"(Wicked

Problem)——这种问题不存在一种适用于每一位教师、每一门课程或每一种教学观念的解决方案(即确定的解决方案),相反,这种解决方案只能依赖每位教师的认知灵活性在三种知识的结合与交叉中去寻找。

TPACK整合模式的实施,和其他"信息技术与课程整合"模式的实施相比,在许多方面都存在较大的区别,其中最重要的有两点:一是这种整合模式在贯彻、实施过程中特别强调要关注"境脉"(Contexts);二是这种整合模式在贯彻、实施过程中特别强调教师应具备TPACK知识,并要充分发挥教师在整合过程中的重要作用。

参考文献

[1] 黄荣怀. 智慧学习环境重塑校园学习生态[J]. 基础教育改革动态,2012(22):5-6.

[2] P. L. 史密斯,T. J. 雷根著,庞维国等译. 教学设计:第三版[M]. 上海:华东师范大学出版社,2008.

[3] 中国互联网络信息中心. 第40次中国互联网络发展状况统计报告[EB/OL]. http://www.cnnic.net.cn/hlwfzyj/hlwxzbg/hlwtjbg/201708/P020170807351923262153.pdf,2017-8.

[4] U. S. Department of Education. Transforming American Education:Learning Powered by Technology [EB/OL]. http://files.eric.ed.gov/fulltext/ED512681.pdf,2010-11.

第十一章 信息技术与课程整合的实施

第一节 信息化教学设计流程

一、教学设计原理

教学目的是使学生在教师的指导下,积极、主动地掌握文化科学基础知识和基本技能,发展能力,并帮助其形成符合社会规范的思想意识与道德要求。任何教学活动,事先都是经过认真考虑的。每一位教师都要依据一定的教育思想和自己对教育、教学过程的理解,以各种方式、方法对教与学双边活动进行安排和考量。这种对教学活动进行的规划和安排就是教学设计。

(一) 教学设计概述

1. 教学设计定义

教学设计是以学习理论、教学理论和传播理论为基础,应用系统论的观点和方法,分析教学中的问题和需求,从而找到最佳解决方案的一种理论和方法。教学设计的理论基础是学习理论、教学理论和传播理论;教学设计的方法论基础是系统科学理论;教学设计的依据是对学习需求的分析;教学设计的任务是提出解决问题的最佳解决方案。其根本目的是为了解决教学中的问题而对教学系统的核心要素进行系统设计,也就是为了促进学习而对学习过程和学习资源进行系统设计和安排。

2. 教学设计理论

学习理论是从心理学角度告诉我们学习是如何发生的,教学理论依据学习理论成果为如何进行教学提供了有益的建议,它们本质上都属于描述性的理论。但是单凭描述性的理论还不能指导我们设计出有效的教学系统,因为它们没有为如何设计满足一定教学需求的系统提供方法性的指示,因此需要带有规定性的教学设计理论。

教学设计理论是连接学习理论、教学理论和教学实践的桥梁,是一门用来指导实际教学过程、为"如何教"及"如何学"提供具体处方的理论。雷杰卢斯认为,一个教学系统包含教学条件、教学方法和学习结果三类可变因素,描述性的教学设计理论是在既定条件和方法的情况下对出现的结果做合理的解释或预报可能产生的结果。因此,教学设计不可避免地受学习理论、教学理论的影响,这些理论为教学设计提供了理论基础。另外,教学过程也是一个信息传播的过程,因而教学设计也受到传播理论的影响。所以,教学设计的理论基础是学习理论、教学理论和传播理论,教学设计的方法论基础是系统科学理论。

(二) 教学设计模式

近年来,教学设计模式的研究取得了很大的进展,出现了数量众多的教学设计模式,尽管这些模式各不相同,但是它们还是具有一些共同的属性。从构成要素来看,所有的教学设计过程模式都包括学习者、目标、策略与评价;从涉及的步骤来看,所有的教学设计过程模式都包括教学目标设计、教学策略设计、教学评价设计;从其理论基础和实施方法来看,大致分为三大类:即"以教为主"的教学设计、"以学为主"的教学设计和"学教并重"的教学设计,而"学教并重"的教学设计吸收了前两类教学设计的优点,既能充分发挥教学过程中教师的主导作用,又能突出学生在学习过程中的主体地位,是实现信息技术与课程整合的有效的教学设计方法。

1. "以教为主"的教学设计

"以教为主"的教学设计,有时又称为基于课堂教学的教学设计。20世纪90年代以前的教学设计基本上都是"以教为主",其主要内容是研究如何帮助教师把课备好、教好,而很少考虑如何促进学生自主学习。"以教为主"的教学设计流程如图11-1所示。

"以教为主"的教学设计通常包含以下步骤:

(1) 确定教学目标,即学生通过学习应达到的结果。

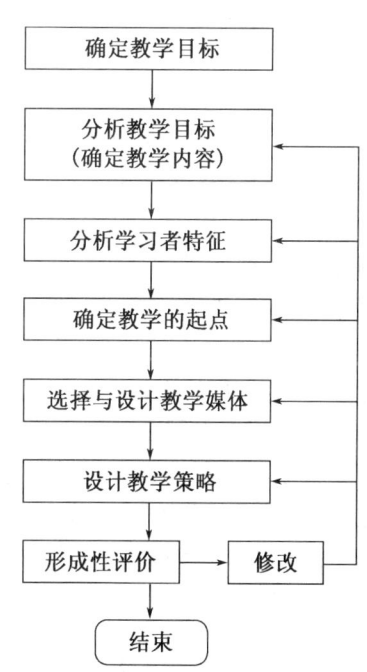

图11-1 "以教为主"的教学设计流程

(2)分析教学目标,并根据分析结果确定教学内容,教学顺序可以通过教学日志的分析来确定,也可以通过其他方法确定。

(3)分析学习者的特征,即分析是否具有学习当前内容所需的知识基础,以及具有哪些认知特点和个性特征等。

(4)根据教学内容和学习者特征的分析,确定教学的起点。即确定在哪种难度等级和知识基础上对当前的学习者施教。

(5)根据教学目标、教学内容和教学对象的要求,选择与设计教学媒体。

(6)根据教学内容和学习者特征的分析,设计教学策略。

(7)对教学做形成性评价,根据搜集到的课堂教学信息,对教学内容或教学策略进行修改或调整,并对学生做出适当的反馈。

传统的"以教为主"的教学设计主要基于行为主义学习理论、认知主义学习理论以及奥苏贝尔的"有意义接受学习"理论、"动机"理论和"先行组织者"理论等,设计的焦点在"教学"上,有利于教师主导作用的发挥,有利于系统科学知识的传授和教学目标的完成。同时也存在较大的弊病,如:以教师为中心,只强调教师的教,忽视学生的学,全部教学设计都是围绕如何教而展开,很少涉及如何促进学生自主学习。按这样的理论设计的课堂教学,学生参与教学活动的机会少,学生的主动性、积极性难以发挥,不利于创造型人才的培养。

2."以学为主"的教学设计

建构主义学习理论强调以学生为中心,不仅要求学生由外部刺激的被动接受者和知识的灌输对象转变为信息加工的主体、知识意义的主动建构者;而且要求教师要由知识的传授者、灌输者转变为学生主动建构意义的帮助者、促进者。可见在建构主义学习环境下,教师和学生的地位、作用和传统教学相比已发生很大变化。这就意味着教师应在教学过程中采用全新的教学模式、全新的教学方法和全新的教学设计思想。"以学为主"的教学设计理论正是顺应建构主义学习环境的上述要求而提出来的,因而建构主义的学习理论就成为"以学为主"的教学设计的理论基础。

"以学为主"的教学设计流程如图11-2所示。基于建构主义的"以学为主"的教学

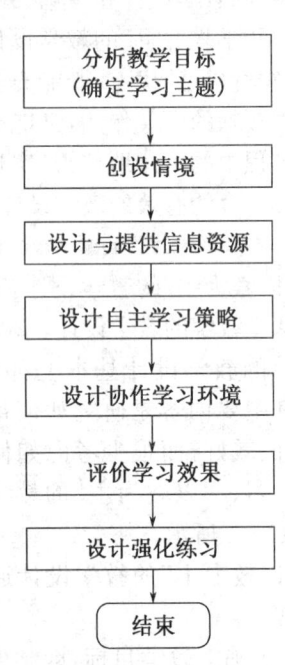

图11-2 "以学为主"的教学设计流程

设计是以问题为核心,建立学习"定向点",然后围绕这个"定向点",通过"学习情境"、"学习资源"、"学习策略"、"认知工具"、"管理和帮助"展开,它们共同服务于由教学目标、学习者、学习内容而确定的学习任务。

"以学为主"的教学设计通常包含以下一些步骤:

(1) 分析教学目标。通过分析教学目标来确定当前所学知识的"主题"(即与基本概念、基本原理、基本方法或基本过程有关的知识内容)。

(2) 创设情境。建构主义认为,学习总是与一定的社会化背景,即"情境"相联系的、在实际情境或通过多媒体创设的接近实际的情境下进行的学习,可以利用生动、客观的情境有效地激发联想,唤醒长期记忆中有意义的知识、经验或表象,从而使学习者能利用自己原有认知结构中的有关知识与经验去同化当前学习到的新知识,赋予新知识以某种意义;如果原有知识与经验不能同化新知识,则要引起顺应过程,即对原有认知结构进行改造与重组。总之,通过同化与顺应能达到对新知识意义的建构。而同化与顺应离不开原有认知结构中的知识、经验与表象,创设情境则为提取长时记忆中的这些知识、经验与表象创造了有利条件。在传统的课堂讲授中,由于不能提供实际情境所具有的生动性、丰富性,不能激发联想,难以提取长时记忆中的有关内容,因而使学习者对知识的意义建构发生困难。

创设情境分两种情况:一种是学科内容有严谨结构的情况(数学、物理、化学等理科内容皆具有这种结构),这时要求创设有丰富资源的学习环境,其中应包含许多不同情境的应用实例和有关的信息资料,以便学习者根据自己的兴趣、爱好去主动发现、主动探索;一种是学科内容不具有严谨结构的情况(语文、外语、历史等文科内容一般具有这种结构),这时应创设接近真实情境的学习环境,在此环境下应能模仿真实情境,从而激发学习者参与交互式学习的积极性,在这过程中去完成问题的理解、知识的应用和意义的建构。在这两种环境中均应包含"帮助"系统,以便学习者在学习过程中随时获取咨询与帮助。

(3) 设计与提供信息资源。设计与提供信息资源是指确定学习主题所需信息资源的种类和每种资源在学习该主题过程中所起的作用,以及应从何处获取有关的信息资源,如何去获取以及如何有效地利用这些资源等问题。

(4) 设计自主学习策略。设计自主学习策略是整个"以学为主"教学设计的核心内容,是实现学习者主动建构知识意义的关键环节。在建构主义学习环境中常用的教学方法有"支架式教学法"、"抛锚式教学法"和"随机进入教学法"等。根据所选择的不同教学方法,对学生的自主学习进行设计。

(5) 设计协作学习环境。设计协作学习环境的目的是在个人自主学习、自主建构意义的基础上,通过小组或班级讨论、协商,进一步完善和深化对当前学习主题的意义建构。

(6) 评价学习效果。评价学习效果相当于"以教为主"教学设计的"形成性评价",它包括小组对个人的评价和学习者的自我评价等。应该设计出使学生没有任何压力、乐意去进行,又能客观地、确切地反映出每位学生学习效果的评价方法。

(7) 设计强化练习。根据小组评价和自我评价的结果,设计出可供选择并有一定针对性的补充学习材料和强化练习,以纠正原来的错误理解或片面认识,最终达到符合要求的意义建构。

"以学为主"的教学设计强调在学习过程中要发挥学生的主动性、积极性,要充分体现学生的主体地位。整个教学设计围绕"自主学习策略"和"学习环境"两个方面进行。前者是通过各种学习策略去激发学生自主学习和主动建构;后者则是为学生建构意义创造必要的环境和条件。目前常用的自主学习策略有"支架式"、"抛锚式"、"随机进入式"、"自我反馈式"和"启发式"等多种。

"以学为主"的教学设计由于强调学生是认知过程的主体,是意义的主动建构者,因而有利于学生的自主探究、自主发现,有利于创造型人才的培养,这是其突出的优点。但是,这种教学设计在强调学生自主学习的同时,往往忽视教师的主导作用的发挥,忽视师生之间的情感交流和情感因素在学习过程中的重要作用。由于忽视教师的主导作用,学生在自主学习过程中,很容易偏离教学目标的要求。

3. "学教并重"的教学设计

要根据教学目标、教学内容和教学对象的不同,将"以教为主"和"以学为主"二者结合起来并加以灵活运用。努力做到既发挥教师在教学过程中的主导作用,又要充分体现学生在学习过程中的主体地位;既注重教师的教,又注重学生的学,把教师和学生两方面的主动性、积极性都调动起来。其最终目标是要通过这种新的教学设计思想来优化教学过程和教学效果,以便培养既有坚实的知识基础、又有高度创新能力的人才。

"以学为主"的教学设计包括两个方面:一方面是学习环境的设计,另一方面是自主学习策略的设计,而这两个方面都有赖于教师的主导作用。比如学习环境设计通常包括"创设情境"、"提供信息资源"、"组织协作学习"等环节,这就需要创设和学习内容相关的环境、氛围,使学生迅速理解和掌握相关知识。自主学习策略的设计必须适合学生的认知特点与原有认知水平,这也需要发挥教师的主导作用。

教师主导作用的发挥和学生主体地位的体现,完全可以在新型教育思想的指引下统一起来。而统一目标的实现就要通过"学教并重"的教学设计。虽然

"以学为主"的教学设计日益引起人们的重视,但是也要注意出现的一些误区,例如:忽视教学目标的分析;忽视教师的指导作用;忽视自主学习设计;忽视教学结构设计等。"学教并重"的教学设计是"以教为主"的教学设计和"以学为主"的教学设计两种设计方法相结合的产物。"学教并重"的教学设计流程如图 11-3 所示。

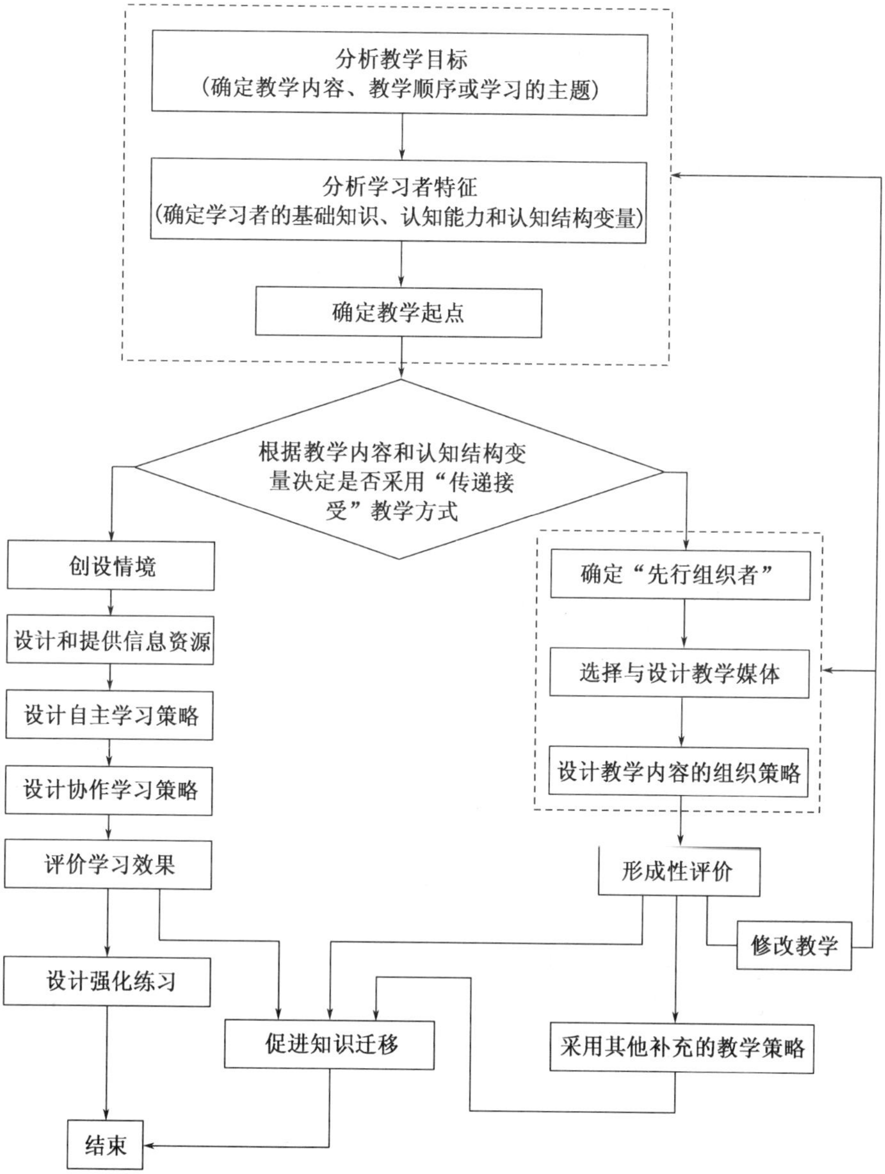

图 11-3 "学教并重"的教学设计流程

二、信息化教学设计

信息化教学设计是在先进教育理念的指导下，根据时代的新特点，以多媒体和网络为基本媒介，以设计"问题"情境以及促进学生问题解决能力发展的教学策略为核心的教学规划与准备的系统化过程。信息化教学设计的目的是激励学生利用信息化环境协作进行探究、实践、思考、综合运用、问题解决等高级思维活动，以培养学生的创新精神和实践能力。这种教学设计主要基于建构主义理念，强调学生是认知过程的主体，是知识意义的主动建构者，有利于学生的主动探索和主动发现，有利于创新型人才的培养。

信息化教学设计以问题为核心，建立学习"定向点"，通过设计"学习情境"、"学习资源"、"学习策略"、"认知工具"、"管理和帮助"而展开。基于建构主义的信息化教学设计模式如图 11-4 所示。

（一）分析教学目标

教学是促进学习者朝着目标所规定的方向产生变化的过程，它贯穿于教学活动的始终。建构主义指导下的学习同样要遵循这一基本原则。分析教学目标是为了确定学生学习的主题，即与基本概念、基本原理、基本方法或基本过程有关的知识内容。分析教学目标首先要考虑学习者这一主体。教学目标不是设计者或教学者施加给学习过程的，而是从学习者的学习过程中提取出来的。其次，还应尊重学习主题本身内在的逻辑体系特征。

建构主义在哲学上强调学习内容的自主建构，强调事物的多样性、复杂性，不同人对同一事物可得出不同的理解，因此是无法预先设立学习目标的。但事物有其复杂的一面，也有其客观的一面，事物的某些属性在一定条件下是可能达到共同理解的。所以，我们在以建构主义理论指导教学设计时，一定要考虑教学目标的确定，避免陷入非理性主义的陷阱，但同时也应注意避免将教学目标简单化的倾向，不能采用传统的行为式的教学目标。

首先，教学目标的编写应有一定的弹性、可变化性，如采用认知目标分类的层次来标识（掌握……理解……）。其次，建构主义强调知识的情景性、整体性，强调知识应在真实任务的大环境中展现，学生在探索真实的任务中达到学习的目的。所以在编写教学目标时，应该避免传统教学目标分析过度抽象、过分细化、过分分散、过分单调的逻辑关系，而应该采用一种整体性的教学目标编写方法。另外，还要区分学习目标与教学目标，允许不同学习者之间的多重目标，支持学习者在学习中追求他自己的目标。教学目标是所有学习者都应达到的学习目的，学习目标则是学生自己确定的，它们往往并不一致，学习目标往往是多重的，不同学习者由于知识背景和兴趣爱好的不同，其学习目标也不完全相同。

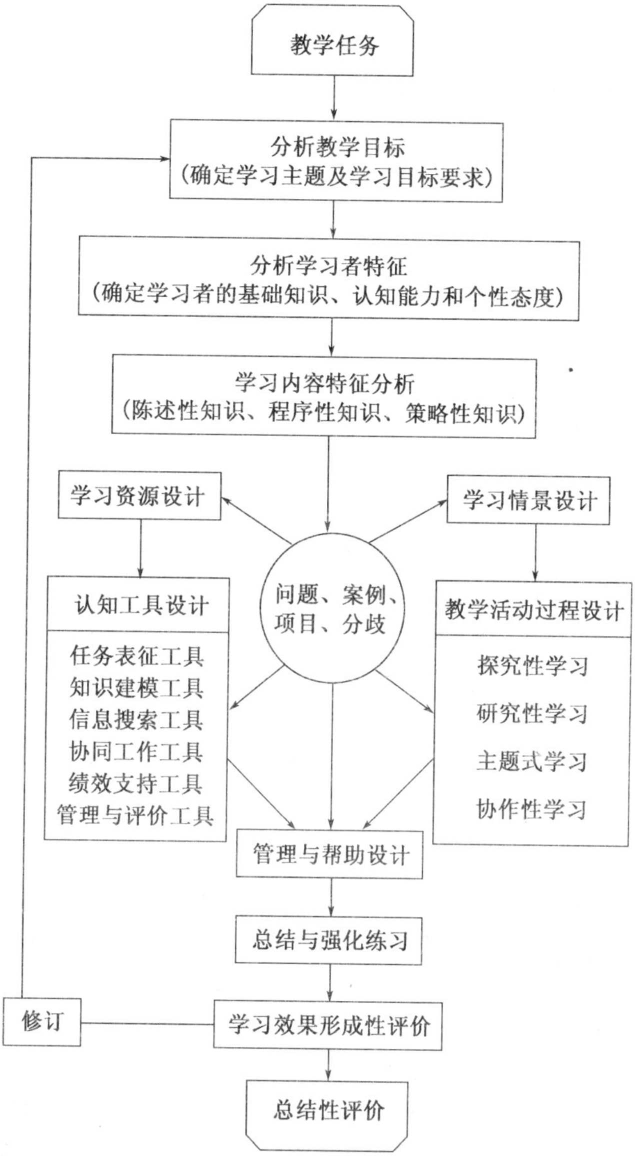

图 11-4 基于建构主义的信息化教学设计模式

值得注意的是,建构主义强调要在真实情景与学习环境中体现学习知识,对所学知识结构的详细分析,将有助于设计出更合理的真实任务与真实的学习环境,减少非学习范围的错误探索、提高学习效率。

此外,分析教学目标还应尊重学习主题本身的内在体系特征。学习主题所涵盖的知识点之间的关系包含上下位和并列两类关系。学习主题总体上呈现多层次的网状结构。

(二) 学习者特征分析

建构主义教学设计中,学生是学习的主体、是意义的主动建构者。从哲学角度看,学习者是内因,外界影响是外因,内因是事物发展变化的决定因素,外因通过内因起作用。这就可以解释为什么在同一课堂中,教师实施同一教学,但不同学生的学习结果却存在较大差异。为了取得较好的教学效果,就必须充分了解学习者的特征,并进行有针对性的设计。

学习者特征分析涉及智力因素和非智力因素两个方面。与智力因素有关的特征主要包括知识基础、认知能力和认知结构变量;与非智力因素有关的特征则包括兴趣、动机、情感、意志和性格。

对于学习者的分析,主要目的是设计适合学生能力与知识水平的学习问题,提供适合的帮助和指导,设计适合学生个性的情景问题与学习资源。

确定学习者的知识基础一般采用"分类测定法"或"二叉树探索法"。对于学习者的认知能力,按照布卢姆的"教育目标分类"理论分为六个等级:知道、领会、应用、分析、综合、评价。在教学实践中,一般采用逼近法来测量学习者的认知能力的"可利用性"、"可分辨性"和"稳定性",它们分别指旧知识中对新知识起吸收固定作用的程度,新旧观念的异同点,起吸收、固定作用的原有观点的稳定性。在实践中利用知识点之间的关系进行分析,尤其注意兼顾学习者之间的个别差异。

(三) 学习内容特征分析

学习内容是教学目标的知识载体,教学目标要通过一系列的教学内容才能体现出来。建构主义强调学习要解决真实环境下的任务,在解决真实任务中达到学习的目的,但真实的任务是否会体现教学目标,如何来体现,这需要我们对学习内容做深入分析,明确所需学习的知识内容、知识内容的结构关系和知识内容的类型(陈述性、程序性、策略性知识)等,这样,在后面设计学习问题(任务)时,才能很好地涵盖教学目标所定义的知识体系,才能根据不同的知识类型,将学习内容嵌入建构主义环境中的不同要素中。如陈述性知识可以通过学习资源的方式提供;而策略性的知识,则可通过设计自主学习活动来体现并展开。

(四) 设计学习任务

建构主义所阐述的"学习"就是基于真实问题情景下的探索、学习的过程,就是解决实际问题的过程,问题构成了建构主义学习的核心。与客观主义不同,建构主义用问题来驱动学习,而不像原来那样充当概念、原理的例子,学习是为了解决问题,而不是把解决问题看成是学习的一个应用。

提出学习任务,是整个建构主义教学设计模式的核心和重点,它为学习者提供了明确的目标与任务,其他辅助设计使得任务更加明确具体,使得学习者解决问题成为现实可能,使得学习者在解决问题过程中,确实能够达到教学目标的要求。学习情景设计,有助于将问题置于一个真实的任务环境中,有助于学生知识与能力的迁移;相关案例和信息资源,有助于问题的理解和可行性方案的提出;认知工具帮助学习者解释和把握问题的各个方面;自主学习策略可以为学生提供可供选择的问题解决模式;帮助与管理是在问题解决时易出现问题的环节设计实用的帮助与指导,必要时,还要设计如何施加人格影响,以消除因挫折而出现的泄气情绪。

学习任务可以是一个问题、案例、项目或是观点分歧,它们都代表连续性的复杂问题,能够在学习的时间和空间维度上展开,均要求采用主动的、建构的、真实的情景下的学习。构建学习任务时,应充分考虑如下原则:

1. "任务"设计要有明确的目标要求

要在学习总体目标的框架上,把总目标细分为小目标,以此为基础提出一系列的问题。这些问题在设计时应充分考虑到上位问题和下位问题的关系,学生也可据此找到解决问题的不同方法和途径。

学习任务应当涵盖教学目标定义的知识,任务的活动内容应能引发学习者高级思维活动。学习任务陈述以使学生明确任务所要达到的目标以及完成任务的基本要求为原则。

2. "任务"的解决要具有可操作性

信息化学习的特征是实践性较强。教师创设了问题的真实情境,学生不仅要能发现问题,还要努力通过实践去掌握知识和方法技能。教师在设计学习任务时,力求让学生能够通过解决子问题、完成子任务,逐步解决大问题、完成大任务的基本逻辑来呈现教学任务。这种方法将会帮助学生逐步摸索出解决问题的一般思路和方法。

3. "任务"设计要符合学生特点

设计学习任务要符合学习者的特征,处于学生的"最近发展区",也就是学生需要跳一跳才能够到的区域。"问题"的设计考虑学生特点、知识接受能力的差异;"问题设计"时不要一次呈现过多重难点;任务设计体现"以学生为中心,教师为主导"的教学策略。

4. "任务"设计要注重渗透方法,培养学生能力

以学生能力的培养和提高为导向和最终目标,设计相关"任务"时切忌以固定的方式方法解决相关问题或提供所谓"标准答案",切忌将灌输式的教学方法

运用于问题解决中。应该让学生在掌握基本方法后,能够举一反三,拓展思维,而不是思维逐渐固化和模式化。这些对于创造性思维的培养都相当不利。设计任务时,既要起到"脚手架"的作用,又要留有相当的空间,培养学生自己摸索相应方法以获取知识和技能,同时培养自己的自信心。学习力是信息时代对每个人都提出的迫切要求,因此,任务设计中也必须考虑到这一影响学生一生的能力的培养。

5. "任务"设计要注意个别学习与协作学习的统一

"任务"设计时,适当分配适合个别化学习和协作学习形式的不同任务。学生个体既需要具备独立完成任务的自主学习能力,也需要具备与他人协作、共同完成某一相对规模较大的任务,并在此过程中学会如何与团队成员相处、沟通以共同协商完成学习目标。个别化学习任务要求学生个体采用相应的方法和工具独立完成。协作学习以小组讨论、协商的方向开展学习活动,可以通过群体智慧来促进每一个体对于相关知识的理解和掌握。教师在这一过程中注意启发和诱导学习活动逐步深入,不断接近问题探究的核心。

6. 要设计开放的、非良构的问题

非良构问题的特征是:具有无显性目标和限制条件;有多解法或者无解;有多种评判答案的标准;问题的概念理论基础的必要性及其组织具有不确定性等。

设计开放性问题的着眼点在于学生解决问题的体验过程,围绕这一目标教师需要通过问题的设计来鼓励和促使学生积极深入参与的问题领域,而不是仅仅关心解决问题的结果,甚至是正确率。

教师进行任务设计时,既要为学生设计出具有层级关系、可操作性强的任务序列,又要实现学生在完成"任务"的过程中掌握知识、技能和方法。

(五) 学习情境设计

建构主义强烈建议学生要在真实的情景下进行学习,要减少知识与解决问题之间的差距,强调知识的迁移能力的培养。因此,建构主义的教学设计需要将设计的问题具体化,教科书上的知识内容是对现实生活的抽象和提炼,而设计学习情景则是要还原知识的背景,恢复其原来的生动性、丰富性。同一个问题,在不同的情景背景中(不同的工作环境、社会背景),其表现是不相同的。

学习情境具体是指为学生提供一个完整、真实的问题背景,在此基础之上开展教学,学习环境就是学习被刺激和支持的地点。建构主义学习情境存在三个基本要素:① 学习情境的背景。指与问题有关的各种因素,包括自然、社会文化及背景的组织管理等,描述背景有助于控制和定义问题。② 学习情境的表述及模拟。指一种具有吸引力的表征形式,包含虚拟现实、高质量视频等,可以为学习者提供真实且富有挑战性的背景。③ 学习情境的操作空间。指学习者关注真实问题所需要提供的工具、符号等。

设计学习情境,应注意以下要点:

1. 明确学习类型与情境创设的关系

学习可分为三种不同类型:适用于初学者的初级知识学习、高级知识的获得及专业知识与技能的学习。初级知识和专业知识技能分别属于过于简单化的学习和最高级的学习,它们由于自身特点一个具有还原倾向,另一个几乎不需要教学支持。只有处于中间层级的高级知识具备用建构主义情境构建学习的特质。高级知识的获得是一种比较高级的学习类型,要求学习者通过对知识进行意义建构,掌握概念的复杂性和贯穿不同个案的变化性,使学生具有适应不同的真实情境的灵活性。

2. 不同学科对情境创设的要求不同

一般而言,理工科类学科内容结构严谨,逻辑清晰。创设这类课程的学习情境对于资源的科学性和丰富性有着较高的要求,其目的是便于学生根据自身兴趣和爱好进行探索,因此实用案例和拓展性知识一般都是创设情境中必备的资源。与此相对,文科类学科内容以情境的体验和渗透为特征,此类情境多是模拟实际场景或引导学生进入相应氛围,并以此激发学生参与学习的积极性,在此过程中完成问题的理解、知识的应用和意义的建构。无论是哪种情境,都应包含"帮助"系统,以便学生在学习过程中随时获得相应的辅助。

3. 学习情境的创设要符合学习者的特征

情境创设要考虑学习者既有的知识和技能,考虑学习者的学习动机和态度,考虑学习者的年龄和发展特征。要创设辅助认知发展规律的情境,创设适合不同学习者的多样性情境。新知识的同化和顺应应当符合认知心理学的基本规律,从而完成学习者个体的意义建构。

4. 学习情境是促进学习者主动建构知识意义的外因

外因通过内因才能发挥作用。学习情境是外因,但是创设出符合学习者学习特征、引导学生逐步转向主动学习、激发学生的学习兴趣和热情的理想化学习情境恰恰可以激发内因,从而主动完成意义的建构,这也是学习情境创设的理想状况。

5. 学习任务必须与真实学习情境相融合

真实情境是建构主义始终强调的要点,学习任务和真实学习情境不能处于分离或勉强合成的状态,学习情境中要能够以自然的方式展现学习任务所要解决的矛盾和问题。

(六) 学习资源设计

学习资源设计是为学生提供与问题解决有关的各种信息资源,随着学习活动的深入开展,经过严格筛选和设计的学习资源必然成为学生自主学习的基础,同时也是促进学生进行意义建构的必需条件。常用的信息化学习资源基本分为素材类学习资源、集成型学习资源和网络课程三种类型。

严格意义上讲,素材类学习资源是我们在制作相关的学习内容时进行筛选和加工的原材料,并不应当列入直接可应用的学习资源的范畴之列。但是,在进行教学材料的设计时,我们可以应用其增加教学材料的丰富性和多样性。否则,这些教学内容可能都采用千篇一律的资源形式,违背了个别化教学的初衷。

这一学习资源按照媒体形式可划分为:文本、音频、图形图像、动画和视频等。相关媒体形式及其特性如表11-1所示:

表11-1 媒体形式及特性

名称	特点	格式	处理工具
文本	以文字和专用符号表达信息,最为普遍	TXT;DOC;DOCX;RTF;WPS;WRI;PDF	WORD;windows记事本;WPS;windows写字板;Adobe Acrobat Reader;Foxit Reader(福昕阅读器)
图形/图像	形象表达信息的形式,直观生动	BMP;JPEG;GIF;TIF;PSD;EPS;CDR;WMF;DWG;AI	windows画图;Photoshop;CorelDraw;AutoCAD;Adobe Illustrator
音频	清晰表达语义或产生意境,一般作为讲解示范、背景音乐或提供音效	WAV;PCM;TTA;FLAC;AU;APE;TAK;WV;MP3;WMA;OGG;AAC	Windows录音机;Windows Movie Maker;Cool Edit pro;GoldWave;会声会影;Adobe Audition
动画	直观生动表现运动过程,完全由计算机模拟	GIF;FLC;FLI;AVI;SWF;MOV	Animator;Flash;Ulead COOL 3D;3D Studio MAX
视频	信息内涵丰富,容易引起共鸣。需拍摄后进行后期编制加工	AVI;DTA;MOV;QT;MPEG;RM;ASF;WMV;FLV	Windows Movie Maker;会声会影;Adobe Premiere;暴风影音;Windows Media Player;超级解霸

该表所列出的各种素材格式是我们经常使用的,在制作不同的教学材料时我们需要分析它所使用的场合,并据此选择相应的格式。比如应用于网页上的素材,无论是音视频还是图片,必须在考虑清晰度的同时考虑其大小。由于网络传输速度的限制,过大的文件会影响整个网页内容的显示。

根据黄荣怀等人对"智慧学习环境"的研究,存在五种典型的"学习情境"。它们分别是:课堂学习、个人自学、研讨性学习、在工作中学和在做中学等。如果从知识的建构方式和知识的获取方式两个维度对学习情景进行考察,可以得到学习情景的分类框架,如图11-5所示:

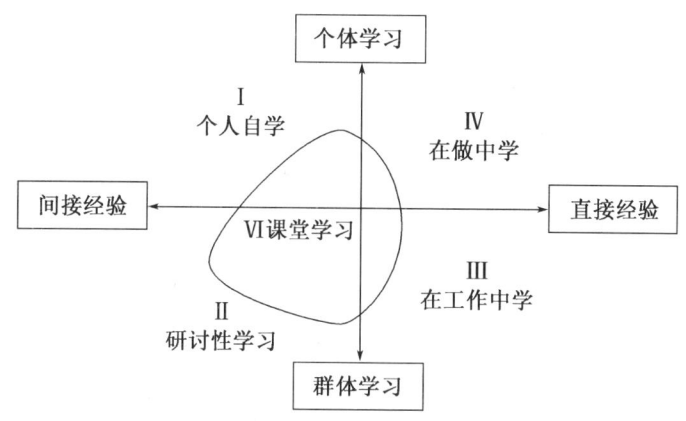

图11-5 学习情景的分类框架

(七)提供认知工具和会话协作工具

1. 认知工具概念

认知工具的定义最早是由戴瑞(Derry)在1990年提出,他指出:"认知工具是一种支持、指引、扩充使用者思维过程的心智模式和设备。"1996年,乔纳森(David H. Jonassen)在《课堂中的计算机:支持批判性思维的认知工具》一书中将认知工具作用描述为:"利用计算机应用程序,使学生对正在学习的学科内容进行建构性的、高级的、批判性的思考。"朱亚莉在2005年的《智能主体——一种新型的认知工具》一文中也提到:认知工具是一种能直接作用于人类的认知活动、降低认知难度的智力方法或技术设备。

从教学的角度思考:认知工具就是在学习中降低学生认知难度的智力方法和帮助学生进行认知处理的计算机支持技术;认知工具对学生的认知发展具有很强的支持和促进作用。

2. 认知工具类型

认知工具在帮助和促进认知过程,培养学生批判性思维、创造性思维和综合思维中起着重要作用。乔纳森对基于信息技术的认知工具的分类影响最为广泛,他把各种对学习有支持作用的信息技术认知工具分为以下六类:问题/任务表征工具、静态/动态知识建模工具、绩效支持工具、信息搜集工具、协同工作工具、管理与评价工具。

问题/任务表征工具有助于学生对他们已了解的和正在学习的内容进行分析和组织;静态/动态建模工具有助于学生描述概念间的关系;信息搜集工具有助于学生获取信息和处理信息;知识建构工具可以帮助学生反思对概念的理解,而且还可以让学生掌握了作为设计者所需的各种技能;协同工作工具有助于学生对于问题进行交流学习,培养学生的社会性合作能力。

3. 常见的认知工具介绍

(1) 数据库

数据库系统是一种有效的认知工具,属于语义组织工具。数据库的建立和操作本身就是一种建构的过程,即学生积极地参与知识表示的过程。学生可利用数据库系统进行分析和组织学科内容,在概念之间进行联系,建立字段和记录以反映这些联系等,这些都是对信息进行思考、处理的过程,使得学生更有效地理解学习的内容。

将数据库运用于实际学习中大概可分三个不同的层次,最简单的应用就是老师建立好数据库,让学生加入数据,例如,在课堂上,要求学生查阅教材或网络,寻找有关多媒体信息的分类、文件格式、文件大小、应用范围等特征信息,并将相关信息填入老师建立的空数据库中;第二个层次就是由学生自己建立有关多媒体知识数据库,这是一种较为复杂的活动,学生需要建立数据结构(确认各字段),查找相关信息,将信息插入到适当的字段和记录中;第三个层次,为了更好地应用数据库,学生需要查询数据库和对数据库进行排序等,以便对学科知识的查询做出应答,或者确定知识间的相互关系,进行推理等。

(2) 概念图

概念图是指利用图示的方法来表达人们头脑中的概念、思想和理论等,是把人脑中隐形的知识显性化、可视化,便于思考交流和表达,属于问题/任务表征工具。常见概念图工具包括 Inspiration、Kid-spiration、Mindmanager、CmapTool、MapMaker、MindMapper 和 ThinkingMaps 等,其中 Mindmanager、Inspiration 最常用。

教师可以使用概念图工具来辅助教学设计,整理教学思路,设计出更为新颖、有效的教学方法。而学生则可以方便地把头脑中概念的层级式空间表征及其相互关系用节点和链接绘制出直观的概念图,这种绘制概念图的学习策略有助于学生用概念网络的形式把正在学习的各种概念加以联系,标识诸多概念间的关系,以及描述概念间关系的本质。

通过比较在不同时间先后建立的几个概念图,学生可以评价他们思维的变化,此时概念图工具就是一种学生学习的评价工具。因此,使用概念图工具能反映出学生的知识建构过程。它对于提升学习者认知能力的功能非常显著,所以,在中小学的教学中应大力推广，广泛使用概念图工具。

（3）电子表格

电子表格属于动态建模工具，是计算机化的数字记录跟踪系统，由行、列标识的单元格组成的矩阵就是一张电子表格。每个单元格中可填入数值、公式或函数。电子表格也可以作为认知工具，增强学生的心智功能。电子表格可以做出用计算表达的数学模型，通过把隐含的逻辑关系呈现给学生，促进学生对相互关系和过程的理解。电子表格经常在数学课、化学课、物理课中用于计算数量关系，也可以在社会学、生态学的教学中使用。电子表格是灵活的认知工具，能够用来表示、反映和计算数量信息。建立电子表格需要学生进行抽象的推理，并成为规则的制定者。

（4）Flash、Photoshop、Painter等知识建构工具

信息技术环境下，有助于学习者知识意义建构的工具平台非常多，如可以利用汉字输入和编辑排版工具，培养学生的信息组织、意义建构能力；利用"几何画板"、"Flash"、"Painter"等工具，培养学生创作作品的能力；利用信息"集成"工具，培养学生的信息组织、表达能力与品质；借助网页开发工具，学生可以制作属于自己的网页，有利于培养学生对信息的甄别、获取和组织能力。

（5）QQ、公告板等交流合作工具

随着通信技术、网络技术的发展，各种基于网络和计算机的同步或异步交流环境开始出现在课堂中，它们可以支持学习的社会性协商过程，如 QQ、电子公告板等。利用这些远程通信，可以支持学生间的人际交流、信息收集。在线交流合作工具使学生以有意义的方式参与交流，为了做到这一点，他们需要解释信息，考虑适当的反应和做出连贯的回答。学生不能只记忆老师告诉他们的知识，他们需要就讨论的课题发表自己的观点。

（八）自主学习策略设计

自主学习策略是指为了支持和促进学生有效学习而安排学习环境中各个元素的模式和方法，其核心是要发挥学生学习的主动性、积极性，充分体现学生的认知主体作用。从整体上来讲，学习策略分为四类：主动性策略、社会性策略、协作式策略和情景性策略。常见的自主学习策略有：教练策略、建模策略、支架与淡出策略、反思策略、支架策略、启发式策略、自我反馈策略、探索式策略；讨论策略、角色扮演策略、竞争策略、协同策略、伙伴策略；抛锚策略、学徒策略、随机进入策略等。

在设计自主学习策略时，主要考虑主客观两方面因素。客观是指知识内容的特征，它决定学习策略的选择，譬如对于复杂的事物和具有多面性的问题，由于从不同的角度考虑可以得出不同的理解，为克服这方面的弊病，在教学中就要

注意对同一教学内容,要在不同的时间、不同的情景下,为达到不同的教学目的,用不同的方式加以呈现。这样学习者可以随意通过不同途径、不同方式进入同样教学内容的学习,从而获得对同一事物或同一问题的多方面的认识与理解,因此,对于此类问题我们采用随机进入学习策略。

主观方面则指作为认知主体的学生所具有的认知能力、认知结构和学生的学习风格。学生是认知的主体,学习者的智力因素(知识基础、认知能力和认知结构变量)和非智力因素(兴趣、动机、情感、意志和性格),尤其是与智力因素有关的特征对学习策略的选择至关重要。

(九) 管理与帮助设计

建构主义学习中,学习者是学习的主体,但并没有忽视教师的指导作用,任何情况下,教师都有控制、管理、帮助和指导的职责。教师需要在学习环境中确定学习任务,组织学习活动,提供帮助和指导,引导学生正确使用认知工具。教师是教学过程的组织者与指导者、意义建构的帮助者与促进者。

在传统的教学中,课堂教学管理包括:合理安排课程内容、最大限度地发挥教学资源的潜能、调动学生的积极性等。但在建构主义学习中,教师由舞台上的主角变为幕后导演,这一转变极具挑战性,对教师提出了更高的要求。学习过程是一种发散式的创造思维过程,不同的学生所采用的学习路径、所遇到的困难也不相同,教师须针对不同情况做出适时反馈;学生在自主学习过程中,面对丰富的信息资源易出现学习行为与学习目标相偏离的情况,教师要在教学实践中设置关键点,规范学生的学习,同时也有利于学生反思、升华所学知识;为了使意义建构更有效,教师应在可能的条件下组织协作学习,并对协作学习过程进行引导,使之朝有利于意义建构的方向发展。引导的方法包括:提出适当的问题以引起学生的思考和讨论;在讨论中设法把问题一步步引向深入,以加深学生对所学内容的理解;要启发诱导学生自己去发现规律、自己去纠正和补充错误或片面的认识。

(十) 总结与强化练习

适时地进行教学总结可有效地帮助学生将自学的、零散的知识系统化。但总结时不能太细,应该体现为知识体系串讲,简明扼要,否则会重蹈传统教育的覆辙,限制学生的思维。教师总结之后,应为学生设计出一套可供选择并有一定针对性的补充学习材料和强化练习,检测、巩固、拓展所学知识。这类材料和练习应经过精心的挑选,既要反映基本概念、基本原理,又要能适应不同学生的要求,以便通过强化练习纠正原有的错误理解或片面认识,最终达到符合要求的意义建构。

(十一) 教学评价设计

评价意味着根据某些标准对一个人或他的业绩所进行的一种鉴定或价值判断。建构主义结果评价中最基本的变化或许就是在确定评价的目标方面。如果学习是知识自我建构的过程，那么是否还需提出最适宜的目标？事实上，有谁能比建构者更好地评价知识的建构呢？因此，源于建构观的评价应该较少使用强化和行为控制工具，而较多使用自我分析和元认知工具。

建构主义的学习并不是用以支持学习者像镜子一样反映现实，而是支持对富有意义的解释进行建构。但评价应是参照目标的，否则便会陷入无标准的虚无主义。对于一些基本的教学要求，评价要依据客观的教学目标，但这不能是评价的全部，更多的应该包括学习任务的整体性评价、学习参与度的评价等。评价通常包括形成性评价和总结性评价，它们在教学过程中起着不同的作用。

形成性评价是在某项教学活动过程中，为了能更好地达到教学目标的要求，取得更佳的效果而不断进行的评价。它能及时了解阶段教学的结果和学生学习的进展情况、存在问题，因而可据此及时调整和改进教学工作。形成性评价在教学过程中用得最频繁，需要注意的是：由学生进行的都是自我建构的学习，对于同样的学习环境，不同学生学习的内容、途径可能相关不大，如何客观公正地对他们学习的结果做出评价就变得相当困难。很明显，对他们实施统一的客观性评价是不合适的。目前，人们比较赞同的是通过让学生去实际完成一个真实任务来检验学生学习结果的优劣。

总结性评价又称"事后评价"，一般是在教学活动告一段落后，为了解教学活动的最终效果而进行的评价。学期末进行的各科考试、考核都属于这种评价。其目的是检验学生的学业是否最终达到了各科教学目标的要求。建构主义所说的考试、考核与以往不同在于它更注意学生个人实际解决问题的能力。总结性评价重视的是结果，借以对被评价者做出全面鉴定，区分出等级并对整个教学活动的效果做出评定。

教学过程中进行的评价主要是形成性评价，对于提高教学质量来说，重视形成性评价比重视总结性评价更有实际意义。

第二节 信息技术与课程整合的教学模式

信息技术与课程整合的本质是把信息技术作为促进学生自主学习的认知工

具与情感激励工具,将其全面运用到各学科教学过程中,使各种教学资源、各个教学要素和教学环节,经过组合、重构、相互融合,在整体优化的基础上产生聚集效应,从而促进传统教学方式的根本变化,达到培养学生创新精神与实践能力的目标。

一、教学模式内涵

(一) 教学模式的含义

教学模式是在一定的教学理论或学习理论的指导下,在某种学习环境中展开的教学活动进程的稳定结构形式,是开展教学活动的一套方法论体系;是基于一定教与学理论而建立起来的较稳定的教学活动的框架和程序。教学模式是教与学理论的具体化,同时又直接面向和指导教学实践,具有可操作性。它是教学理论与教学实践之间的桥梁。

(二) 教学模式的特征

1. 教学活动的抽象概括

教学模式是对教学活动方式的抽象概括,源于教学活动经验。成熟的教学模式基本结构相对稳定,是一个开放的不断完善的动态系统。

2. 教学要素的关系表达

教学模式是各要素及其相互关系结构化的、简约化的表达方式。教学模式是对理论基础、目标、条件、策略、方法和评价的有机整合,是对教学的空间关系和时间关系的系统概括。在空间上表现为多要素的相互作用方式,在时间上表现为操作的过程和顺序。

3. 实施步骤可借鉴模仿

在一定的范围内,教学模式具有一定的代表性和示范性。任何教学模式都具有一定的适用范围,有其独特的运作条件和系统的策略方法。由于其形象具体的表征、开放性的动态结构和可操作性等特点,教学模式具有启示、借鉴、模仿和迁移、转换的价值。

(三) 教学模式的构成

教学模式的构成如图 11-6 所示,包括理论基础、目标导向、实现条件、操作程序和效果评价。

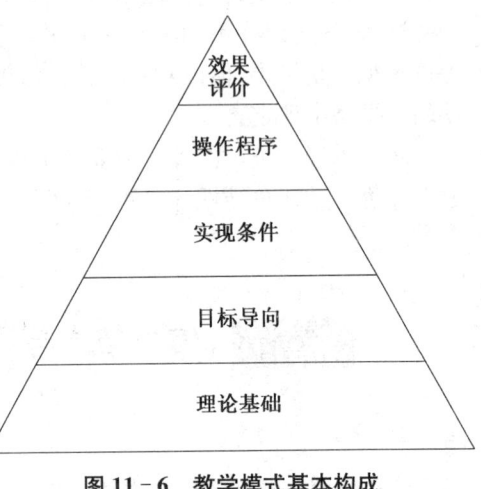

图 11-6 教学模式基本构成

1. 理论基础

教学模式所依据的哲学、心理学、文化学、教育学、技术学等方面的基础,在我们的认识和研究中,以学习环境设计理论为总括。

2. 目标导向

教学模式是针对实现特定的教学目标而构建的。一般而言,我们所提倡的教学模式是以促进学习者高阶能力为目标的,但具体到各种不同的教学模式,其侧重的目标必然有所不同。

3. 实现条件

实现条件指促使教学模式发挥功效的各种条件(教师、学习者、内容、技术、策略、方法、时间和空间等)的优化组合结构。

4. 操作程序

操作程序指特定的教学活动程序或逻辑步骤。操作程序可以根据实际的教学情境而灵活变通。

5. 效果评价

因目标、程序、条件等方面的不同,各种教学模式有不同的评价标准和方法。

教学模式的这五个基础部分可以进一步概括为:一个前提,两个要素。

一个前提是指任何一种教学模式都是以相关的理论为前提或基础的。我们的研究是以学习环境设计理论为基础,教学模式建构的根本目标指向是促进学习者高阶能力的发展,其相应的评价标准、方法也与传统的不同。

两个要素:一个是结构,一个是程序。教学模式既表现为一种结构,也表现为一种程序。相对来说,结构是静态的,程序是动态的,后者取决于教学的情境性特点和师生主体性的发挥程度。

(四) 教学模式的分类

由于教学实践依据的教学思想或理论的不同,学习内容和目标的不同,教学实践活动的形式和过程必然也不同,从而形成不同的教学模式。从不同角度看,教学模式的分类也不同。

从教学系统的结构关系的不同来分,有"以教师为中心"、"以学生为中心"和"以教师为主导,学生为主体的双中心"三种教学模式。

从教学组织形式的不同来分,有班级教学、小组教学、个别化教学三种教学模式。

从教学目标的不同来分,有基于做的教学、基于思维的教学、基于事实的教学。

从课堂教学模式分,有赫尔巴特的四段(或五段)教学过程模式、凯洛夫的课堂教学过程模式、加涅的课堂教学过程模式、"五段"课堂教学过程模式、"六步三段两分支"课堂教学过程模式等。

从学习形态分,有自主学习模式和协作学习模式。

从教学环境分,有课堂教学模式、网络教学模式和混合式教学模式。

从学习理论分,有行为修正模式、社会互动模式、人格发展的个人模式、信息加工模式、建构主义模式。

我国学者祝智庭教授提出了一个教学模式分类框架,并且认为教学模式的差别本质上是一种文化差别。教学模式的文化差别可以从认识论与价值观两个维度来考察。从认识论角度来看,存在客观主义与建构主义;从价值观角度来看,存在个体主义与集体主义。

将价值观与认识论看作考察教育文化差别的两个基本变量,将每一变量看作一个连续体,可得到如图11-7所示的关于教育文化的二维分类模型,即个体主义—群体主义维度,客观主义—建构主义维度。四大类不同的教育文化:个体主义—客观主义;个体主义—建构主义;集体主义—客观主义;集体主义—建构主义。

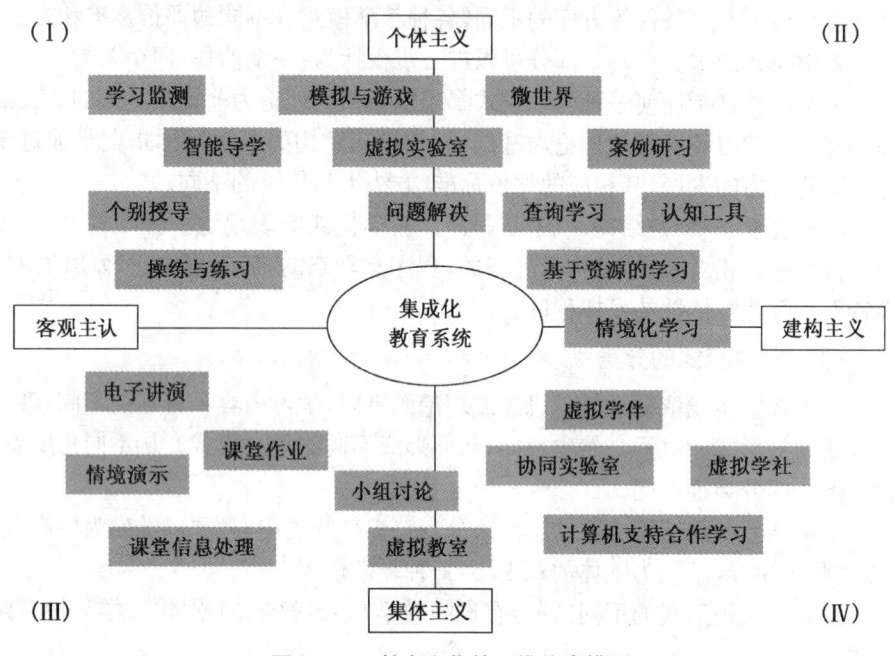

图11-7 教育文化的二维分类模型

对于一种具体的教育文化来说,它可以处在这个平面的某一位置上。这个分类模型还有助于刻画教育文化的变迁问题。例如,美国的教育文化传统基本上是属于Ⅰ形的,现正在向Ⅱ形迁移。日本的教育文化是非常典型的Ⅲ形文化,我国的教育文化就本质来说也是偏向于Ⅲ形文化的。从传统的到最新发展起来的各种教学方法都能在这个分类模型中找到其相应的位置。

从客观主义—建构主义维度来认识教学模式的文化取向问题：带客观主义倾向的教学模式一般说来适合于"良构"领域中基础知识的学习，其学习结果是能够"收敛"的，在知识应用能力方面通常表现为"近迁移"，因其采取直接传递的教学形式，通常具有较高的教学效率；带建构主义倾向的教学模式比较适合于"劣构"领域中高级知识的学习，其学习结果往往是"发散"的，在知识应用能力方面通常表现为"远迁移"，因其大多采取发现式和讨论式的教学形式，一般说来耗时较多，其意义是注重学生在创新能力方面的实际效果。无论是中国还是外国，传统的教育文化都是倾向于客观主义的，但现在许多西方国家的教育研究已开始将注意力转向建构主义，这与世界上的科学研究开始向那些劣构及发散领域冲击的趋向是一致的，且现代化信息技术为建构主义学习提供了强有力的条件保证。

二、信息技术环境下的教学模式

信息技术与课程整合是指在课程教学过程中，将信息技术理论和方法与课程内容有机结合，共同完成课程教学任务的一种新型的教学方式。信息技术与课程的整合包括：信息技术作为学生必须掌握的一类学习内容——信息技术课程；教师可以利用信息技术进行教学——教学工具；学生也可以利用信息技术进行学习——认知工具。

目前，国内外较为常见的信息技术环境下的教学模式主要有：基于问题的学习、基于项目的学习、基于案例的学习、基于资源的学习、探究学习、协作学习、基于电子文档的学习、认知工具、个性化学习、个别授导、操作与练习、教学测试、教学模拟、教学游戏、智能导师、虚拟实验室、情境化教学等。

信息技术与课程整合所产生的各种教学模式从表面上看是信息技术的应用，深层次特征则涉及人才观、教育观、学习观、技术应用观、评价观等方面的系列变化。

（一）基于资源环境的主题教学模式

所谓基于资源的主题教学（Resources-Based Thematic Instruction，RBTI），是指学习者围绕一个主题，通过充分发掘和利用各种不同的资源，并遵循科学研究的一般规范和步骤而进行的一系列探究活动，其目的是为了让学习者提高问题解决、探究、创新等能力，促使学习者的学科素养和信息素养同时得到提升。

1. 基于资源环境的主题教学模式的特点

（1）资源利用的广泛性

无论何种媒体、何种形式，只要对学习有帮助就是有用的资源。

(2) 具有主题性和主题的情境性

资源并不能直接用来解决主题所生成的真实的问题，学习者必须先将资源进行加工处理，内化为自己的知识，再利用知识来解决问题。

这个加工处理的过程就是情境化（contextualized）的过程。在基于资源的主题教学过程中，资源通过主题而聚集，经过学习者情境化后，才能服务于主题。

(3) 跨学科性

突破了学科本位，需要多学科知识的综合，将各门相关学科的相关内容综合利用，采用模拟研究的方法，解决真实的问题。这种学习既提高了学生的兴趣，又培养了学生融会贯通知识的能力，从多角度、多层面地思考问题的能力和习惯。

(4) 任务驱动性

在一个大主题的前提下，学生通过解决大主题带来的一个个问题而达到学习目标，有问题就会带来任务，分析任务是解决问题的前提。解决与自身生活密切相关的真实问题，容易使学生积极投入于学习过程，使教学真正做到以学习者为中心，使学生获得一种成就感。

(5) 探究性

探究是基于资源的主题教学中的核心手段、方式和方法。在教学过程中，强调自主探究和协作探究，让学生在问题求解的过程中学会综合利用知识、内化知识，倡导学生积极动手、动脑，使学生真正愿意学，体会如何学。

(6) 反思递进性

提倡行动研究，注重利用新型的评价观评价学习过程，要求学生和教师在学习过程中不断反思，完善探究学习过程。

2. 主题模式类型

基于资源环境的主题教学模式在教学设计过程中可以从不同角度选择主题模式，归纳起来，有如下几种：

(1) 以学科为中心

根据学科的学习进程而进行。主题一般是学科知识的拓展。

(2) 以社会为中心

这种开发模式可以涵盖的内容非常广泛，大可以是国与国之间的问题、关系和历史，小则可以从身边的各种社会现象或事件着手。

(3) 以自然为中心

这种开发模式和以社会为中心的模式是并列关系的，其开发的主题通常包含了社会和自然环境两个方面。

根据以上几种主题模式可以发现，基于资源环境的主题教学模式研究的问题来源于自然、科学和社会。它包括了人类在发展过程中不断探索的所有领域,所以,基于资源环境的主题教学模式的核心在于——探索。在实际的教学应用中我们习惯称之为"探究"。

3. 基于资源的主题教学模式

基于资源的主题教学是以主题开发为前提,以活动探究为核心,以信息技术为支持,并从多维角度评价整个教学过程,其模式如图 11-8 所示。

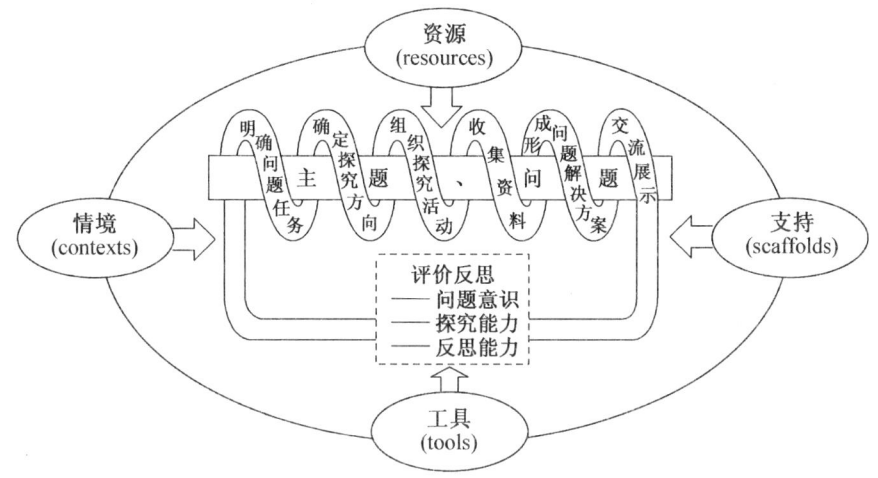

图 11-8　基于资源的主题教学模式

一个基于资源的主题教学活动过程就是一个"电磁场",主题是"碳棒",绕在"碳棒"外的线圈就是活动探究过程,评价反思也在整个学习过程中。一旦这个过程接通,就可产生磁力作用,与主题有关的资源即"铁屑",整个磁场可以将"铁屑"(有关资源)从各种"屑"(所有资源)中筛选出来,为达到教学目标所用。信息技术在整个教学过程中起着非常重要的作用,它为基于资源的主题教学系统提供了资源、工具、情境、方法和策略等方面的支持,也提供了一个技术丰富的活动平台。

基于资源环境的主题教学模式的实施可以参照以下操作程序:

(1) 明确问题,阐述问题情境

从多方面不断追究问题所在,描述问题产生的情境,恰当地呈现或模拟问题情境,并描述问题的可操控方面,使学生进入问题情境,拥有问题意识,为进一步的探究做准备。

(2) 形成假设,确定探究方向

在自己或他人经验的基础上,就问题的答案和问题解决的原则、途径和方法提出设想,然后进行论证,在论证的过程中,可能需要不断修正或改变,形成新的假设。

(3) 实施、组织探究活动

这一过程是培养学生知识技能、情感态度、价值观的核心部分。

(4) 搜集整理资料、找出资料的意义

大部分活动在实施过程中是一个搜集、整理资料的过程。资料的搜集和整理是有目的的,只有找到资料的意义,才能使资料产生最大用途。

(5) 形成问题解决方案

由于解决劣构问题需要学习者建立多个问题空间。问题解决者必须将问题空间之间的认识或情境联系点结合起来。因而,我们应确定并阐述问题求解者的多种意见、立场和观点;生成多个可行的问题解决方案;需要收集充分的证据来支撑或反驳各种观点,以支持自己或他人的论点;需要讨论和阐述个人观点,评价各种解决方案的可行性,在最终的行动方案上达成一致意见。

(6) 展开或交流探究结果

根据探究内容开展相应的展示和交流活动,主要有报告、角色扮演和辩论三种形式。

4. 基于资源的主题教学的基本组成单元

基于资源的主题教学主要是学生在教师的指导下,围绕一个主题,充分收集和利用各种不同的资源而进行的一系列的探究活动。因此,其基本组成单元应该包括主题、教师、学生、资源和活动。

(1) 主题

主题是整个基于资源的主题教学的核心,教学过程应紧紧围绕主题展开。在这个过程中,学生要围绕确定的主题进行资源的获取和学习活动的探究,教师要时时围绕主题对学生的探究过程进行关注和指导。

(2) 教师

在基于资源的主题教学活动中,教师是学生探究活动的指导者和合作者,在活动中处于主导地位。具体来说,教师在整个教学活动中不仅承担着确定教学主题和指导教学活动的任务,同时教师也是教学资源的提供者,换句话说,教师本身也是资源的一部分。

(3) 学生

学生是基于资源的主题教学活动的主体,在整个教学活动过程中处于主动地位。学生在活动中应该全身心地投入,不仅包括经验上的投入,同时还包括情感上的投入,甚至后者的作用更大,这样才能激发足够的学习兴趣,有利于学生高阶能力的培养。

(4) 资源

在基于资源的主题教学模式中,资源是整个教学活动的血与肉,支撑着整个教学过程。这里的"资源"主要是信息化环境中的资源,以网络资源为主的信息资源无论在容量方面还是在交互性方面都大大超越传统资源,它可以突破时空的局限产生各种形式的交互,为开展教学活动提供更快捷便利的支持,有利于学习者之间的交流,大大提高教学的效率。

(5) 活动

活动是基于资源的主题教学过程中的一条主线,它联结起教学过程中的其他四个要素,也就是说,活动是开展整个教学过程的一个平台。建构主义认为,知识的建构来源于活动,因而知识存在于活动之中,学习活动的情境则是知识的生长点和检索线索;学习必须要有具体的情境,包括学习时的情绪体验,如激奋、担忧、恐惧、快乐等,只有从情境中获得的体验才是真实的、有效的。因此,教师在进行基于资源的主题教学活动的过程中,一定要利用各种资源,充分发挥想象,创设丰富多彩的活动情境,让学生学会在"做中学",培养学生的学习兴趣和"做"的能力。

(二) 基于任务驱动的教学模式

任务驱动教学模式,是在系统论、课程论和建构主义的指导下,围绕一定的任务而形成的稳定的教学结构框架,是将所有学习的新知识隐含在任务中,学生通过对任务的分析、讨论,明确其大体涉及的知识。然后,在教师的指导、帮助下,找出解决问题的方法,最后通过任务的完成实现对所学知识的意义建构。它并不是简单地给出任务就了事,重要的是要让学生学会如何学习。在教学过程中,它要求将所要学的新知识融入具体的任务中,让学生通过对任务进行分析、讨论,由简到繁,由易到难,从而循序渐进地完成一系列任务。

1. 基于任务驱动的教学模式的特点

任务驱动教学模式是一种建立在建构主义教学理论基础上的,以创设情境、完成任务、探究问题、自主学习来驱动知识点的学习和技能的掌握。任务驱动教学模式除了具有教学模式的一般特征之外,它还具有自身的特点:

(1) 创设情境,导向任务目标

利用多媒体手段创设情境是任务驱动教学模式的前提,建构主义认为,学习是学习者在与环境交互作用的过程中主动建构内部心理表征的过程。所以,任务驱动教学法首先应根据教学内容、知识技能的特点,利用多媒体技术创设情境,采取启发讲解、以旧引新、设疑激趣、问题探究等方式,激起学生学习动机,从而发现问题,以任务驱动学习。

(2) 学生主体,老师主导

建构主义强调学生是认知主体。在任务驱动教学模式中,强调学生是学习的主体,而教师只是学习的帮助者和指导者。

(3) 信息化教学设计和课程整合思想是基础

学生今后所面对的社会不是一个以学校的学科划分的社会,而是充满一系列综合性和整体性的问题复杂的社会。课程改革、课程整合就是使分化了的教学系统的各个要素及其成分形成有机联系,并形成整体的过程。

(4) 问题探究,自主学习是核心

这是任务驱动教学模式的核心部分,是学生自主学习的阶段。学生在明确任务之后,还要与其他同学进行多边共同研讨活动,尝试解决问题,最终完成任务。

(5) 以总结评价实现学习意义的建构

建构主义认为,学习的过程不仅是对旧知识的改组和重构,也是对新信息的意义建构。所以任务驱动教学模式是以学生完成相应的任务来驱动知识的学习。

2. 任务驱动的教学模式实施条件

基于任务驱动的教学模式的实施必须具备以下条件:

(1) 有一个驱动性的任务。任务是用来组织和激发学生活动的主体。

(2) 有一个或一系列最终成果。学生之间就最终完成的成果进行交流和讨论,在相互学习中获得结论和产生新的任务。

(3) 强调合作。老师、学生以及涉及该项活动的其他成员相互协作,形成"共同体"。

(4) 学习活动需要运用多种认知工具和信息资源。在学习过程中,学生使用各种认知工具和信息资源来表达观点,支持学习。

3. 任务驱动教学模式

任务驱动教学模式主要有以下两种模式:

(1) 任务驱动教学的一般模式,如图 11-9 所示。

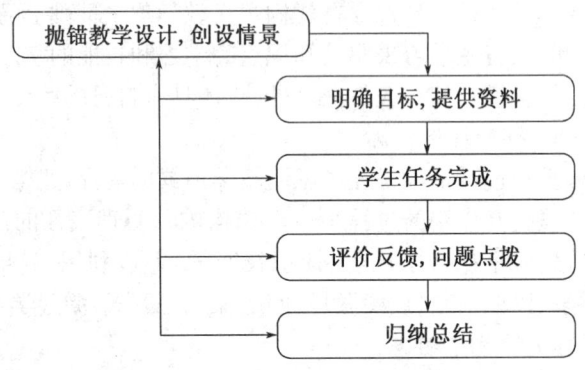

图 11-9 任务驱动教学模式

第一,抛锚教学设计,创设情景。在教学过程中,要创设与当前学习内容相关的尽可能真实的教学设计任务,把教材中的每一章都设计成若干小任务。

第二,明确目标,提供资料。任务呈现在学生面前后,教师还要指导学生进行讨论,引导他们逐步理清问题,明确学习的目标。

第三,任务完成。任务驱动让学生进入学习情景,教师应该引导他们通过自主探究和协作学习两种方式来解决问题、完成任务。在任务完成过程中,教师只是一个帮助者和指导者,学生才是学习的主体。

第四,评价反馈,问题点拨。在任务的完成阶段,教师要主动去观察学生,发现他们出错的问题,并及时给予指导。同时,学生在完成任务之后,也要对任务完成过程中存在的问题进行讲解、分析,并由教师或学生直接示范,进行点拨。

第五,归纳总结。任务驱动教学思想,是将新知识分解到任务中,但这些知识在学生的头脑中还是零散的,因此,教师要引导学生对知识进行归纳总结,并建立知识间的联系。

（2）整体任务驱动课堂教学模式

整体是一种大结构学习框架,由若干板块式流程组合而成。任务驱动是一种以任务的方式来呈现教学内容,为完成教学目标而承担的学习活动。如图11-10所示。

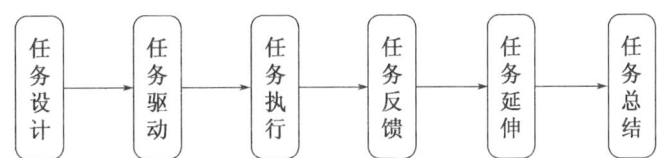

图 11-10　任务驱动框架

一是任务设计。任务设计是一个复杂的过程,为了让学生更好地通过任务的完成来达到教学目标,任务必须具有真实性、可操作性、合理性以及前后性。同时,任务还应该具有实际的意义,要能使学生通过自己的活动,循序渐进地完成任务,并达到教学的目的。

二是任务驱动。以整体性任务来激发学生的学习动机,用低难度同类型任务的完成来铺设阶梯,发挥教师的个人特长,在榜样激励效应下,学生通过动手体验,并尝试完成更深层次的任务。

三是任务执行。在这个阶段,以学生的自主学习为主,学生利用一切学习条件和学习资源,通过各种学习方法来完成任务。

四是任务反馈。在本阶段,以师生交流、反馈为主,学习者呈现出各自的阶段学习成果。

五是任务延伸。这个阶段主要以迁移为手段,以巩固为目的。通过任务的完成,将自己学习的新知识与旧的知识进行重新建构。

六是任务总结。这个阶段的总结主要有两个方面,一是学习内容的总结,加深对当前所学内容的记忆;二是在任务的执行、反馈过程中,对学生表现的总结。

任务驱动教学模式是师生通过共同完成现实任务而进行的。这两种教学模式具备以下几个共同特点:① 在学习方式上结合现实任务采用行动学习方式或情境学习方式。② 在学习途径上从真实的任务出发,进行独立探索后讨论,由经验到理解实质。③ 学习过程是学习者自我调节的过程,是合作、交流和反思的过程。④ 两种教学模式都是完成有一定难度的学习任务,要求学生用新的知识技能解决从未遇到过的实际问题。⑤ 学生有独立制订和实施学习计划的机会,在一定范围内可自行组织、安排自己的学习计划。⑥ 学生根据教师的要求,自己克服现实生活中的困难和问题。⑦ 有明确而具体的学习成果展示。⑧ 学习结束后,师生共同评估学习成果。此外,它们也有一些不同之处,如整体任务驱动课堂教学模式更加强调整体性和课堂的学习环境,而任务驱动一般教学模式则只是强调它的情境性。

(三) 基于问题的教学模式

基于问题的教学模式是一种基于建构主义学习理论的学习形式。与传统的教学方法有很大不同,它是把教学或学习置于复杂的、有意义的情境中,通过让学生以小组合作的形式共同解决复杂的、实际的或真实的问题,来学习隐含于问题背后的科学知识,发展解决问题能力的一种教学或学习模式。

基于问题的学习(Problem-Based Learning)是一种关注经验的学习,是围绕现实生活中一些结构不明确的问题所展开的调查和寻求解决方法而组织的。"基于问题的学习"课程能提供真实的体验,这些体验不但有助于各门学科知识的综合,而且能够培养学生学习的主体性,帮助学生构建知识的框架,使学生自然地把在学校习得的知识与现实生活相联系。

基于问题的学习模式(PBL)有三大基本要素:问题情境、学生和教师。问题情境是课程的组织核心。当学生身处可以从多种角度看待事物的环境时,问题情境能够吸引并维持学生的兴趣,使他们积极地寻求解决问题的方法。其间,学生是致力于解决问题的人,他们识别问题的症结所在,寻找解决问题的良好方法,并努力探求、理解问题的现实意义,成为具有自主学习能力的学习者。老师是学生解决问题时的工作伙伴,他们以身作则地表现出对学习的浓厚兴趣和满腔热情;老师也是学生解决问题过程中的指导者,他们积极创造出一种支持开放性探究学习的环境。问题作为学习的最初动机和挑战,它的结构不明确,没有简单、固定、唯一的正确答案,但它能激起学生探索、寻找解决方法的欲望,构建继续学习的需要和联系。

我们可以用表 11-2 简要表述基于问题学习模式(PBL)中的三大基本要素的关系：

表 11-2 基于问题的学习要素关系

教 师	学 生	问 题
作为指导者、学生的榜样： 就思考提问 监控学习 鼓励、激发学生的思考 使学生持续参与 监控/调整挑战的强弱 调控小组的驱动力 使学习进程顺利进行	作为主动的解决问题者： 主动地参与 投入 积极的意义建构	作为最初学生的挑战和动机： 结构不明确的 有吸引力,激发去解决、协调的动机 建立后续学习的需要和联系

1. 基于问题的教学模式的特征

根据以上对基于问题学习的定义描述,可以看出,基于问题的学习模式(PBL)主要有以下特征：

(1) 以学生为中心的教学方法。在基于问题的学习中,不再是由老师直接讲授知识,而是由学生自己提出问题、分析问题并解决问题,教师只是提供学习资源,指导、帮助学生进行学习。在学习过程中,学生被日益增多地给予越来越多的责任,且逐渐地脱离教师,独立性越来越强。基于问题的学习塑造了独立的学者,他们能够在日后的生活和职业生涯中继续学习。

(2) 以小组为单位的学习形式。在基于问题的学习中,学生以小组为单位,组内成员进行任务分工,相互合作,互相帮助,共同完成问题解决的整个过程。

(3) 教师是辅助者、引导者。在整个学习过程中,教师只是提供相关学习资源,引导学生如何进行信息收集、评价信息并得出结论,帮助学生解决在学习过程中遇到的各种困难,也就是说教师只是扮演一个辅助者与引导者的角色。

(4) 以问题为中心组织教学并作为学习的驱动力。以现实生活问题为基础组织教学,问题是教学的起点,以问题来激发学生的学习动力,促进进一步的学习,这些问题并不是对技能的检测,而是辅助技能的发展。

(5) 问题是真实的、劣构的。问题是与现实生活相关的,是真实的,同时问题又是劣构的,这意味着问题不只有一个答案或者一种解决方法、途径,且随着在问题解决的不断反复的过程中收集到的更多的新的信息,以及对问题的进一步理解,问题的解决方法可能会随之而改变。

(6) 问题是发展学生实际解决问题能力的手段。发展学生解决实际问题的能力是基于问题学习的最终目的,借助于问题,让学生自己界定问题、分析问题、最后解决问题,也就是说问题是发展学生解决问题能力的手段。

(7) 在问题解决的过程中获得新的知识、发展能力。基于问题学习模式不同于传统的讲授式学习,它不是把知识直接教给学生,而是让学生在自己解决问题的过程中掌握知识、发展能力,基于问题的学习能够有效地发展学生解决问题的能力和批判性思维能力。

(8) 真实的、基于绩效的评价。对基于问题学习的评价不仅仅是看学生的知识掌握情况,而要看他们的能力发展,以他们解决实际问题的能力为参照;注重的不是最终他解决了几个问题,而是他们有无掌握解决问题的方法,即注重的是过程而不是结果。

2. 基于问题的教学模式的一般步骤

基于问题的教学模式流程包括问题情境、分析问题、形成解决问题的假设、确定所需信息、对所收集的信息进行整合、形成最终解决方案等环节,具体的实施可以参照表 11-3 所示的一般步骤。

表 11-3 基于问题的教学模式的步骤

序列	模块	具体活动策略
1	创设情境,提出问题	教师利用多媒体软件、网络资源等创设情境,学生感受情境、确定问题
2	界定问题、分析问题、组织分工	教师引导学生分析问题情境
3	探究、解决问题	将任务分解为新信息搜集、资源整理分析、信息整合等。教师指导学生查找搜集信息,对获取的信息进行筛选,课题组集体探讨,然后将信息整合,创建方案
4	展示成果、成果汇总	班级交流会、网上答辩等
5	评价、反馈	自我评价、互相评价或由老师进行点评

3. 关键因素设计

设计基于问题的教学,教师必须明确并掌握关键因素的设计,包括:问题设计、学习目标设计、信息技术与基于问题的教学模式的整合设计。

(1) 问题设计。问题设计是指围绕学科基本概念而进行的学习任务设计,它通常是以问题的形式来重新组织课程内容,给学习者创设一种真实的、复杂的、具有挑战性和吸引力的学习任务。在具体教学设计中,问题设计的思路是从基本问题着手,将其分解为比较具体和容易理解或操作的单元问题,通过不断学习单元问题,发展学习者的高阶思维能力,逐步掌握学科的基本问题。

(2) 学习目标设计。基于问题的教学模式的学习目标设计与传统的学习目标设计方法有所不同。在教学过程中它可以用行为化方法来明确表述。学生在问题的解决过程中,更多地表现为随机性与开放性学习。

（3）信息技术与基于问题的教学模式的整合设计。信息技术在基于问题的教学模式的设计过程中起着关键的支持作用。它包括信息搜寻工具、信息交流或合作工具、认知工具以及评价工具。在教学过程中,教师要充分发挥信息技术的各种工具,以帮助学习者发展批判性思维能力、创造能力、合作能力和问题解决能力。

4. 基于问题学习模式(PBL)的基本流程

从前面的叙述可以得知,基于问题的学习模式有着独有的特征,能迎合当前教学改革的需要,有助于学生能力的培养,有着极高的教学价值。那基本问题的学习模式究竟是如何进行运作的呢？让我们看看它的具体运作步骤。

一般来说,基于问题的学习的基本流程如下：首先从问题出发,也就是教师根据教学内容创设一定的问题情境,学生在分析问题情境的基础上,确定自己所要研究的问题。

也可以是学生自己对某种现象或某个情境提出问题,并在老师的帮助下对问题进行界定。接着对问题进行分析,提出解决问题的假设,形成学习小组,小组成员进行任务分工,确定已经知道哪些关于问题的信息、还需知道哪些信息、可以利用哪些资源以获取所需的信息、确定研究计划和安排。然后学生开始通过各种途径收集与问题相关的新信息,对所收集的信息进行分析、整理、评价,把整理后的新信息与旧的信息（即已有的信息及学生的原有认知）进行整合、综合,形成最终的解决方案,解决问题。最后是总结、反馈,对解决结果进行评判,确定问题是否已解决,总结所学的知识。在新的情境中运用所学知识,又重新开始新一轮的学习。

我们可以用以下流程图(图 11-11)来简要表述基于问题学习的基本过程：

5. PBL 的模式

作为一种教育哲学与学习理念相结合的产物,随着 PBL 的广泛应用,其在实践中呈现出多种模式。如果我们借用职业生涯理论中的"职业锚"的概念将 PBL 模式中的"问题"或者"项目"看作"学习锚"——是一切学习活动的锚点,其分类也是不同的。

（1）根据"学习锚"的不同,PBL 在实践中主要有以下三种模式：

一是以问题为导向的学习(Problem-Based Learning)模式。这种模式最早起源于医学教育,以加拿大 McMaster 大学和 Maastricht 大学为代表。传统的医学课程设置大体都是一年级学习基础理论,然后学习专业课,最后提供医院实习。这样培养出来的学生有一个最大的问题就是不了解病人,缺乏动手能力,理

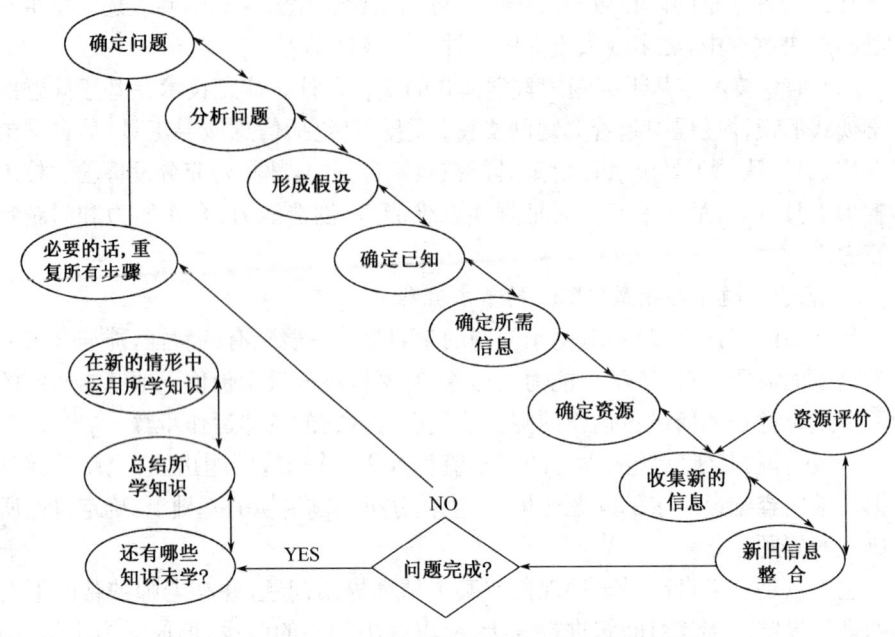

图 11-11 基于问题学习流程图

论和实践结合不起来。在这种情况下加拿大 McMaster 大学医学院在 Barrows 的帮助下决定采用新的课程设计,其理论框架基于三个侧重点:人类与社会;医学职业及其社会角色与责任;教育。把病人情况(即"问题")作为课程设置中心,以培养职业员工为目标。就教育方法而言它突破了传统的讲授模式,而是建立了以问题为中心的学习模式。此后 Barrows 又总结了构成问题式学习模式的部分基本元素包括:① 利用解决问题作为获取新知识的起始点;② 通过自主学习获取知识;③ 以学生为中心的学习;④ 通过小型团队学习;⑤ 教师扮演指导与协助角色。

二是以项目为基础的学习(Project-Based Learning)模式。这种模式最早起源于北欧的高等教育改革中,主要应用于工程学教育,以丹麦的 Aalborg(1974) 和 Roskilde(1972) 大学为代表。由于传统的教育模式使得理论与实践相脱离,不能很好地适应社会发展的需要,加上 20 世纪 60 年代末学生运动风起云涌,以项目为基础的学习(Project-Based Learning,简称 PBL)作为一种实验型的教育体制改革方案为这两所大学所采用,这种模式的特点在于学习是围绕问题和将要执行的项目进行组织的。而项目是包含复杂和情境化的问题分析与需要解决的特殊任务,这些项目不局限于书本,涉及与学习者生活、经历相关的众多方面内容,如环境保护、城市交通、社区问题等。此外,为了给学生营造更好的学习环境,一些学校甚至在学习的物理空间上都采用不同模式。如在Aalborg大学,有超过1 200间的小组学习室供学生研究PBL项目所用。

三是以问题为导向,以项目为基础的学习(Problem-Orientedand Project-Based Learning,简称:POPBL)模式。问题导向学习和项目导向学习的基本学习原理是一致的,在实践中很难界定两者,原因在于对"问题"和"项目"的理解上存在差异。普林斯(Prince)和费尔德(Felder)等学者认为两者之间存在本质差异,他们认为基于问题式的学习强调一个开放的学习过程。而基于项目式的学习或多或少类似于任务式的学习,也就是把项目理解为有一定制度化的任务。然而,作为PBL项目的开拓者之一的奥尔堡大学将项目界定为复杂的、独一无二的、情境化的任务,并以一种开放的方法研究。这种对"基于项目式学习"模式的界定实际上包含"问题导向学习",它是以发现需要解决的问题作为项目研究的起始点。基于这种情况,有些学者提出POPBL概念就不足为奇,随着PBL在不同学科、不同组织和不同文化中的应用,其内涵、方法和实践模式就会不断发展和变化。

(2)根据对学习者的支持方式不同,PBL模式可以分为四类。在PBL的具体应用中,由于学习者的智力水平、组织规模、学习目标以及教师教学风格等不同,美国特拉华(Delaware)大学教授达奇(Duch. B. J)等人总结出了四种模式:医学院模式(medical school model)、流动促进者模式(floating facilitator model)、同学导师模式(peer tutor model)、大班模式(large class model)。

(3)根据学习目标与学习者主体地位不同,PBL模式可以分为两类。Bridges认为实践中PBL有两种模式:问题刺激型(Problem Stimulated PBL,简称PS-PBL)和学生主导型(Student Centered PBL,简称SC-PBL)。PS-PBL模式是指利用与任务相关的问题来介绍与学习新知识,其主要目标有三点:开发专业技能、培养解决问题能力以及获取专业知识。而SC-PBL模式的目标除了以上三点外,还特别强调对学习者终身学习技能的培养。二者最大的区别在于:SC-PBL模式强调由学习者自己界定学习议题、决定要获取的知识内容以及自己查找学习资源。

(4)根据学习方式的不同,PBL可以分为两类。萨文·巴登(Savin-Baden)对PBL模式的界定,突破了传统的分类,她将PBL模式分为:纯PBL模式和混合PBL模式。所谓纯PBL模式又常称为开放发现式的问题导向学习,是一种纯粹基于问题式的方法。在学习的过程中,通常是没有任何讲座或专题介绍,学习者完全依靠自己学习。而混合PBL模式亦称为引导发现式的问题导向学习,在学习的过程中,教师通常利用讲座或专题介绍来支持学习者学习。由于PBL中经常涉及跨学科知识的学习,对学习者的要求比较高,因而纯PBL模式在实

践中常常效果不佳,而混合 PBL 模式相对灵活,根据 PBL 项目的具体目标,相应调整课程设置的结构。

综上所述,尽管在具体实施中,PBL 表现形式多种多样,但是其学习原理及哲学意义上的本质是一致的,PBL 资深研究者 Aalborg 大学的 Kolmos 和荷兰 Delft 大学的 Graaff 将 PBL 精髓概括为三个方面:学习、内容与社会。在学习方面,学习是围绕问题和将要执行的项目进行组织的。提出问题是学习的起点,将学习置于解决问题的过程中,学习者通过解决具体问题的经历学习知识。在内容方面,学习的内容尤其强调跨学科学习,这种学习可能跨越传统学科的边界与方式。在社会方面,是指基于团队的学习。团队学习体现为学习过程是一种社会行为,这种学习发生在成员间的对话与交流过程中。此外,学生不仅相互学习,且强调知识分享和组织合作学习的过程。社会方面也涵盖"互助学习"的概念,这个概念体现了集体式的学习过程,尤其对知识的创新与建构很重要。

(四) WebQuest 教学模式

WebQuest 实质上是建构主义学习理论在网络学习中的实践表现,是在网络环境下,利用互联网资源,由教师引导,以一定的目标任务驱动学习者对某个问题或某类课题自主地进行建构、探索和研究的学习平台。它是由美国圣地亚哥州立大学教育技术系的伯尼·道奇(Bernie Dodge)和汤姆·马奇(Tom March)博士于 1995 年创建的。"Web"指"网络","Quest"是"寻求"、"调查"的意思,所以这种教学模式称为"网络探究模式"。网络探究,是探究活动的一种具体形式。它主要依托互联网的强大信息资源优势来培训学习者的探究能力。在网络探究中,学习者可以最大限度地利用网络资源,并在发掘互联网信息的同时促进高阶思维能力的发展。

WebQuest 就是一个以调查研究为导向的学习活动。在这一活动中,部分或所有能让学习者进行交互的信息都来自因特网资源或录像参考资料。WebQuest 主要关注的是如何运用信息帮助学习者锻炼分析、综合和评价等高阶思维能力,而不仅仅是信息搜集能力。WebQuest 的吸引人之处在于它为学习者和教师提供了学习活动的整体性结构和活动向导。它表述的是这样一种理想,即最充分地利用计算机使用的时间,让学习者运用高水平思维技能开展学习活动。

1. WebQuest 教学模式的特点

其一,WebQuest 有一个需要切实解决的中心问题。要求学生理解一个真实世界会面临的问题,并对问题求解提出假设、检验和方案。他们面对的是真实的任务,而不是只在学校教室里才有意义的东西。其二,WebQuest 能充分利用真实的资源来学习。学生能够通过网络直接访问专家、可供查找的数据库、时事报道等资源。其三,通过搭脚手架的方法,帮助学生进行高阶认知活动。其四,WebQuest 强调合作学习,学生在学习小组中必须承担。

2. WebQuest 教学模式的一般步骤

为了使学生明确学习目标,在网上充分利用时间,避免漫无目的地任意冲浪,每个 WebQuest 都经过了精心设计。它赋予学生以明确的方向,给学生一个有趣且可行的任务,并提供必需的、能够指导他们完成任务的资源,而且还告诉他们未来的评价方式,以及概括和进一步拓展课程的方式。无论是短期 WebQuest 还是较长期的 WebQuest,一般都由引言、任务、过程、资源、评价和结论共六个模块组成,其中每一个构建模块都自成一体,教学设计者可以通过改变各模块来实现不同的学习目标。表 11-4 所示的是 WebQuest 教学模式的一般步骤。

表 11-4 WebQuest 教学模式的一般步骤

序列	模块	内容	要求
1	引言	创设情境,激发兴趣;提供"引言"性的材料和信息	主题设计应与学习者过去经验相关;主题具备吸引力,生动有趣
2	任务	对练习结束时,学习者将要完成的事项进行描述	包括编辑、复述、判断、设计、分析等,或是这些任务的综合
3	过程	学习者完成认为将要经历的步骤	将任务分成小模块,例如对每一学习者扮演角色或看问题的视角的描述等;提供学习建议;过程描述须简洁清晰
4	资源	完成任务所需的信息资源	资源是嵌入在 WebQuest 文档中,作为问题研究的"抛锚点",这些资源将引导学生,不至于在网络中迷航
5	评价	对学习效果进行评价	根据学生学习水平、学习任务的不同层次制定评价量规,评价学生在整个学习活动的过程中的认知、情感、能力
6	结论	总结经验,鼓励对过程的反思,拓展和概括所学知识	进一步解释、说明文档;提示读者这是文章的结束;结论部分还可以为教师提供许多问题供全班讨论

虽然 WebQuest 教学模式有很多优势,但对我国教师来说还是一种新生事物。"教学有法,但无定法",没有一种万能的、十全十美的教学模式,WebQuest 教学模式也有其局限性,主要表现在:

(1) 对软硬件设施要求比较高。设计、编辑 WebQuest 案例需要网页编辑器,课堂实施时学生使用 WebQuest 需要浏览器,还需要一个网络服务器放置

WebQuest案例。理想的情况是,学生使用的电脑都能连上因特网。

(2) 比较其他教学方法,教师把握 WebQuest 教学方法的难度大,耗费的精力多,要求教师有足够的教学设计经验。

(3) 学生不可能每次上课都保持积极性和投入高水平的思维,若没有学生积极的投入,WebQuest 就失去了它本该实现的价值。

(4) 不是所有的内容都可以用 WebQuest 进行教学。例如,对一个问题有已知的或是清晰易辨的答案,最好不使用 WebQuest。而有些内容不是在课堂上几句话就能解释清楚的,并在回答问题时能够产生解释、争论、假说的活动,可以用 WebQuest 来解决。

3. 基于 WebQuest 的建构—探究学习模式

建构—探究学习是在建构主义学习理论指导下,通过学习者积极、主动、协作的探索研究活动,完成学习目标,有效改善学习,培养学习者学习素养、创新意识和实践能力的一种新型学习方式。建构—探究学习实际上包含了"建构"和"探究"两层内涵。WebQuest 为建构—探究学习思想提供了一个建构、探索和研究的学习平台,是建构—探究学习的一种行之有效的手段和方式。因此,我们可以探索一种基于 WebQuest 的建构—探究学习模式,有效地解决当前教学中存在的问题和弊端,改善学习者的学习,培养学习者的信息素养、自主意识、协作精神、创新思维和实践能力。如图 11-12 所示。

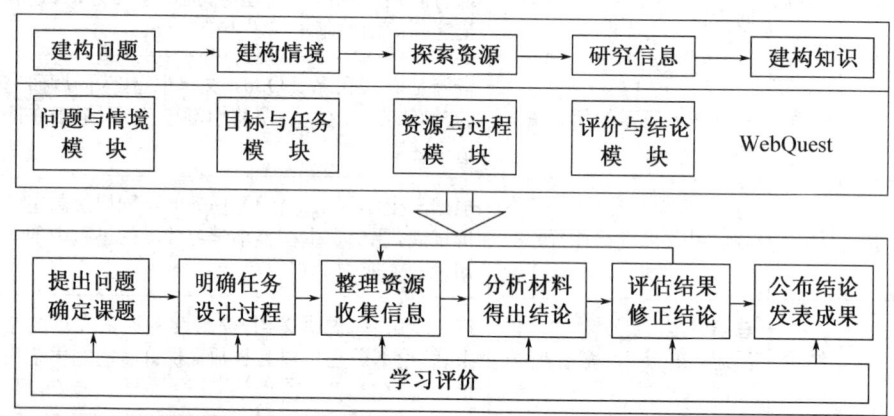

图 11-12 基于 WebQuest 的建构—探究学习模式

在此学习模式中,建构—探究学习的基本思想通过 WebQuest 的四大模块得以实现。首先,根据学习目标和课程目标以及学习者的已有知识建构学习情境和具有研究价值的问题;接着,将解决问题的过程具体化,以任务驱动的形式规划、设计问题的解决过程,并进行合理的分工;之后,教师通过资源与过程模块向学习者提供相关的探究路径和认知工具,引导学习者通过此模块,利用丰富的网络资源以及其他信息资源进行自主的、有目的的信息探索和收集;然后,分析、研究所收集的信息,得出结论;此后,通过自我思考、网上交流、合作探讨对问题的结论和整个探究过程进行评估和反思,将问题向其他领域进行拓展和转化,以建构新观点和新知识;最后,学习者利用多媒体手段或网络,以光盘形式或网页形式发表自己的学习成果。其中,完善的学习评价体系贯穿学习的各个环节。

此学习模式各个环节的具体实施可以根据具体情况,采取多种形式,可以是由教师引导,学习者完成学习任务的形式,也可以是师生平等协商的形式,还可以是小组讨论、网上交流、协作探究的形式。

(五)基于网络的协作学习模式

1. 协作学习、计算机支持的协作学习与网络协作学习

协作学习(Collaborative Learning,CL)是一种以小组或团队的形式,组织学生协作完成某种既定学习任务的教学形式。在协作学习过程中,学习者之间以融洽的关系、相互合作的态度,对同一问题运用多种不同观点进行观察、比较、分析和综合。其中,个人学习的成果与他人的成功密不可分,学习者分享信息和资源,共同承担学习任务,共同享受成功的喜悦。

计算机支持的协作学习(Computer Supported Collaborative Learning,CSCL)是基于多媒体计算机技术和网络通信技术进行群体协作学习的一种信息化教学模式。它利用计算机网络建立协作学习环境,使教师和学生、学生与学生之间在协作和交流的基础上进行学习。

网络协作学习(Web-Based Collaborative Learning,WBCL)是指利用计算机网络以及多媒体等相关技术,由多个学习者针对同一学习内容彼此互相协作,以达到对教学内容比较深刻的理解与掌握的过程。从这个意义上来说,网络协作学习是计算机支持的协作学习的一个子集。但从网络学习的强劲发展势头来看,网络协作学习是协作学习发展的新阶段。

2. 网络协作学习的特点

一般协作学习强调学生个性的"自我实现",将师生视为平等的合作者。学习除了具备一般协作学习的特点外,还具有如下特点:

(1)突破时间和空间的限制。网络使学习突破学校约束,成为在社会大环境下的学习,极大地促进了社会化学习和学习社会化,也使终身学习成为可能。

(2)全面展现问题情境。创设问题情境,进行问题解决学习,能激发学生参与思维、发现探索,促进积极的意义建构,获得高级智力技能和认知策略。网络协作学习环境易于向协作小组展现问题的全面,及其能够说明一些与生活经验、思维想象领域相距甚远的问题,这些在传统教室环境下是无法做到的。

（3）交互的可控性。区别于传统教室环境下的协作学习，在网络环境下，协作的建立是由计算机技术搭建的协作学习平台实现的，教师和学生不能脱离此平台实现学习目标，因此，保证了协作的稳定和控制权的合理分配。

（4）学习者分组方式灵活多样。在协作学习中，学生的分组是一种灵活的机制。在网络环境下，学习者不仅可以在班级内进行自由组合，还能够与网上其他学习者交流。可以根据学习任务及时调整、调换伙伴关系。

（5）附属角色的隐藏。计算机支持的协作环境中，电子通信、文件记录保存、信息处理等工作由计算机程序完成。这些程序代替了传统协作中需要人工完成的工作，这些附属角色的任务被隐藏在学生的协作过程中。

（6）简化复杂低层的工作。出于计算机技术的支持，协作学习过程中所遇到的类似言语信息记忆、资料分类、冗繁的数据计算、作图等复杂的低层次的工作均得到简化，使学生集中精力用于分析、决策、探索、检测和评价等高级认知活动。

（7）丰富的网络资源。数据库技术、网络技术、人工智能等各种现代化的技术手段使网络协作环境拥有丰富的资源，其中包括可供学习者选择的、丰富的和随时都可以得到的、与问题解决有关的各种信息资源。各种方法和策略的支持，使得协作学习者既能面临各种挑战而保持着高度的热情和求知欲，又不会因为困难重重而陷入窘境，失去学习的兴趣。

3. 网络协作学习的基本方式

（1）竞争。竞争指两个或多个学习者针对同一学习内容或学习情境，通过网络进行竞争性学习，看谁能够先达到教学目标的要求。基于竞争的网络协作学习，一般是由学习系统先提出一个问题，并提供给学生解决问题的相关信息，学生在网上选择竞争对手，约定规则后开始独立学习。在学习过程中，学习者可看到竞争对手所处的状态以及自己所处的状态，并可据此及时调整策略。

（2）角色扮演。角色扮演通常有两种不同的形式：师生角色扮演和情境角色扮演。师生角色扮演就是让不同的学生分别扮演学习者和教师的角色。情境角色扮演则要求若干学生，按照与当前学习主题密切相关的情境分别扮演其中不同的角色，以营造一种身临其境的气氛，促进学生理解学习内容和学习主题的要求。

（3）辩论。协助者围绕给定的主题，确定自己的观点，并在一定时间内借助各种资料以支持自己的观点，辩驳对方的观点。辩论模式有利于培养学生的批判性思维。

（4）讨论。学习者围绕某个话题展开交流，讨论可以以同步讨论的方式进行；也可以以异步方式进行。参与讨论的小组可以对讨论的问题进行充分的思考,通过不同观点和立场的碰撞与交流可使学习者对一个复杂事物达到相对全面且深刻的理解。

(5) 协同。学习者根据各自的认知特点,选择有效的合作方式,共同完成某项学习任务。基于网络的协作学习系统,可让多个学习者通过网络来解答系统所呈现的问题。

(6) 伙伴。协助者之间为了完成某项学习任务而结成的伙伴关系。伙伴之间可以对共同关心的问题展开讨论和协商,并从对方那里获得问题解决的思路与灵感。协作学习的伙伴还可以由计算机充当,但是这要求有人工智能技术的支持。智能化程度高的协作学习系统可以具有多种不同类型的虚拟学习伙伴,学习者可以自由选择或由计算机根据学习者的特征确定学习伙伴。

(7) 设计。设计是基于学习者综合能力培养和面向过程的协作学习模式。由辅导教师给定设计主题,该主题强调学习者对相关知识的运用能力,如问题解决过程设计、科学实验设计、基于知识的创新设计等。在设计主题的解决过程中,学习者充分运用已掌握的知识,相互协作,共同完成设计主题。

(8) 小组评价。小组评价有两种含义:一种是小组对小组成员的学习成果教学评价;另一种是对小组的整体评价。在活动中,学习者的努力程度,成绩和学习策略等方面的评价是由以学习者为中心的小组来完成的。

(9) 问题解决。问题解决是协作学习的一种综合性学习模式,是一种高级认知活动。协作学习对提升问题解决与处理能力具有明显的作用。

4. 网络协作学习的教学设计

建构主义教学设计应用于网络协作学习的方法可以按照如下步骤进行,如表 11-5 所示。

表 11-5 网络协作学习的教学设计

序列	模块	要求
1	确立网络协作学习的目标	将协作学习总目标分解为多个子目标;子目标与具体的学习内容相关
2	分析学习者的特征	考虑因素:年龄、性别、爱好、学习能力、学习风格、学习动机
3	选择网络协作学习的内容	根据面临的学习任务选择不同的协作方式,一般有概念学习、问题解决和设计三类
4	设计网络协作学习主题	主题的设计必须满足几个基本条件:学生需要付出一定的努力方可完成;学习任务需要发挥抽象思维能力;在问题解决过程中需要对信息进行加工处理;问题的结果一般不是固定或确定的

(续表)

序列	模块	要求
5	确定网络小组的基本结构	根据学习者学习风格、认知水平分组;或根据学习者兴趣、爱好分组
6	创设网络协作学习环境	根据学习的主题、协作学习目标、参加协作学习的人数来选择协作学习系统的类型、规模、性能、技术支持方式等
7	准备网络协作学习资源	信息量要足够并与学习内容相关;资源结构要合理,要有一定广度和深度,同时要具有层次性;资源的表现形式要多样,要便于检索和查找
8	策划网络协作学习活动	协作学习活动主要围绕学习内容展开,并根据学习内容采用不同的活动方式。建构主义的教学模式也可应用到设计网络协作学习活动中
9	拟定网络协作学习效果评价内容及方法	根据协作学习的特点、评价目的以及情境来实施评价;评价主体多元化,评价内容多面化,评价方式多样化,评价重视过程

参考文献

[1] 钱冬明,郭玮,管珏琪. 从学习工具的发展及应用看 e-Learning 的发展——基于 Top100 学习工具近五年的排名数据[J]. 中国电化教育,2012(5).

[2] 何克抗. TPACK——美国"信息技术与课程整合"途径与方法研究的新发展(上)[J]. 电化教育研究,2012(05).

[3] 黄德群. 十年来我国信息技术与课程整合研究的回顾与反思[J]. 电化教育研究,2009(08).

[4] 李克东. 数字化学习(下)——信息技术与课程整合的核心[J]. 电化教育研究,2001(09).

第十二章　信息技术与课程整合的评价

教学是培养人才、实现教育目的的基本途径。教学评价就是根据教学目的和教学原则，利用所有可行的评价方法及技术对教学过程及预期的一切效果给予价值上的判断，以提供信息改进教学和对被评价对象做出某种资格证明。

第一节　教学评价概述

一、教学评价概念和功能

（一）什么是教学评价

一般认为，教学评价是根据教学目标的要求，按一定的规则对教学效果做出描述和评定的活动，也可以简单地理解为确定教学和学习是否合格的过程。它是教学各环节中必不可少的一环，也是教学设计中极为重要的一个组成部分，其目的是检查和促进教与学。这说明教学效果是教学评价的对象，而教学目标则是制定评价标准的主要依据，评价者按照这个标准来判断教学的价值大小。

（二）教学评价的功能

教育心理学和教学论的研究指出，教学评价对提高教学效果具有明显的促进作用，可以概括为以下四个方面：

1. 反馈调节功能

通过教学评价可以提供有关教学活动的反馈信息，以便师生调节教和学的活动，使教学能够始终有效地进行。这种信息反馈包括两类：一是以指导教学为目的的对教师教学工作的评价，通过这种评价可以调节教师的教学工作，也间接提高了学生的学习效果；二是以自我调控为目的的自我评价，即学生通过自我评价加深对自我的了解,以便调整学习策略,改进学习方法,增强学习的自觉性。

2. 诊断指导功能

评价是对教学效果及其成因的分析过程,借此可以了解教学各个方面的情况,以此判断它的成效、缺陷和矛盾问题。全面的评价工作,不仅可以估计学生的成绩和成就在多大程度上实现了教学目标,而且可以解释为什么成绩不理想:是由于教学方法不合适,还是由于学生的学习动机不当或他们的学习准备不充分和能力不够。

3. 强化激励功能

科学的、合理的教学评价可以调动教师教学工作的积极性,激起学生进行学习的内部动机,使教师和学生都把注意力集中在教学任务的某些重要部分。对于教师来说,适时的客观的教学评价,可以使教师明确教学工作中需努力的方向;对于学生来说,教师的表扬和奖励、学习成绩测验等,可以提高学习的积极性和学习效果。

4. 目标导向功能

如果在进行教学评价之前,将评价的依据或条目公布给被评价人(教师或学生),将对被评价人下一步的教学或学习目标起到导向作用。在教育信息化的进程中,评价的这项功能将越来越为人们所重视。原因在于,在信息化的教学设计中强调以学为中心,学生将被赋予较高的主动性和独立性,这样一来,教师将更为关注学生是否能够在学习过程中按照既定的教学目标努力。为此,事先将评价的标准交给学生,使他们知道教师或其他学生将如何评价他们完成的学习任务,将有助于学生自己调节努力方向,从而达到教师预想的教学目标。

二、教学评价的类型

教学评价有多种分类,这里主要介绍三种:

(一) 按价值标准分

按价值标准分,教学评价可分为相对评价、绝对评价和自我评价。

1. 相对评价

相对评价是在被评价对象的集合中选取一个或若干个个体为基准,然后把各个评价对象与基准进行比较,确定每个评价对象在集合中所处的相对位置。假设被评价对象集合中的元素是 A_1、A_2、A_3……A_n,而选定的基准是 M,则相对评价可用图 12-1 表示。

为相对评价而进行的测验一般称为常模参照测验。它的试题取样范围广泛,测验成绩表明了学生学

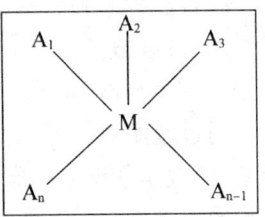

图 12-1 相对评价示意图

习的相对等级。由于所谓的常模实际上近似学生群体的平均水平,所以这种测验的成绩分布符合正态分布规律。

利用相对评价来了解学生的总体表现和学生之间的差异或比较不同群体间学习成绩的优劣是相当不错的。它的缺点是基准会随着群体的不同而发生变化,因而易使评价标准偏离教学目标,不能充分反映教学上的优缺点,为改进教学提供依据。

2. 绝对评价

绝对评价是在被评价对象的集合之外确定一个标准,这个标准被称为客观标准。评价时把评价对象与客观标准进行比较,从而判断其优劣。评价标准一般是教学大纲以及由此确定的评判细则。假设被评价对象的集合中的元素是 A_1、A_2、A_3……A_n,客观标准是 M,则绝对评价可用图 12-2 表示。

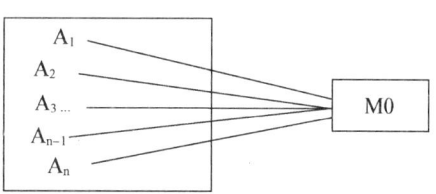

图 12-2 绝对评价示意图

为绝对评价而进行的测验一般称为标准参照测验。它的试题取样就是预先规定的教学目标,测验成绩主要表明教学目标的达到程度,所以这种测验的成绩分布通常是偏态的。低分多高分少,为正偏态;低分少高分多,为负偏态。

绝对评价的标准比较客观。如果评价是准确的,那么评价之后每个被评价者都可以明确自己与客观标准的差距,从而可以激励被评价者积极上进。但是绝对评价也有缺点,最主要的缺点是客观标准很难做到客观,容易受评价者的原有经验和主观意愿的影响。

3. 自我评价

自我评价是把被评价个体的过去和现在相比较,或者是对他的若干侧面进行比较。例如:某学生上学期的数学成绩是 70 分,这学期是 80 分,说明他的数学进步了;若该生的语文成绩两个学期都是 80 分以上,说明他的语文比数学要好些。假设被评价项目的集合由 A_1、A_2……A_n 构成,项目中的过去状态是 a_1、a_2……a_n,那么这种评价可用图 12-3 表示。

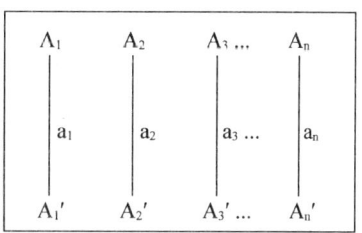

图 12-3 自我评价示意图

这种评价方法充分照顾到了个性差异,在评价过程中不会给被评价者造成压力。但是这种评价方法也有很大弊端:首先,由于自我评价既不与客观标准比较,也不与其他被评价者相比较,难以判定他的实际水平和差距;其次,评价是按一定的价值原则进行的判定,没有标准也没有比较,很难令人相信是一种评价。所以,一般来说自我评价常与相对评价结合起来运用。

(二) 按价值功能分

按评价功能分,教学评价可分为诊断性评价、形成性评价和总结性评价。

1. 诊断性评价

这种评价也称教学前评价或前置评价。一般是在某项活动开始之前,为使计划更有效地实施而进行的评价。通过诊断性评价,可以了解学习的准备情况,也可以了解学生学习困难的原因,由此决定对学生的适当对待。

2. 形成性评价

形成性评价是在教学进行过程中,为引导教学前进或使教学更为完善而进行的对学生学习结果的确定。它能及时了解阶段教学的结果和学生学习的进展情况、存在问题等,以便及时反馈,及时调整和改进教学工作。形成性评价进行得较频繁,如一个单元活动结束时的评估,一个章节后的小测验等。形成性评价一般又是绝对评价,即它着重于判断前期工作达到目标的情况。对于提高教学质量来说,重视形成性评价比重视总结性评价更有实际意义。

3. 总结性评价

这种评价又称事后评价,一般是在教学活动告一段落时为把握最终的活动成果而进行的评价。例如学期末或学年末各门学科的考核、考试,目的是验明学生的学习是否达到了各科教学目标的要求。总结性评价注重的是教与学的结果,借此对被评价者所取得的成绩做出全面鉴定,区分等级,对整个教学方案的有效性做出评定。

上述三种类型的评价有着各自的特点,对比情况见表 12-1。

表 12-1　诊断性评价、形成性评价和总结性评价的对比

类型 要点	诊断性评价	形成性评价	总结性评价
实施时间	教学之前	教学过程中	教学之后
评价目的	摸清学生底细以便安排学习	了解学习过程、调整教学方案	检验学习结果、评定学习成绩
评价方法	观察法、调查法、作业分析	日常性测验、作业、日常观察	考试或考察
作用	查明学习准备情况和不利因素	确定学习效果	评定学业成绩

（三）按评价对象分

教育技术领域所关心的教学评价对象包括学习过程和学习资源，按照评价对象的不同，教学评价又可分为面向学习过程的评价与面向学习资源的评价。

1. 面向学习过程的评价

面向学习过程的评价着重于测量与评价学生的学习情况，也就是采用测量工具和方法对学生的学习过程或学习结果进行描述，并根据教学目标对所描述的学习过程或结果进行价值判断。

2. 面向学习资源的评价

学习资源是指那些学生能够与之发生有意义联系的人、材料、工具、设施、活动等。这些资源来自两个方面，一方面是现实世界中原有的可利用的资源，另一方面是专门为学习目的而设计出来的资源。我们在这里讨论的学习资源主要指后一种，如各种教学产品（在信息化教育中，尤其指教学软件和网上资源）等。面向学习资源的评价主要是根据教学目标，测量和检验学习资源所具有的教育价值。

第二节 教学评价技术及实施

一、教学评价技术

（一）定量技术

定量技术是教学评价最常用的手段，学校通常采用的考试方法大都属于定量技术范围。定量技术的关键是测量工具的编制、使用和对测量数据的分析与解释，前者关系到教学评价所依赖的数据的准确性和可靠性，而后者则会决定数据的含义也就是最终的评价结论。关于测量的准确性和可靠性，教育测量中通常用标准化以及对测验工具的信度和效度进行控制来保证，而对所获得数据的分析却还没有很好的方法，人们可能会从同样的数据中得出完全相反的结论。

1. 常模参照测验

常模可以简单地理解为解释个体分数所依据的标准。常模参照测验一般用于考察被测者的个体差异，以确定被测者的相对水平为目的。在这种测验中，被测者单独测试所获得的分数如果单独来进行解释是毫无意义的，而必须放到他所在团体中进行比较,得出他在该团体中的相对等级或相对位置才能解释他所获得的分数的意义。换句话说,常模参照测验确定一个学生学习和掌握知识、能力的水平必须参照群体其他人的分数,这里的群体就被称为常模团体。在教育与心理学中经常使用的智力测验一般就是常模参照测验,高考也可以归入这一类当中。

2. 标准参照测验

标准参照测验是一种在教学评价中最为常用的定量测量工具,它与常模参照测验的不同之处是它主要关心的是被测者是否已经达到了预先确定的标准和目标,而不是去注意被测者在总体中的名次或者相对水平。标准参照测验强调对被测者测验目标和内容的掌握程度,而且这里的标准实际上是外在的效标,因此能够很好地来评估被测者的绝对水平和在目标内容掌握上存在的问题。

标准参照测验通常使用两种测验分数来表达。一是掌握分数,它是为了判定学生是否已经达到最低的学习要求,或者能否进入下一阶段学习而制定的标准。这种分数一般是人为制订的,如在程序教学设计中通常以正确反应80%或90%作为通过的标准,可以让学生进入下一阶段的学习。学校考试中经常有60分为及格、80分为良好,这也是属于掌握分数的范畴。二是结果参照分数,这是为了预测被测者以后在效标上的表现而制订的、并能够直接用效标行为水平来解释的分数。期望表就是一种常用的表示与原始分数或分数等级相应的、获得各效标分数或等级的概率大小的分数解释方法。关于期望表的编制方法,请参照有关的教育测量著作,下面仅就期望表的意义做简单的解释。

假定一个标准参照测验的原始分数满分值为100分,被测者的原始分数等级分为0～19、20～39、40～59、60～79、80～100五个等级,效标分数等级分为A、B、C、D四级。那么根据常模团体在测验时的表现,就可以编制出原始分数获得不同效标分数等级的概率分布表。

期望表可以直接与效度资料相联系并以期望来进行解释。但这里的原始分数分组和期望等级都有一定的人为成分,必须有比较大的样本才有较好的预测功能。期望表只能对单一测验进行期望估计,如果要对两个或两个以上的测验进行期望估计的话,就应该采用其他的办法,如坐标图示法。

3. 自编测验

标准化的测验可以有很好的信度和效度保证,而且可以在同一种概念框架和评价标准上来直接比较被测者的知识、能力水平。但是,教师和教学设计人员还经常碰到就某一个课程目标、某一具体学科所学内容或者某一个单元所学内容的掌握情况进行测量的情形,而一般的标准化的测量工具很难满足这种要求,此时自编测验就可以发挥比较好的作用。

自编测验是施测者依据标准化测验的一些原理而编制的用于特定目的的测验,只是编制时的严密程度要求不是很高,对信度和效度的要求也不是很严格,也不需要建立常模。

自编测验尽管相对比较简单,但为了避免测验设计和项目选择过于主观,也需要遵循一定的编制原则和方法。如对教学目标和测验目标的界定、测验内容(行为样本)的选择、测验的题目形式、项目数量以及测验时间等都必须清晰明确,也就是需要科学地规划测验编制的蓝图。关于测验目标和测验内容的选择一般都采用双向细目表的方式来进行界定,可以阅读有关的专业文献。在常模参照测验中,学生测验时所得的卷面分数是一种原始分数,需要根据常模转化为导出分数,主要的导出分数有适用于顺序量表的百分位数和适合于等距量表的标准分数(最常见的有 z 分数),智力测验中的离差智商就是借助 z 分数计算得来的。

考查是通过课堂复习提问、检查书面作业和实践性作业及日常观察等方式,评价学生掌握知识技能的数量和质量的方法。

课堂复习提问是常用的一种考查方式。它便于教师直接了解学生学习的情况,同时还可根据需要进行适当的启发或追问。在提问时,教师要明确说明回答问题的要求,并注意培养学生回答问题的信心和能力。学生回答完问题后,要肯定成绩,指出不足。遇到学生不能回答或不能完全回答的问题,教师要做补充讲解。

(二) 定性技术

由于定量技术在很大程度上会忽略许多细节性的东西,不能揭示被测量对象的个别性特征,尤其是涉及被测量者自身难以陈述和回答的问题时,定量技术就受到了很大的限制,而定性技术在此可以发挥很好的作用。在教学评价过程中,不能片面地认为只有定量技术才是科学的。调查、观察法、作业分析以及近来比较引人注目的学习档案袋(portfolio)等都是非常重要的定性评价方法。

1. 观察法

检查书面作业,包括课内书面作业或小测验以及课外书面作业。它可使教师确切了解学生掌握知识与技能的质量,并能在较短的时间内,就较广泛的问题同时考查班级中的每位学生的情况。实践性作业主要考查学生能否把所学知识运用于实践,是否掌握了相应的技能和技巧。

日常观察是考查学生的重要途径。教师通过经常深入学生中,有计划有目的地了解学生的学习态度、学习方法、学习效果,可以为评价学生提供重要的材料。

通过以上几种方式,把了解到的学生状况加以概括,基本上可以掌握学生平时学习。

2. 调查法

调查是通过预先设计的问题请有关人员进行口述和笔答，从中了解情况，获得所需要的资料。作为教学评价的重要手段，它可以了解学生的学习兴趣和态度、学习习惯和意向，了解各方面对教学过程和教学效果的意见。也可以通过调查了解学习资源对学生产生的效果等，从而判断教学或学习资源的有效程度，为改进教学或学习资源提供依据。调查的主要形式有问卷和面谈两种。在调查过程中，有很多相关因素相互作用，以面谈为例，谈话时的气氛、谈话人的态度、谈话人的身份、谈话的时间、问题的表述及敏感性等都会影响调查的结果。为此，为保证评价的合理真实，必须事先对付诸实施的调查进行精心的设计。

3. 作业分析

作业分析这种评价方法是由来已久的。在使用这种评价方法时，通常教师对所布置的作业是特意安排的，如由易到难地安排题目，或增加不能用现有知识解决的附加题等。这样教师在分析作业时，就能够评价学生掌握知识的程度及过程，甚至评价学生在创造性思维等方面的能力等，并借此改进教学。在教育信息化的进程中，学生个人或小组针对某一主题，独立完成任务，并以成果（如电子作品、解决方案、研究报告等）方式来提交作业，已经成为一种普遍认可的学习模式，在这种学习模式中，作业（成果）分析这种评价方法显得尤为重要。这种方法的使用是否得当，并不只在作业交上来之际才开始判别的，其实它是由布置作业、引导作业完成到分析作业等一系列设计来共同体现的。

4. 学习契约

学习契约(learning contract)是一种由学生与指导教师共同设计的书面协议。它确定学生学习的目标、达到目标的方法、学习活动进行的时间、完成活动的证据及确认这些证据的标准等。契约学习可以说是学习者与教学者双方持续不断、一再商讨的协议过程，特别强调教学双方在做出决策中的相互关系及学习者对学习结果的自我评定。实践表明，契约学习法对于培养学生自我导向学习(self-directed learnings)和自主(autonomy)能力特别有利。美国社区无墙学院使用这种方法得出的结论是：这种学习契约的高度个体化与学习者独特的学习风格相联系，而且能加强学习者的自我概念。

在契约学习法中，教学者的角色从传统的知识传授者和学习的控制者转变为学习的协助者和学习资源的提供者；而学习者则由学习内容的被动执行者和教师命令的服从者转变为学习策略和资源的策划者与执行者。

5. 档案袋

档案袋也称学习文件夹，是近年来英、美、日等国教育界广泛应用的一种评价方法。它源于这样一个信念,即任何实物都是一定文化的产物,都是在一定情境下某些人对一定事物的看法的体现,因此这些实物可以被收集起来,作为特定文化中特定人群所持观念的物化形式进行分析。档案袋可以形象地反映出学生某方面的进步、成就及其问题,以增强学生的自信心,提高学生自我评价、自我反省的能力。

档案袋是学生工作的汇总,反映了学生的动机、学习进步和达到的水平等信息,是学生学习成就或持续进步信息的一连串表现。常用在对写出来的作品或艺术作品进行评价,可以是一学年的也可以是一学期的。袋中包括文章、美术作品、作业、试卷、调查纪录、照片、录音带、录像带、计算机程序以及虚拟作品等;还包括学生对作品的说明,老师、家长、同伴对作品的评价。

档案袋的建立是教师和学生共同协作的结果,教师可能会对学生收集的内容进行指导,如"我最得意的一件事"。档案袋要想为学生和教师对学习过程做全面的评价提供帮助,就必须包括以下材料:准备材料、最初的草稿、工作的过程和最终产品。在学生允许的情况下,可以把他们的档案袋给其他学生看,作为他们的参考,档案袋里也可以包含相关的评价工具。

二、教学评价的实施过程

(一)教学评价的设计

1. 教学评价的对象与主体

教学评价的对象,可分为广义的和狭义的。广义的评价对象包括教学的一切方面,狭义的评价对象即学生,它涉及学生智力、体质、品德、审美等方面的发展情况。学生作为受教育的对象,作为教学活动最终目标实现与否的体现者,当然在教学评价中占据核心的地位。因此,一般学校教学中的教学评价对象主要放在学生身上。

教育的目的是为了使受教育者得到充分的发展,使教学活动及其成果更为理想,达到预期的目的。那么,究竟由谁来对这些对象进行评价呢?换句话说,究竟由谁来担当评价的主体呢?根据教学活动的要求以及现代教学评价的特点,一般来说,评价主体应符合下列条件:① 能亲自参加教学活动并能对其目标的完成与否直接起作用的;② 能对教学活动的结果直接承担责任的;③ 能根据评价结果,就教学活动的改善及时采取某些对策的。当然,还应拥有办学的决策权,能为办学创造各种条件的。根据上述要求,可以看出,能够直接成为评价主体的是:教师、学生、家长、学校领导以及教育行政机构。

2. 教学评价的目标系统

现代教学评价思想认为,目标的判定是必不可少的,带有决定性意义,在研

究"如何评价"之前,必须先弄清要"评价什么"。从一定意义上说,有什么样的目标,就有什么样的评价。教学目标必须与评价目标保持一致,这样,评价的结果和教学活动的效果就可统一,真正成为教学活动的效果的评价。而且,还能使评价和教学活动有机地结合起来,把教师的指导和学生的努力集中到一个方向上,使评价真正发挥出调节教学活动的机能。

在反映教学活动基本目的的教学目标中,既包括高度抽象概括的目标,也包括具体个别的目标,水平是多种多样的。学校可根据办学指导思想、人才规格、课程要求制订出一整套学校目标体系:① 学校培养目标、学生培养规格细则;② 各育目标:德育目标、智育目标、体育目标、美育目标、劳动教育目标等;③ 能力目标。

3. 教学评价的范围

现代学生评价与传统学生评价的一大区别在于评价的广度。教育的对象是一群个性各异的学生,一个班里几十名学生,就有几十种独一无二的个性,由此就决定了每个学生在发展上的差异。因此只有对每个学生进行全面的了解、研究,才能对每个学生做出全面而客观的评价。为此,对学生的评价范围就必须扩大到学生的德、智、体、美、劳等整个学习、活动领域中,即德育方面、智育方面、体育保健方面、美育方面、智力方面、非智力因素(情感、意志等)方面、家庭环境方面,等等。

(二) 教学评价的组织实施

教学评价贯穿于整个教学过程,它是从教学的基本目标和教学过程中的各种目标出发,来考查学生的现实状况和到达目标的程度。因此,明确了教学评价的目标以及教学评价的范围后,就得着手开展教学评价的工作,使教学评价落实到教学活动的各个环节中去。教学评价的组织实施工作主要有:

1. 目标的追求与实现

教学是一种意图性很强的活动,也就是说,教学是一种引导学生一步步逼近所期待的成长目标的工作。一旦教学目标确定后,就得朝着目标不断地努力,这种努力是双向的,既是教师的,也是学生的,是通过整个教育、学习过程来完成的。两者的汇合点是一致的,最终的效果是明确的,即希望教学成果与评价成果相吻合,从而达到教学目标与教学效果的一体化。教学效果应体现在三个方面,一是学生的知识水平,二是学生的能力水平,三是学生的态度水平。

2. 资料的收集

资料是评价的依据,如果资料不充足或者主观意识太强,那么评价的基础就不牢,信度就低。所以,为实施评价而收集资料是非常必要和重要的。这些资料包括由实验、测定而得到的量化资料;也包括由观察、记录而得到的非量化资料。

无论哪一种资料的收集都必须充分利用一定的时间、场合和机会,以及有效利用各类评价工具。

当然,评价主体要看到,无论是通过观察法获得的观察资料,还是通过测验法获得的测验资料,都有它们各自的长处和短处。因此,必须把两者有机地结合起来利用,才能对学生做出恰如其分的评价。

3. 资料的处理、分析和利用

在取得评价资料之后,接下来的工作就是对评价资料的处理、分析和利用。这中间包括对资料进行整理、分类、统计、分析、解释和利用。这项工作是从价值上对评价资料进行分析和判断,即对教学效果做出价值上的判断,因此,它是评价本质之所在。离开了这项工作,也就失去了教学评价的意义,自然也谈不上改进今后的教学工作。所以,必须把对资料的处理、分析和利用贯穿于评价工作的全过程。

教学评价作为教学过程的一个环节,它执行着一种特殊的反馈机制,它是克服教学活动对目标的偏差,使教学活动保持稳定发展的重要手段。评价主体应该认识到,一个简单的分数,如 58 分或 94 分,其作为反馈信息的质量是不高的,只有除这个分数之外,再加上适当的描述性的评语和该分数反映的具体知识目标的掌握情况、能力目标的发展水平,才能真正发挥评价的反馈功能。

(三) 测评数据处理技术

为了确认教学的实际情况及其变化,有必要收集教学活动的资料,用数学的方法进行描述,并与所制定的科学标准进行比较,这就是测量。测量的主要任务是提供尽量客观的数量化资料,注重对分析对象的量的描述。而评价则是在这种量的描述或在其他非测量的定性描述的基础上,再对分析对象做出一定的价值判断。因而,测量只对学习结果进行数量上的区分而不管其价值如何;评价则要在测量的基础上对学习结果做出价值上的判断,可见,评价与测量既有联系,又有区别(如图 12-4)。

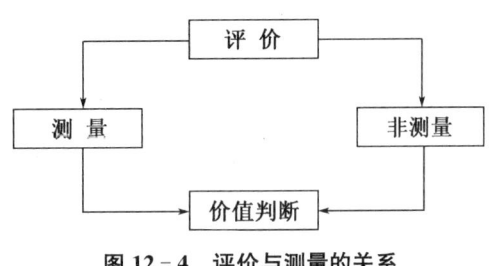

图 12-4 评价与测量的关系

教学评价主要是在测量的基础上对学习结果进行价值判断,测量依靠的主要方法是测验,因此对测验所得到的数量化资料进行处理分析就是进行评价的第一步。例如,两次测验中某学生的成绩都是 80 分,但是这并不能说明这个学生没有进步,也许第一次测验他是全班第十名,而第二次测验他却是全班第一

名。这说明,只有经过分析统计才能确定这些成绩的价值,这就需要应用教育统计科学。教育统计的主要任务是研究如何搜集、整理、分析由教育调查和教育实验所获得的数据资料,并以此为依据,进行科学推断,揭示教育现象所蕴含的客观规律。

随着计算机性能的不断提高,教育统计中计算机的应用也越来越广泛。在这里介绍两种支持教育统计的软件:Microsoft Excel 和 SPSS。

Microsoft Excel 是微软公司推出的基于 Windows 操作系统的电子表格软件,它既有功能强大的各种处理模块,可以进行复杂的数据计算、分析和统计,完成多种多样的图表设计;同时作为 Windows 下的应用软件,其人机界面非常友好,菜单、工具栏、对话框等保持了 Windows 的通用风格,易学易用,受到用户的欢迎。虽然 Excel 并不是专用的教育统计软件,但其强大的数据处理能力和丰富多彩的图表处理方法,使它在常规教育统计中得到广泛应用。

SPSS(Statistical Package for the Social Science)——社会科学用统计软件包是世界上著名的统计分析软件之一。它可以完成各种统计运算,如:平均数、标准差、t 检验、方差分析以及其他一些更加复杂的运算。可以毫不夸张地说,SPSS 几乎可以满足教育研究者和实践者的任何数据处理要求。

SPSS for Windows 是 SPSS 软件的 Windows 版本,它使用 Windows 的窗口方式展示各种管理和分析数据方法的功能,使用对话框展示出各种功能选择项,清晰、直观、易学易用,只要掌握一定的 Windows 操作技能,粗通统计分析原理,就可以使用该软件为具体的科研工作服务。它具有强大的图形功能,使用该软件不但可以得到分析后的数字结果,还可以得到直观、清晰、漂亮的统计图,形象地对原始数据做出各种描述。

第三节　信息化教学评价技术

传统评价过于注重考查学生的学业成绩,导致过分关心考试成绩,而忽视学生的学习过程。传统评价由教师完全掌控,忽视了评价的多元化和评价标准的多向性,忽视了学习者自我评价能力的培养。传统评价过于注重书面测验和量化评价,忽视了学习者多元智能的发展,弱视了学习者的个别差异。传统评价过于注重学习者的学习结果,忽视了学习过程中学习者付出的努力,忽视了学生能力的培养,忽视了过程性评价。随着教育信息化进程的推进,教育理论的创新,人才培养目标的变化,教育评价的理论和方法得到了进一步的发展,逐渐地避免了传统评价的不足。当前在实践中,典型的信息化教学评价方式有以下几种:

一、量规

量规是一种结构化的定量评价标准,往往是从与评价目标相关的多个方面详细规定评级指标,具有操作性能好、准确性高的特点。它可以有效地降低评价的主观随意性,不但可以由教师评,而且可以让学生自评或同伴互评。如果事先公布量规,还可以对学生学习起到导向作用。在以往的教学评价中,特别是在评价非客观性的试题或任务时,人们已经自觉不自觉地应用了这种工具。如,教师对学生作文的评价,往往会分别就内容、结构、卷面等方面所占的分数给予规定,以便更有效地进行评价;教师在期末评价学生一学期的表现时,也往往会从学生的学业成绩、劳动与纪律、同学关系等多个方面进行综合考虑,给出优、良、中、差的等级评定。

在教学过程中,量规的设计一般遵循以下几个原则:

(1) 要根据教学目标和学生的水平来设计结构分量。教学目标不同,量规的结构分量也应不同。例如,在评价学生的电子作品时,通常从作品的选题、内容、组织、技术、资源利用等方面考虑;而在评价学生的课堂参与性时,又会从学生的出勤率、回答问题情况、作业完成情况、小组合作情况等方面考虑。另外学生的水平也是决定量规结构的一个重要方面,不符合学生水平的结构分量在评价时往往是没有意义的。

(2) 根据教学目标的侧重点确定各结构分量的权重。对量规中各结构分量的权重(分数)进行合理的设置不但可以帮助有效的评价,还可以引导学生把握好努力的方向,起到目标导向的作用。结构分量的权重设计与教学目标的侧重点有直接的关系。还是以电子作品的评价为例,如果教师的主要目的是教会学生学习制作电子作品的有关技术,那么赋予技术、资源利用结构分量的权重应该高些;如果教师的主要目的是为了让学生通过电子作品展示自己的调查报告,那么赋予选题、内容、组织等结构分量的权重应该高些。

二、电子档案袋

(一) 电子档案袋的定义

档案袋评价是发展性评价的一种,又译作成长记录袋评价、档案评价、卷宗评价等。从历史渊源来看,它最早应用于学生评价,体现了"学习是个过程,学习评价也应有过程评价"的思想。传统的学习档案对学生日常信息的收集、展示、判断的难度,限制了学习档案评价在实际教学中的应用。随着信息技术的发展,通过电子档案记录学生的学习作品及各种学习信息,评价者(教师、同学、参观者)通过信息技术查阅收集到的学习信息,并对学生的学习过程进行评价,能全面地对学生的学习做出判断,电子档案的建立使得学习档案袋评价成为现实,实现了档案评价的可操作性。

电子档案袋(e-Portfolio)是指在信息技术环境下,学习者运用信息手段表现和展示学习者在学习过程中关于学习目的、学习活动、学习成果、学习业绩、学习付出、学业进步以及关于学习过程和学习结果进行反思的有关信息的集合体。

(二) 电子档案袋的类型

哈特内尔·杨等人根据不同的开发目的将档案袋分为三种:学习性档案袋(形成性档案袋),通常出现在专业发展的历程之中;评定性档案袋(总结性档案袋),通常出现在正式评价过程的背景中;综合性档案袋。

1. 学习性档案袋

学习性档案袋是呈现、展示和记录学生达到教学目标,获得一定成就历程的信息的档案袋。档案袋通常由一个个主题构成,反映了学生在不同阶段的学习历程,收录了学生在不同阶段能展示学生进步的详细资料。

2. 评定性档案袋

评定性档案袋是展现学生在学习过程中的优秀作品和学习成果的档案袋。这类档案袋的主体由师生共同决定,可以是教师拟定的一个主题,也可以是多个主题。学生必须根据档案袋主题以及有关制作要求,选择自认为最好的作品放入档案袋。同时,学生需要对档案袋中的作品做一些注解和说明。

3. 综合性档案袋

综合性档案袋是以上两类档案袋的综合。

表12-2是常见的几种电子档案袋的比较。

表12-2 几种电子档案袋类型比较

类型	构成	目的
理想型	作品产生过程的说明,系列代表作品以及学生分析和评定作品的反思	通过一段时间的成长,帮助学生成为自己学习历史的思想者和非正式的评价者
展示型	主要由学生选择出自己最好和最喜欢的作品,自我反思与自我选择比标准化更重要	给家长和其他人参加的展览会提供学生作品的范本
文件型	根据一些学生的反映、教师的评价、观察、逸事等得出的学生逐渐进步的系统性、持续性记录	以学生的作品量化和质性评价的方法,提供一种系统的记录

(续表)

类型	构成	目的
评价型	主要由教师、管理者、学区所建立的学生作品集,评价标准是预定的	向家长和管理者提供学生在作品方面所取得成绩的标准化报告
课堂型	依据课程目标描述所有学生取得成绩的总结;教师的详细说明和对每个学生的观察记录等;教师的教学计划及修订说明	在一定情境中与家长、管理者及他人交流教师对学生成绩的判断

(三) 电子档案袋的设计

第一,确定建立档案袋的目的。在建立档案袋前,师生需要确定档案袋的用途,为确定档案袋中的内容打下基础。

第二,确定档案袋中的内容。档案袋中一般可以装五类信息,如图12-5所示。

第三,确定档案袋的评价标准和规则。在建立档案袋前,就应该对档案袋中内容、数量、资料放入的时间等有具体的规定,使学习者在使用档案袋时目标

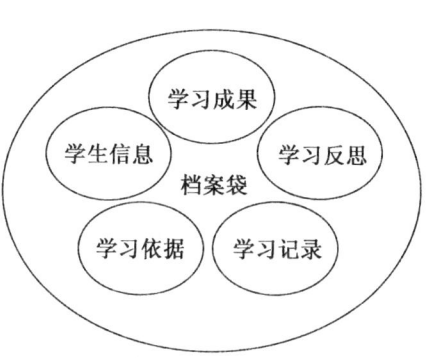

图12-5 电子档案袋内容

明确。如:① 学生选择内容的类型。② 选择材料的标准。③ 作品评价标准和量规。④ 学生完成特定内容的时间和数量。

在教学实践中,档案袋和评价量规是综合使用的,尤其是对于研究性学习、探究性学习来说,评价量规和档案袋就更能展现它的优势,有力地促进了学生信息素养的培养。

【电子档案袋应用案例】

基恩老师想评价学生们的发展情况。她先用一套行为发展量表和阅读测验对学生施测,确定学生最初的水平,为以后的教学和评价提供资料。但过了一年,她发现只用这些量表进行评价是不够的,因为在和学生家长交流时,写在纸上的抽象符号既不能反映出教师和学生们的活动,也不能表示学生们已经达到的水平。基恩觉得使用学生们的作业、照片、录像可能会更好地表现学生们的发展和进步,但这么多的材料组织和呈现起来又有一定困难。她用一种叫作"Toolbook"的软件设计了一个电子档案袋模板,这次的设计方案满足了她的需要(如图12-6所示)。基恩把这个模板做了11份拷贝,以每个学生的名字保存起来。

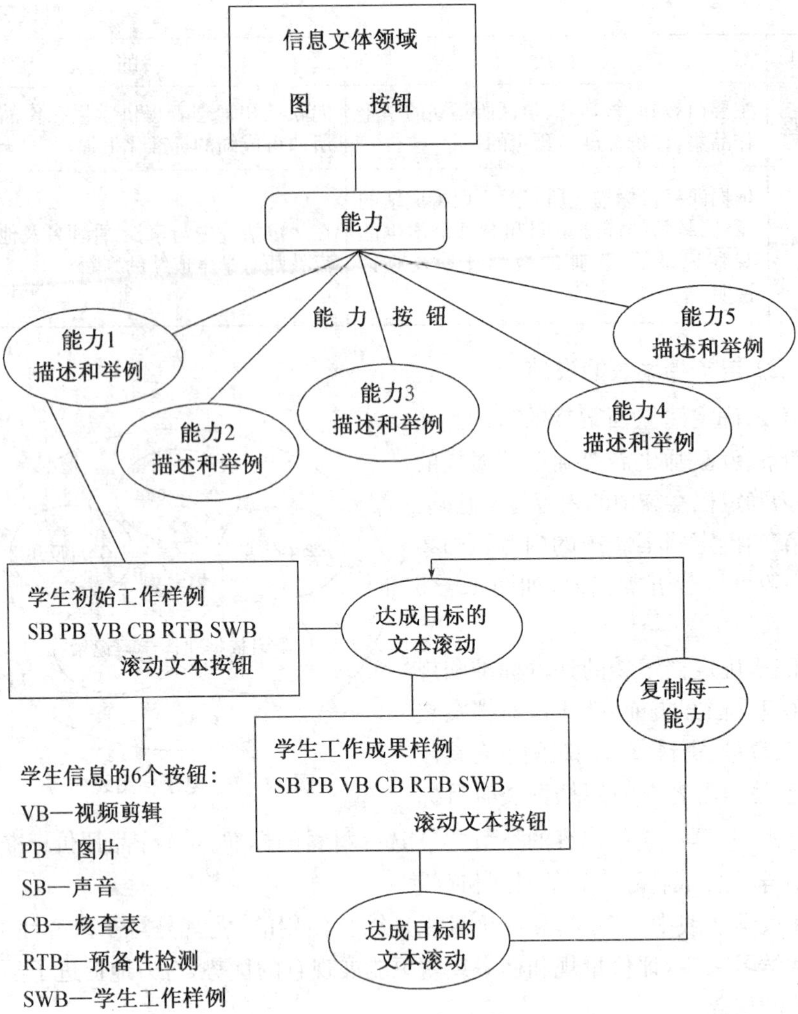

图 12-6 电子档案袋应用

基恩设计的电子档案袋模板包括一张开放的卡片,里面放上学生们的数字化照片,一张是学年开始时的,一张是学年结束时的。这张卡片还包括一个文字区,她可以把学生们的情况写在这上面。在这张卡片的右下角有一个按钮,按动这个按钮,就会跳到下一张卡片。第二张卡片列出的是学生要发展的各方面能力,有按钮与各种具体的能力相连,这些能力都是正规学校生活所要求的。在每项能力里面,她又创建了不同的按钮,一个按钮与每个学生的具体发展水平相连,包括学生的录像带、照片、声音、行为发展测验量表、阅读能力测验、学生的作品等内容;另一个按钮跳到一张空白的文字区,她把每个学生下一步的学习计划写在这里;还有一个按钮链接的是这张卡片的复制页,以后可以把最新的信息放在里面。

在新学期的第一个月里,基恩用录像机和数字化相机记录下了学生们的学习情况,她通过镜头观察学生们学习的同时也把一些特殊的例子记录下来,也用一些行为发展量表和阅读能力测验,并挑选出一些录像、照片或各种测验成绩为每个学生制作电子档案袋。因为她已经做好了模板,所以做起来并不难。

到了定期举行的个别化教育会议时,学生的家长、教育工作者参加了会议,基恩把所有学生的电子档案袋装到会议室的计算机上,通过电子档案袋给与会人员介绍学生的发展,并讨论学生要达到什么样的标准。准备好之后,基恩按动一个按钮,链到一个空白的文字区,与会专家在这里写上学生在每个能力领域内要达到的标准。三月,又举行了一次这样的会议,比较学生开学初的水平和现在的水平,并制订了下一学期的计划。每个参加会议的人都认为电子档案袋可以帮助他们了解学生们的发展水平、各个学校之间的差异,同时为制订下一步的计划提供了可视化的依据。

(四)电子档案袋软件的比较

确定采用什么样的形式收集电子作品是顺利应用档案袋评价的前提和必要阶段。目前有许多信息技术教师采用网上邻居对文件的共享机制、架设专门的 FTP 服务器、利用 Blog 或改进的 Blog 等方式来建立电子档案袋,这些方式的优缺点比较如表 12-3 所示:

表 12-3 电子档案袋评价系统比较

方式描述	优点	缺点
"网上邻居"的共享文件夹功能	操作简单,技术门槛低,支持多种文件格式	安全性差,仅仅满足了电子储存的需要,不利于智能化评价,数据一多,难以管理
采用 FTP 方式	比"网上邻居"的方式要安全,并且超越了时空限制,可以随时随地管理;支持多种文件格式	和前一种方式相同,无法进行智能化评价,难以管理
采用免费的文章系统,如动易系统或采用博客技术和维客技术构建的系统	可以进行智能化评价,便于管理,可以发布各种类型的电子档案	这些不是专门为电子档案袋评价量身定制的系统,在具体的使用过程中会发现很多细节功能不适用,如没有评价统计功能,没有分班功能等,影响了效率和效果;一般只支持文本和图片文件格式

(续表)

方式描述	优点	缺点
自行开发的专用系统	能够很好地满足使用者的意图,大多数智能化程度较高	开发周期长、投入大、个人开发难度大;因为一般是专门开发的,所以有的通用性较差

三、概念图

(一) 概念图的定义

概念图(Concept Map)是一种图表,用以表示出单元或知识点的相互关系和组织形态,可以理解成一种用来帮助思维过程/结果的工具,如图12-7所示。

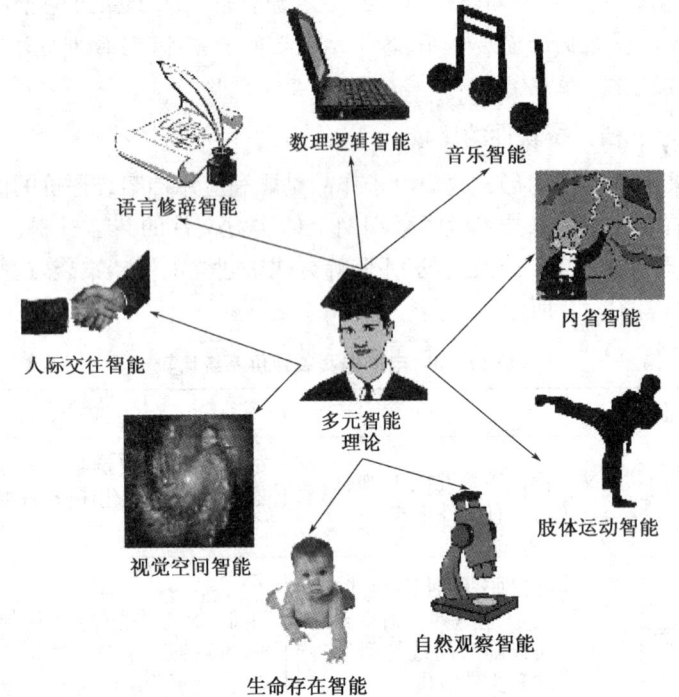

图 12-7 概念图示例

概念图的理论基础是奥苏贝尔(Ausubel)的学习理论。知识的构建是通过已有的概念对事物的观察和认识开始的。学习就是建立一个概念网络,不断地向网络增添新内容。为了使学习有意义,学习者个体必须把新知识和学过的概念联系起来。奥苏贝尔(Ausubel)的先行组织者主张用一幅大的图画,首先呈现最笼统的概念,然后逐渐展现细节和具体的东西。

（二）概念图的构成与特点

概念图包括节点符号（几何图形、图案）、连接各个节点的连线（链接）和节点之间关系的文字描述（连线上的文字），可通过手工或利用软件工具的方式进行绘制。把概念图作为评价工具,可以清楚地看到学习者在某一特定领域内对知识理解的水平、深度和对知识点相互关系的理解。其特点是：

一是具有形象性。概念图以简洁明了的图形形式表现复杂的知识结构,从而形象地呈现各知识点之间的联系。美国图形艺术研究所认为,概念图形能够起到：告知、指引、鼓舞、吸引、解释、娱乐、简化、识别、教育、示例、激发、组织、启示、营销、促进、警示等作用。

二是提高概念理解。概念图能够确定因果联系、区分概念的优先次序和组织概念,显示其他有意义的观点模式,从而提高对概念的理解。

三是提高绩效。绩效是指某种行为活动的方式及其所取得的成绩/效率/成就,既包括可观察的外显行为,也包括行为所带来的结果。概念图可帮助人们反思学习/工作的行为活动过程,预测可能产生的行为活动结果,从而提高学习/工作绩效。有研究显示,学生利用概念图能在以下三方面的测试中取得更好的成绩：多项选择（概念正误辨析）、填空（概念图工具）以及综合性测试（概念的相关性）。

四是提高元认知学习技能。概念地图能够帮助提高元认知学习技能。如：记笔记、理解课文、组织论文、准备考试等。

（三）概念图的编写步骤

1. 选取一个熟悉的知识领域

学习制作概念图,非常重要的一点是从学习者熟悉的知识领域开始。既然概念图的建构必须依靠对上下文知识的运用,所以最好选取学习者试图理解掌握的一段课文、某个实验活动或者一个实际的问题。如此形成的背景知识有助于确定概念图的层级结构。

2. 确定关键概念和概念等级

一旦知识领域选定了,接下来便是确定关键概念,并把它们一一列出来。然后对这些关键概念进行排序,从最一般、最概括的概念到最特殊、最具体的概念依次排列。虽然这样的排列是很粗糙的,但能帮助我们确立概念图的结构。

3. 初步拟定概念图的纵向分层和横向分支

在这一步骤中,可以把所有的概念写在活动的纸片上,然后把这些纸片按照概念的分层和分支在工作平台（如黑板、卡纸）上进行排列,初步拟定概念图的分布。利用活动纸片的好处就是允许学习者移动概念以修改概念图的层级分布。

当然,用计算机软件制作概念图更好一些,因为它不仅能让我们修改概念图,还允许我们直接打印、制作一个精美的概念图,或者以 E-mail 的方式进行传送和交流。常用的作概念图的工具软件如 MindMapper、Inspiration 等。

4. 建立概念之间的连接,并在连线上用连接词标明两者之间的关系

概念之间的联系有时很复杂,但一般可以分为同一知识领域的连接和不同知识领域的连接。特别是交叉连接是判断一个概念图好坏的重要标准之一。交叉连接是不同知识领域概念之间的相互关系。交叉连接需要学习者的横向思维,也是发现和形成概念间新关系,产生新知识的重要一环,所以,从这一点来看,构建概念图也是一项极好的创造性工作。当然,任何概念之间都可以形成某种联系,我们应该选择最有意义并适合于当前知识背景的交叉连接。

5. 在以后的学习中不断修改和完善

有了初步的概念图以后,随着学习的深入,学习者对原有知识的理解是会加深和改变的,所以,应不断地修改和完善概念图。

当然,概念图的应用不只局限于教学评价,它已经广泛地参与到了教学过程中,对教学策略、教学方法、学习方法和内容分析方法等都产生了影响。

参考文献

[1] Transforming American Education：Learning Powered by Technology 2010. Available from：http://www.ed.gov/sites/default/files/netp2010.pdf.

[2] 钟启泉,崔允漷,张华. 为了中华民族的复兴,为了每位学生的发展:《基础教育课程改革纲要(试行)》解读[M]. 上海:华东师范大学出版社,2001:6.

[3] 尼古拉·尼葛洛庞蒂. 数字化生存[M]. 海口:海南出版社,1996.

[4] 韦伯斯特. 信息社会理论[M]. 北京:北京大学出版社,2011.

[5] 中国互联网络发展状况统计报告 2014. Available from：http://www.cnnic.cn/hlwfzyj/hlwxzbg/hlwtjbg/201403/P020140305346585959798.pdf.

[6] Top 100 Tools for Learning 2013 2013. Available from：http://c4lpt.co.uk/top100tools/.